● 한국어능력시험

TOPIK II
쓰기
Writing　写作

시대에듀

머리말

한국어를 배우려는 외국인들께

한국과 한국어를 사랑하는 여러분, 안녕하세요. 저자 정은화입니다.

한국어능력시험(TOPIK)은 한국어를 모국어로 하지 않는 외국인이나 재외동포들에게 한국어 학습의 방향을 제시하고, 한국어의 보급을 확대하기 위해 만들어진 시험입니다. 특히 최근에는 한국어능력시험이 외국인의 유학 및 취업 등을 위한 중요한 평가 기준으로 자리매김하였습니다. 이는 지구촌시대를 맞이하여 외국과의 사회·문화적인 교류가 활발해지면서 해외 취업 지원 사업 등이 활기를 띠고, 한국과 한국 문화에 대한 관심도 높아져 한국어를 배우려는 외국인들의 수가 증가하고 있음을 보여 주는 것이라 할 수 있습니다.

하지만 모국어가 아닌 다른 나라의 언어로 글을 쓰고 말을 하기란 결코 쉬운 일이 아닙니다. 시험에서 좋은 결과를 얻기 위해서는 더욱 그러하지요. 이에 본서는 수험생들이 효율적으로 공부할 수 있도록 다음과 같이 만들었습니다.

이 책의 특장점

❶ 쓰기 영역 공부에 꼭 필요한 기본 이론을 정리하였습니다.

❷ 실제 시험과 동일한 유형의 연습 문제로 반복 학습을 할 수 있도록 하였습니다.

❸ 쓰기 기출문제 4회분을 시행처의 모범 답안과 함께 제시하였습니다.

❹ 필수 표현과 신문 기사를 수록하여 한국어 실력을 향상시키고 한국 사회의 최근 이슈도 알 수 있도록 하였습니다.

❺ 말하기 시험의 평가 문항 중 쓰기 문제와 비슷한 유형의 문제를 모아 수록하였습니다.

모든 사람이 쉽게 말과 글을 익히고 사용하게 하고자 하셨던 세종대왕의 마음처럼, 학생들이 한국어를 재미있고 효율적으로 배우기를 바라는 마음으로 이 책을 썼습니다. 부디 이 책으로 공부하는 모두에게 좋은 결과가 있기를 바랍니다.

저자 **정은화** 드림

INFORMATION

시험 안내

TOPIK은 누구에게, 왜 필요한가요?

한국어를 모국어로 하지 않는 재외동포 및 외국인으로서

1 한국어 학습자 및 국내 대학 유학 희망자

2 국내외 한국 기업체 및 공공 기관 취업 희망자

3 외국 학교에 재학 중이거나 졸업한 재외국민

학업
- 정부 초청 외국인 장학생 프로그램 진학 및 학사 관리
- 외국인 및 재외동포의 국내 대학 또는 대학원 입학 및 졸업 요건
- 국외 대학의 한국어 관련 학과 학점 및 졸업 요건

취업
- 국내외 기업체 및 공공기관 취업
- 외국인의 한국어교원 자격 심사 (국립국어원) 지원 서류

이민
- 영주권, 취업 등 체류비자 획득
- 사회통합프로그램 이수 인정 (TOPIK 취득 등급에 따라 해당 단계에 배정)

✦ 2025년도 시험 일정

① 해외는 한국과 시험 일정이 다를 수 있으니, 반드시 현지 접수 기관으로 문의 바랍니다.
② 시험 일정이 변경될 수도 있으니, 반드시 시행처 홈페이지(topik.go.kr)를 확인하시기 바랍니다.

회차	접수 기간	시험일	성적 발표일	시행 지역
PBT 제98회	24.12.10.(화)~12.16.(월)	25.01.19.(일)	25.02.27.(목)	한국
PBT 제99회	25.02.11.(화)~02.17.(월)	25.04.13.(일)	25.05.30.(금)	한국·해외
PBT 제100회	25.03.11.(화)~03.17.(월)	25.05.11.(일)	25.06.26.(목)	한국·해외
PBT 제101회	25.05.13.(화)~05.19.(월)	25.07.13.(일)	25.08.21.(목)	한국·해외
PBT 제102회	25.08.05.(화)~08.11.(월)	25.10.19.(일)	25.12.11.(목)	한국·해외
PBT 제103회	25.09.02.(화)~09.08.(월)	25.11.16.(일)	25.12.23.(화)	한국·해외
IBT 제5회	24.12.17.(화)~12.23.(월)	25.02.22.(토)	25.03.14.(금)	한국·해외
IBT 제6회	25.01.14.(화)~01.20.(월)	25.03.22.(토)	25.04.11.(금)	한국·해외
IBT 제7회	25.04.15.(화)~04.21.(월)	25.06.14.(토)	25.07.04.(금)	한국·해외
IBT 제8회	25.07.15.(화)~07.21.(월)	25.09.13.(토)	25.10.02.(목)	한국·해외
IBT 제9회	25.08.26.(화)~09.01.(월)	25.10.25.(토)	25.11.14.(금)	한국·해외
IBT 제10회	25.09.23.(화)~09.29.(월)	25.11.29.(토)	25.12.19.(금)	한국·해외
말하기 제7회	25.01.14.(화)~01.20.(월)	25.03.22.(토)	25.04.14.(월)	한국
말하기 제8회	25.04.15.(화)~04.21.(월)	25.06.14.(토)	25.07.07.(월)	한국
말하기 제9회	25.08.26.(화)~09.01.(월)	25.10.25.(토)	25.11.17.(월)	한국

INFORMATION

시험 안내

TOPIK, 어떻게 진행되나요?

◆ 준비물
1. 필수: 수험표, 신분증(규정된 신분증 이외의 의료보험증, 주민등록등본, 각종 자격증과 학생증은 인정하지 않음. 세부 사항은 시행처 홈페이지 확인)
2. 선택: 수정테이프(그 외의 필기구는 시험 당일 배부되는 컴퓨터용 검은색 사인펜만 사용 가능), 아날로그 손목시계 (휴대폰, 스마트 워치 등 모든 전자기기는 사용 불가)

◆ 일정
※ 일정은 시행 국가 및 시험 당일 고사장 사정에 따라 아래 내용과 다를 수 있습니다.

TOPIK I - 오전 09:20까지 반드시 입실 완료

시간	영역	고사장 진행 상황
09:20~09:50(30분)	–	답안지 작성 안내, 본인 확인, 휴대폰 및 전자기기 제출
09:50~10:00(10분)	–	문제지 배부, 듣기 시험 방송
10:00~10:40(40분)	듣기	–
10:40~11:40(60분)	읽기	–

TOPIK II - 오후 12:20까지 반드시 입실 완료

시간	영역		고사장 진행 상황
12:20~12:50(30분)	–		답안지 작성 안내, 1차 본인 확인, 휴대폰 및 전자기기 제출
12:50~13:00(10분)	–		문제지 배부, 듣기 시험 방송
13:00~14:00(60분)	1교시	듣기	(듣기 시험 정상 종료 시) 듣기 답안지 회수
14:00~14:50(50분)		쓰기	
14:50~15:10(20분)	–		쉬는 시간(고사장 건물 밖으로는 나갈 수 없음)
15:10~15:20(10분)	–		답안지 작성 안내, 2차 본인 확인
15:20~16:30(70분)	2교시	읽기	–

◆ 주의 사항
1. 입실 시간이 지나면 고사장 건물 안으로 절대 들어갈 수 없습니다.
2. 시험 중, 책상 위에는 신분증 외에 어떠한 물품도 놓을 수 없습니다. 반입 금지 물품(휴대폰, 이어폰, 전자사전, 스마트 워치, MP3 등 모든 전자기기)을 소지한 경우 반드시 감독관에게 제출해야 합니다.
3. 듣기 평가 시 문제를 들으며 마킹을 해야 하고, 듣기 평가 종료 후 별도의 마킹 시간은 없습니다. 특히 TOPIK II 1교시 듣기 평가 시에는 듣기만, 쓰기 평가 시에는 쓰기만 풀어야 합니다. 이를 어길 경우 부정행위로 처리됩니다.

TOPIK, 어떻게 구성되나요?

✦ 시험 구성

구분	영역 및 시간	유형	문항 수	배점	총점
TOPIK Ⅰ	듣기 40분	선다형	30문항	100점	200점
	읽기 60분	선다형	40문항	100점	
TOPIK Ⅱ	듣기 60분	선다형	50문항	100점	300점
	쓰기 50분	서답형	4문항	100점	
	읽기 70분	선다형	50문항	100점	

✦ 듣기

문항 번호		배점	지문	유형
01~03번	01번	2점	대화	담화 상황과 추론하여 일치하는 그림 고르기
	02번	2점		
	03번	2점	뉴스	세부 내용 파악하여 일치하는 도표 고르기
04~08번	04번	2점	대화	이어질 말 파악하기
	05번	2점		
	06번	2점		
	07번	2점		
	08번	2점		
09~12번	09번	2점	대화	대화 참여자의 이어질 행동 추론하기
	10번	2점		
	11번	2점		
	12번	2점		
13~16번	13번	2점	대화	세부 내용 파악하여 일치하는 내용 고르기
	14번	2점	안내/공지	
	15번	2점	뉴스/보도	
	16번	2점	인터뷰	
17~20번	17번	2점	대화	중심 생각 추론하기
	18번	2점		
	19번	2점		
	20번	2점	인터뷰	
21~22번	21번	2점	대화	중심 생각 추론하기
	22번	2점		세부 내용 파악하여 일치하는 내용 고르기
23~24번	23번	2점	대화	담화 상황 추론하기
	24번	2점		세부 내용 파악하여 일치하는 내용 고르기
25~26번	25번	2점	인터뷰	중심 생각 추론하기
	26번	2점		세부 내용 파악하여 일치하는 내용 고르기

INFORMATION

시험 안내

27~28번	27번	2점	대화	화자의 의도나 목적 추론하기
	28번	2점		세부 내용 파악하여 일치하는 내용 고르기
29~30번	29번	2점	인터뷰	참여자에 대해 추론하기
	30번	2점		세부 내용 파악하여 일치하는 내용 고르기
31~32번	31번	2점	토론	중심 생각 추론하기
	32번	2점		화자의 태도나 말하는 방식 추론하기
33~34번	33번	2점	강연	화제 파악하기
	34번	2점		세부 내용 파악하여 일치하는 내용 고르기
35~36번	35번	2점	공식적인 인사말	담화 상황 추론하기
	36번	2점		세부 내용 파악하여 일치하는 내용 고르기
37~38번	37번	2점	교양 프로그램	중심 생각 추론하기
	38번	2점		세부 내용 파악하여 일치하는 내용 고르기
39~40번	39번	2점	대담	담화 전후의 내용 추론하기
	40번	2점		세부 내용 파악하여 일치하는 내용 고르기
41~42번	41번	2점	강연	중심 내용 추론하기
	42번	2점		세부 내용 파악하여 일치하는 내용 고르기
43~44번	43번	2점	다큐멘터리	화제 파악하기
	44번	2점		세부 내용 파악하여 일치하는 내용 고르기
45~46번	45번	2점	강연	세부 내용 파악하여 일치하는 내용 고르기
	46번	2점		화자의 태도나 말하는 방식 추론하기
47~48번	47번	2점	대담	세부 내용 파악하여 일치하는 내용 고르기
	48번	2점		화자의 태도나 말하는 방식 추론하기
49~50번	49번	2점	강연	세부 내용 파악하여 일치하는 내용 고르기
	50번	2점		화자의 태도나 말하는 방식 추론하기

✦ 쓰기

문항 번호		배점	지문	유형
51~52번	51번	10점	실용문	빈칸에 알맞은 말 써서 문장 완성하기
	52번	10점	설명문	
53번	53번	30점	도표, 그래프 등	자료를 설명하는 200~300자의 글 쓰기
54번	54번	50점	사회적 이슈	주제에 대해 600~700자의 글 쓰기

✦ 읽기

문항 번호		배점	지문	유형
01~02번	01번	2점	짧은 서술문	문맥 파악하여 빈칸에 알맞은 말 고르기
	02번	2점		
03~04번	03번	2점	짧은 서술문	문맥 파악하여 의미가 비슷한 말 고르기
	04번	2점		

범위	문항	배점	지문 유형	문제 유형
05~08번	05번	2점	광고	화제 고르기
	06번	2점		
	07번	2점		
	08번	2점	안내문	
09~12번	09번	2점	안내문	세부 내용 파악하여 일치하는 내용 고르기
	10번	2점	도표	
	11번	2점	기사문	
	12번	2점		
13~15번	13번	2점	간단한 글	알맞은 순서로 배열한 것 고르기
	14번	2점		
	15번	2점		
16~18번	16번	2점	글	문맥 파악하여 빈칸에 알맞은 말 고르기
	17번	2점		
	18번	2점		
19~20번	19번	2점	글	문맥 파악하여 빈칸에 알맞은 말 고르기
	20번	2점		중심 내용 추론하기
21~22번	21번	2점	글	문맥 파악하여 빈칸에 알맞은 말 고르기
	22번	2점		세부 내용 파악하여 일치하는 내용 고르기
23~24번	23번	2점	수필	인물의 태도나 심정 추론하기
	24번	2점		세부 내용 파악하여 일치하는 내용 고르기
25~27번	25번	2점	신문 기사의 제목	중심 내용 추론하기
	26번	2점		
	27번	2점		
28~31번	28번	2점	글	문맥 파악하여 빈칸에 알맞은 말 고르기
	29번	2점		
	30번	2점		
	31번	2점		
32~34번	32번	2점	글	세부 내용 파악하여 일치하는 내용 고르기
	33번	2점		
	34번	2점		
35~38번	35번	2점	글	중심 내용 추론하기
	36번	2점		
	37번	2점		
	38번	2점		
39~41번	39번	2점	글	문장이 들어갈 위치 고르기
	40번	2점		
	41번	2점	서평/감상문	
42~43번	42번	2점	소설	인물의 태도나 심정 추론하기
	43번	2점		세부 내용 파악하여 일치하는 내용 고르기
44~45번	44번	2점	글	문맥 파악하여 빈칸에 알맞은 말 고르기
	45번	2점		중심 내용 추론하기
46~47번	46번	2점	논설문	필자의 태도 추론하기
	47번	2점		세부 내용 파악하여 일치하는 내용 고르기
48~50번	48번	2점	논설문	필자의 의도나 목적 추론하기
	49번	2점		문맥 파악하여 빈칸에 알맞은 말 고르기
	50번	2점		세부 내용 파악하여 일치하는 내용 고르기

※ 문항별 유형은 시행처와 출제자의 의도에 따라 조금씩 달라질 수 있습니다.

INFORMATION
시험 안내

TOPIK, 어떻게 평가하나요?

등급 결정			평가 기준
TOPIK I (200점 만점)	1급	80점 이상	• '자기 소개하기, 물건 사기, 음식 주문하기' 등 생존에 필요한 기초적인 언어 기능을 수행할 수 있으며 '자기 자신, 가족, 취미, 날씨' 등 매우 사적이고 친숙한 화제에 관련된 내용을 이해하고 표현할 수 있다. • 약 800개의 기초 어휘와 기본 문법에 대한 이해를 바탕으로 간단한 문장을 생성할 수 있다. • 간단한 생활문과 실용문을 이해하고, 구성할 수 있다.
	2급	140점 이상	• '전화하기, 부탁하기' 등의 일상생활에 필요한 기능과 '우체국, 은행' 등의 공공시설 이용에 필요한 기능을 수행할 수 있다. • 약 1,500~2,000개의 어휘를 이용하여 사적이고 친숙한 화제에 관해 문단 단위로 이해하고 사용할 수 있다. • 공식적 상황과 비공식적 상황에서의 언어를 구분해 사용할 수 있다.
TOPIK II (300점 만점)	3급	120점 이상	• 일상생활을 영위하는 데 별 어려움을 느끼지 않으며, 다양한 공공시설의 이용과 사회적 관계 유지에 필요한 기초적 언어 기능을 수행할 수 있다. • 친숙하고 구체적인 소재는 물론, 자신에게 익숙한 사회적 소재를 문단 단위로 표현하거나 이해할 수 있다. • 문어와 구어의 기본적인 특성을 구분해서 이해하고 사용할 수 있다.
	4급	150점 이상	• 공공시설 이용과 사회적 관계 유지에 필요한 언어 기능을 수행할 수 있으며, 일반적인 업무 수행에 필요한 기능을 어느 정도 수행할 수 있다. • '뉴스, 신문 기사' 중 비교적 평이한 내용을 이해할 수 있다. 일반적인 사회적·추상적 소재를 비교적 정확하고 유창하게 이해하고, 사용할 수 있다. • 자주 사용되는 관용적 표현과 대표적인 한국 문화에 대한 이해를 바탕으로 사회적·문화적인 내용을 이해하고 사용할 수 있다.
	5급	190점 이상	• 전문 분야에서의 연구나 업무 수행에 필요한 언어 기능을 어느 정도 수행할 수 있다. • '정치, 경제, 사회, 문화' 전반에 걸쳐 친숙하지 않은 소재에 관해서도 이해하고 사용할 수 있다. • 공식적·비공식적 맥락과 구어적·문어적 맥락에 따라 언어를 적절히 구분해 사용할 수 있다.
	6급	230점 이상	• 전문 분야에서의 연구나 업무 수행에 필요한 언어 기능을 비교적 정확하고 유창하게 수행할 수 있다. • '정치, 경제, 사회, 문화' 전반에 걸쳐 친숙하지 않은 주제에 관해서도 이해하고 사용할 수 있다. • 원어민 화자의 수준에는 이르지 못하나 기능 수행이나 의미 표현에는 어려움을 겪지 않는다.

INFORMATION

IBT 안내

◆ 시험 구성

❶ IBT는 시험 중간에 쉬는 시간이 없습니다.
❷ 시험 시작 40분 전까지 수험표에 적힌 고사장에 도착해서 지정된 컴퓨터에 로그인을 해야 합니다.

구분	TOPIK Ⅰ		TOPIK Ⅱ		
영역	듣기	읽기	듣기	읽기	쓰기
문항 수	26문항	26문항	30문항	30문항	3문항
시간	30분	40분	35분	40분	50분

◆ 시험 등급

구분	TOPIK Ⅰ		TOPIK Ⅱ			
등급	1급	2급	3급	4급	5급	6급
점수	121~235점	236~400점	191~290점	291~360점	361~430점	431~600점
총점	400점		600점			

◆ 문항 구성

❶ **선택형**(radio button): 4개의 선택지 중 1개의 답을 선택
❷ **단어 삽입형**(word insertion): 지문의 빈칸에 끼워 넣을 알맞은 단어를 선택
❸ **문장 삽입형**(sentence insertion): 지문에 제시문이 들어갈 알맞은 위치를 선택
❹ **끌어 놓기형**(drag and drop): 제시된 문장을 마우스로 이동하여 순서대로 배열
❺ **문장 완성형**(short answer): 빈칸에 알맞은 답을 입력하여 문장을 완성
❻ **서술형**(essay writing): 주어진 주제와 분량에 맞게 서술형 답안을 입력

◆ 주의 사항

❶ **듣기**: 화면에 '대기 시간'과 '풀이 시간'이 나옵니다. 풀이 시간이 종료되면 다음 문제로 화면이 자동 변경됩니다. 화면이 바뀌면 지나간 문제는 다시 풀 수 없으며, 반드시 풀이 시간 내에 답을 선택해야 합니다.

❷ **읽기**: 이전 문제, 다음 문제로 이동하면서 문제를 다시 풀 수 있습니다. 시험이 끝나기 10분 전, 5분 전 알림이 제공됩니다. 시험 시간이 다 되면 표시해 두었던 모든 답이 자동으로 제출됩니다.

❸ **쓰기**: PBT와 달리 원고지 쓰기가 아닌, 일반 줄글 쓰기로 문제가 나옵니다. 한글 자판의 위치를 익히고 타자 연습을 해 두어야 합니다.

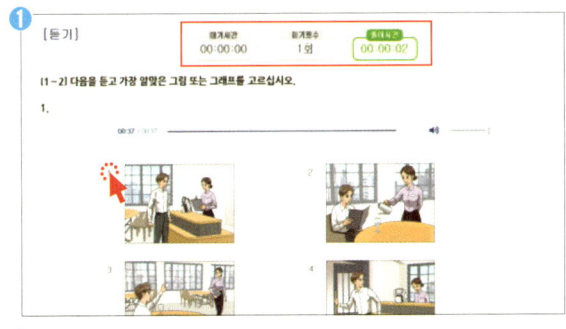

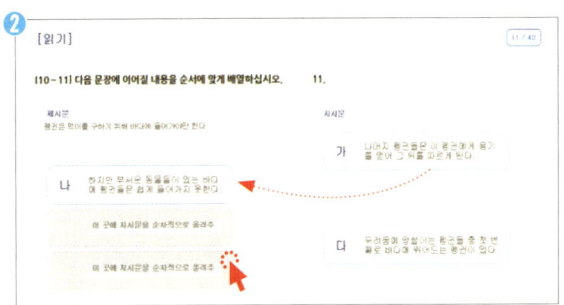

※ 시행처 홈페이지의 'IBT 체험하기'를 통해 컴퓨터 기반 시험이 어떻게 진행되는지 시험 전, 미리 확인해 보시기 바랍니다.

STRUCTURES

이 책의 구성과 특징

초급자도 이해할 수 있는 쓰기 핵심 이론

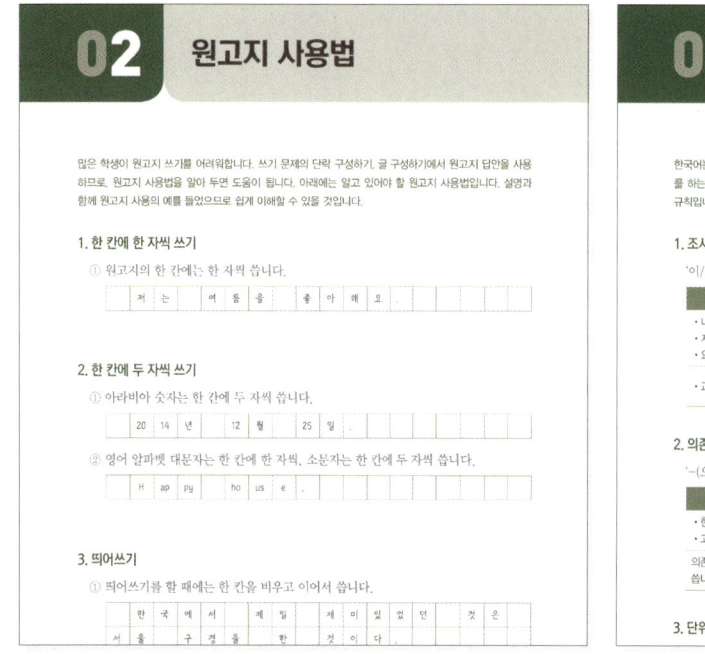
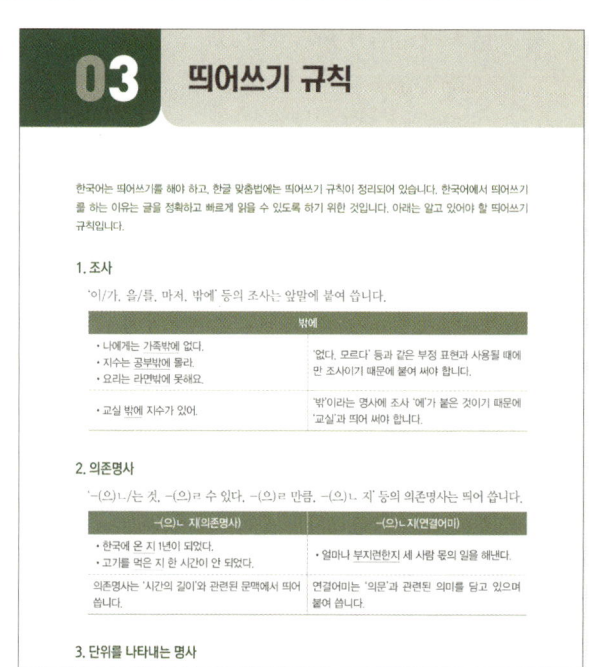

▶ 원고지 사용법부터 띄어쓰기 규칙까지, 'TOPIK II' 쓰기 영역을 공부하는 외국인 수험생이 기본적인 한국어 작문 실력을 갖추고 원고지 답안을 작성하는 데 익숙해질 수 있도록 구성하였습니다.

최근 사회 이슈를 중심으로 한 연습 문제와 기출문제

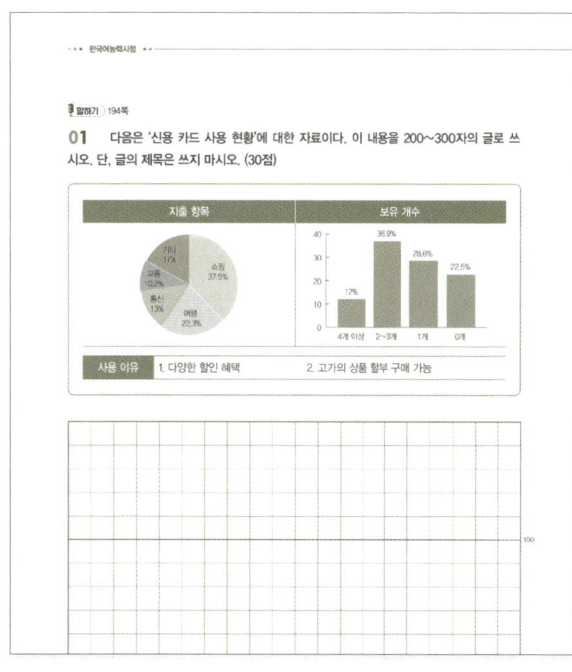
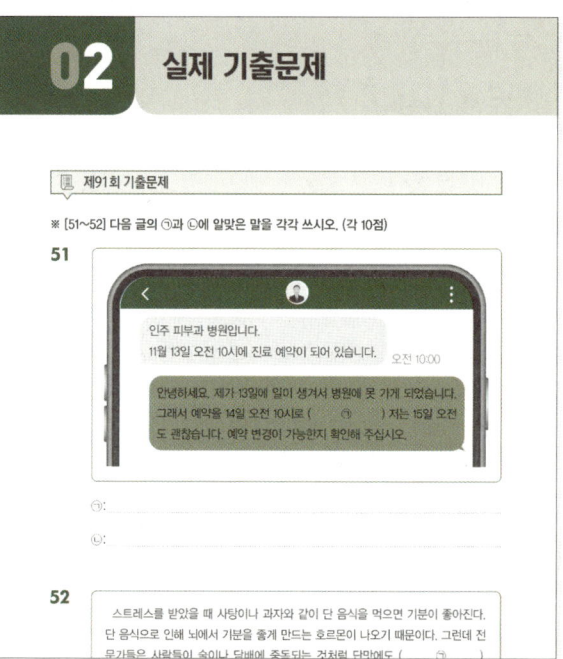

▶ 출제 경향이 반영된 연습 문제와 기출문제로 실전처럼 연습해 보세요. 오늘 연습한 쓰기 문제가 시험에 나올 수도 있겠죠?

주제별 어휘와 문법, 읽기 자료로 구성된 친절한 문제 풀이

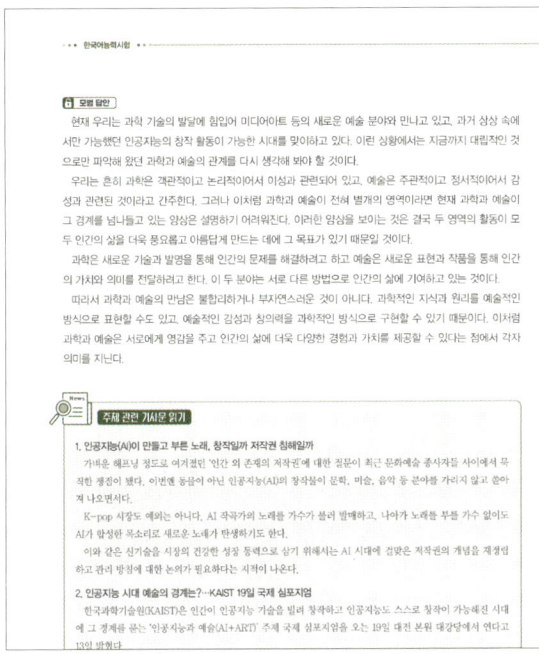
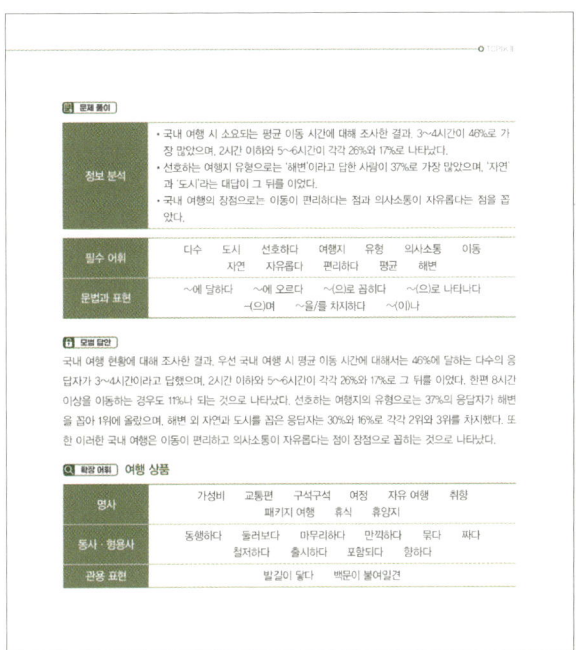

▶ 모범 답안과 함께 필수적으로 알아야 할 어휘와 문법은 물론, 관련 읽기 자료도 수록하였습니다. 표현력을 키우고 배경지식을 쌓을 수 있어 쓰기 실력이 점점 향상될 거예요.

효율적으로 준비하는 말하기 평가

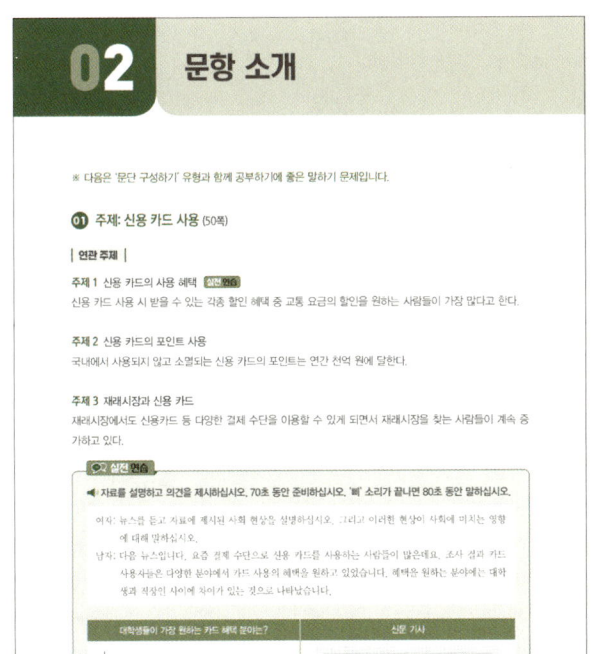
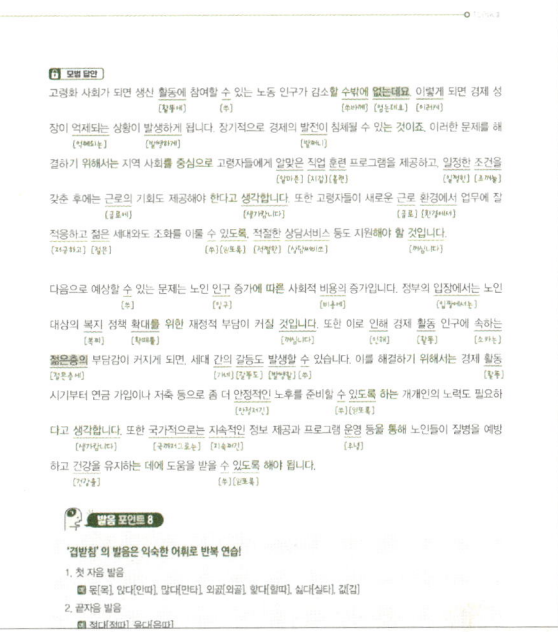

▶ 말하기 평가의 5번, 6번은 쓰기 53번, 54번과 비슷한 유형이므로 함께 공부하면 더욱 좋답니다. '발음 포인트'에 유의하며 모범 답안을 소리 내어 읽어 보면 더욱 효과적일 거예요.

이 책의 목차

PART 01 **핵심 이론**

01 문장 부호 ··· 3

02 원고지 사용법 ·· 6

03 띄어쓰기 규칙 ·· 9

04 교정 부호 ··· 11

PART 02 **실전 연습**

01 문장 구성하기 ·· 16

02 단락 구성하기 ·· 48

03 글 구성하기 ··· 110

PART 03 **기출 적용**

01 최신 기출 분석 ··· 175

02 실제 기출문제 ·· 176

PART 04 **말하기 평가**

01 시험 소개 ··· 199

02 문항 소개 ··· 200

부록 관용어와 속담 ··· 221

OMR 답안지 ··· 229

PART 01
핵심 이론

 혼자 TOPIK 공부를 하기 힘들다면?
www.youtube.com ➔ TOPIK STUDY 구독 ➔ TOPIK2 한 번에 통과하기/쓰기 클릭!
www.youtube.com ➔ 시대에듀 구독 ➔ TOPIK 한국어능력시험 학습 특강 클릭!

01 문장 부호

글의 의미를 효과적으로 표현하고 문장의 이해에 오해가 없도록 하기 위해 사용하는 부호를 문장 부호라고 합니다. 쓰기 문제에서 원고지를 작성할 때 적절한 문장 부호를 사용할 수 있어야 합니다. 아래에는 효과적인 글쓰기를 위해 알고 있어야 할 문장 부호입니다.

1. 마침표(.)

① 한 문장이 끝났을 때 씁니다.
  예 정은이는 숙제를 다 못 했습니다.
② 약자(준말) 뒤에 씁니다.
  예 1991. 5. 21.
    서. 1994. 8. 31. (서: 서기)

2. 쉼표(,)

① 짝을 지어 구분할 때 씁니다.
  예 작은아버지와 작은어머니, 할머니까지 나와서 나를 반겨 주었다.
② 같은 계열의 말이 이어질 때 씁니다.
  예 한 포기, 두 포기, 세 포기, 배추는 모두 세 포기였다.
    강아지, 고양이, 토끼, 병아리는 모두 동물이다.
③ 절과 절을 떼어 놓을 때 씁니다.
  예 눈이 내리더니, 온 세상은 하얗게 변하였다.
④ 부르는 말이나 대답 뒤에 씁니다.
  예 누리: 수연아, 놀자.
    수연: 응, 알았어.
⑤ 가벼운 감탄을 나타낼 때 씁니다.
  예 우와, 정말 멋지다.
⑥ 말이 끝나고 이어 주는 말 뒤에 씁니다.
  예 잘했어, 그러나 방심하면 안 돼.
⑦ 같은 말의 되풀이를 줄일 때 씁니다.
  예 수연이는 음악을, 준수는 미술을 좋아한다.

3. 물음표(?)

① 직접 물을 때 씁니다.
　예 오늘은 무슨 요일이야?
② 의문을 나타낼 때 씁니다.
　예 내가 휴대 전화를 어디에 두었더라?
③ 한 문장에 두 개 이상의 물음이 겹쳤을 때는 맨 마지막 말에만 씁니다.
　예 너는 승화가 좋아, 규민이가 좋아?

4. 느낌표(!)

① 느낌이나 놀라움을 나타낼 때 씁니다.
　예 건물 진짜 높다!
② 명령, 구령을 나타낼 때 씁니다.
　예 거기 서라!
③ 꾸짖거나 기막힘을 나타낼 때 씁니다.
　예 이게 뭐하는 거니!

5. 가운뎃점(·)

① 문장의 성분이 같은 것들을 여러 개 나타낼 때 씁니다.
　예 일본·영국·필리핀은 모두 섬나라이다.
② 특정한 의미를 가지는 날을 나타내는 숫자에 씁니다.
　예 3·1 운동
　　 8·15 광복절

6. 큰 따옴표(" ")

① 글 가운데서 주고받는 말을 나타낼 때 씁니다.
　예 "성희야, 연극 보러 갈래?"
② 새, 동물 등의 소리를 나타낼 때 씁니다.
　예 갑자기 "멍멍"하고 강아지가 짖는 소리가 들렸다.

7. 작은 따옴표(' ')

① 대화 속에 또 다른 말을 옮겨 쓸 때 씁니다.

  예 "소영이가 수연이에게 '오늘은 뭘 먹을까?'라고 했어요."

② 대화나 문장 속에 특별한 말을 드러낼 때 씁니다.

  예 '오늘'을 한자로 말하면 '금일'이다.

8. 말줄임표(……)

① 뒷말을 줄일 때 씁니다.

  예 나도 공부를 열심히 했더라면…….

② 침묵을 나타낼 때 씁니다.

  예 수영: 경호야, 너 왜 오늘도 숙제를 안 했니?
     경호: …….

9. 줄표(—)

① 문장 중간에 앞의 내용에 대해 덧붙여 설명하는 말이 들어갈 때 씁니다.

  예 내 동생은 다섯 살 때 — 다른 아이들 같으면 한글도 모를 나이에 — 벌써 편지를 썼다.

② 앞의 말을 정정하거나 변명하는 말이 이어질 때 씁니다.

  예 이 돈은 내 것이니까 — 아니, 내가 주운 것이니까 — 절대로 돌려줄 수 없다.

10. 물결표(~)

① 기간이나 거리 또는 범위를 나타낼 때 씁니다.

  예 10월 3일~10월 9일
     이번 시험 범위는 50~108쪽입니다.

② 물결표 대신 붙임표(-)를 쓸 수 있습니다.

  예 10월 3일-10월 9일
     이번 시험 범위는 50-108쪽입니다.

02 원고지 사용법

많은 학생이 원고지 쓰기를 어려워합니다. 쓰기 문제의 단락 구성하기, 글 구성하기에서 원고지 답안을 사용하므로, 원고지 사용법을 알아 두면 도움이 됩니다. 아래에는 알고 있어야 할 원고지 사용법입니다. 설명과 함께 원고지 사용의 예를 들었으므로 쉽게 이해할 수 있을 것입니다.

1. 한 칸에 한 자씩 쓰기

① 원고지의 한 칸에는 한 자씩 씁니다.

	저	는		여	름	을		좋	아	해	요	.						

2. 한 칸에 두 자씩 쓰기

① 아라비아 숫자는 한 칸에 두 자씩 씁니다.

	20	14	년		12	월		25	일	.								

② 영어 알파벳 대문자는 한 칸에 한 자씩, 소문자는 한 칸에 두 자씩 씁니다.

	H	ap	py		ho	us	e	.										

3. 띄어쓰기

① 띄어쓰기를 할 때에는 한 칸을 비우고 이어서 씁니다.

| | 한 | 국 | 에 | 서 | | 제 | 일 | | 재 | 미 | 있 | 었 | 던 | | 것 | 은 | |
| 서 | 울 | | 구 | 경 | 을 | | 한 | | 것 | 이 | 다 | . | | | | | | |

② 띄어쓰기를 해야 하는 칸이 왼쪽 처음 칸이 될 때는 띄어쓰기를 하지 않습니다.

| | 여 | 름 | 이 | | 좋 | 은 | | 이 | 유 | 는 | | 물 | 놀 | 이 | 를 | | 할 |
| 수 | | 있 | 어 | 서 | 입 | 니 | 다 | . | | | | | | | | | | |

4. 들여쓰기

① 줄글은 처음 한 칸을 비우고 씁니다.

| | 언 | 니 | 와 | | 함 | 께 | | 제 | 주 | 도 | 에 | | 가 | 서 | | 사 | 진 |
| 을 | | 많 | 이 | | 찍 | 었 | 다 | . |

② 문단이 바뀌면 처음 한 칸을 비우고 씁니다.

	개	구	리	가		쥐	를		골	려		주	려	고		자	기
와		다	리	를		묶	고		재	미	있	게		놀	자	고	
제	안	했	다	.	아	무	것	도		모	르	는		쥐	는		그
렇	게		하	라	고		했	다	.
		그	런	데		갑	자	기		하	늘	을		날	던		독	수
리	가		개	구	리	와		다	리	를		묶	은		쥐	를
낚	아	챘	다	.

5. 문장 부호 사용하기

① 느낌표(!)나 물음표(?)는 글자와 마찬가지로 한 칸에 쓰고 이어지는 글은 띄어 씁니다.

| | 건 | 물 | | 진 | 짜 | | 높 | 다 | ! | | 몇 | | 층 | 짜 | 리 | 야 | ? |

② 마침표(.)나 쉼표(,)는 한 칸에 쓰는데, 이어지는 글은 한 칸을 띄지 않고 다음 칸에 바로 씁니다. 마침표나 쉼표 등의 문장 부호는 첫 칸에 오지 않으며, 윗줄의 마지막 칸 글자 옆이나 칸 밖에 씁니다.

	직	업	을		선	택	할		때	에		생	각	할		점	은
즐	거	움	이	나		자	기	만	족	,	충	분	한		보	상	이
있	는	가		하	는		것	이	다	.	하	지	만		이	것	만
이		직	업	을		선	택	하	는		기	준	은		아	니	다

③ 말줄임표(……)는 두 칸을 사용합니다.

	배	가		고	픈	데	…	…	.										

④ 큰 따옴표(" "), 작은 따옴표(' ')는 칸의 구석에 치우치도록 씁니다. 따옴표는 마침표와 한 칸에 같이 씁니다.

"	부	지	런	히		살	자	.	'	높	이		나	는		새
가		멀	리		본	다	'	고		했	어	. "				

💡 TIP TOPIK II 쓰기 답안 작성 방법

- **일반적인 원고지 글 쓰기**

		인	주	시 의		자	전	거		이	용	자		변	화	← '글의 제목'을 쓰는 곳
										시	대	에 듀				← '글쓴이의 소속, 이름' 등을 쓰는 곳
	인	주	시 의		자	전	거		이	용	자		변	화 를		살 펴	← '글' 쓰는 곳
보	면 ,	자	전	거		이	용	자		수	는		20	07	년		4	만

- **TOPIK 원고지 글 쓰기에서 '글의 제목'을 쓰지 말라는 의미**

(×)

	인	주	시 의		자	전	거		이	용	자		변	화	
	인	주	시 의		자	전	거		이	용	자		변	화 를	살 펴
보	면 ,	자	전	거		이	용	자		수	는		20	07 년	4 만

이 부분에 '글의 제목'을 쓰지 말고 아래와 같이 바로 글을 시작하라는 의미입니다.

(○)

	인	주	시 의		자	전	거		이	용	자		변	화 를	살 펴
보	면 ,	자	전	거		이	용	자		수	는		20	07 년	4 만

03 띄어쓰기 규칙

한국어는 띄어쓰기를 해야 하고, 한글 맞춤법에는 띄어쓰기 규칙이 정리되어 있습니다. 한국어에서 띄어쓰기를 하는 이유는 글을 정확하고 빠르게 읽을 수 있도록 하기 위한 것입니다. 아래는 알고 있어야 할 띄어쓰기 규칙입니다.

1. 조사

'이/가, 을/를, 마저, 밖에' 등의 조사는 앞말에 붙여 씁니다.

밖에	
• 나에게는 가족밖에 없다. • 지수는 공부밖에 몰라. • 요리는 라면밖에 못해요.	'없다, 모르다' 등과 같은 부정 표현과 사용될 때에만 조사이기 때문에 붙여 써야 합니다.
• 교실 밖에 지수가 있어.	'밖'이라는 명사에 조사 '에'가 붙은 것이기 때문에 '교실'과 띄어 써야 합니다.

2. 의존명사

'-(으)ㄴ/는 것, -(으)ㄹ 수 있다, -(으)ㄹ 만큼, -(으)ㄴ 지' 등의 의존명사는 띄어 씁니다.

-(으)ㄴ 지(의존명사)	-(으)ㄴ지(연결어미)
• 한국에 온 지 1년이 되었다. • 고기를 먹은 지 한 시간이 안 되었다.	• 얼마나 부지런한지 세 사람 몫의 일을 해낸다.
의존명사는 '시간의 길이'와 관련된 문맥에서 띄어 씁니다.	연결어미는 '의문'과 관련된 의미를 담고 있으며 붙여 씁니다.

3. 단위를 나타내는 명사

단위를 나타내는 명사 '개, 마리, 명, 권, 개월, 시간' 등은 '한 개, 한 마리' 등과 같이 띄어 써야 합니다. 그러나 순서를 나타내거나 숫자와 같이 쓰이는 경우에는 붙여서 쓸 수 있습니다.

첫째, 둘째, 셋째 … 5층, 4학년, 10개, 100원 등

4. 보조 용언

① 보조 용언은 문장에서 서술어의 기능을 하는 동사나 형용사를 말합니다.

돕다 + 드리다(보조 용언) → 도와 드리다
먹다 + 버리다(보조 용언) → 먹어 버리다

② 보조 용언은 띄어 쓰는 것이 원칙이지만, 경우에 따라서 붙여 쓰는 것도 허용합니다. (한글 맞춤법 제47항)

어머니를 도와 드린다.(○) / 어머니를 도와드린다.(○)
우유를 마셔 버렸다.(○) / 우유를 마셔버렸다.(○)

5. 성과 이름은 붙여 쓰고, 관직명은 띄어 써야 합니다.

원칙은 '김민지'처럼 성과 이름을 붙여 써야 하지만, '남궁억'처럼 무엇이 성이고 이름인지 구별할 수 없을 때에는 띄어 쓸 수 있습니다.

남궁억(○) / 남궁 억(○)
김 박사, 김철수 장군

6. 두 말을 이어 주거나 열거할 때 쓰이는 말들은 띄어 씁니다.

한국 대 미국
학교 및 학원
연필과 지우개 등
가게의 주인 겸 종업원

04 교정 부호

우리는 글을 쓰고 나면 틀린 글자나 어법에 맞지 않는 등의 잘못된 부분을 스스로 고치거나 선생님께 고쳐 달라고 합니다. 이것을 '교정'이라고 하며 교정할 때 쓰는 약속된 부호를 '교정 부호'라고 합니다. 이렇게 일정한 약속에 따라 교정을 하면 글을 정확하게 고칠 수 있습니다. 또, 선생님이 어떤 의미로 나의 글을 교정한 것인지 쉽게 알 수 있습니다. 아래는 알고 있어야 할 교정 부호입니다.

부호	교정 내용	보기
◯	글자를 바꿀 때	물건이 가득 싸였다. (쌓)
◯⌒	글자를 뺄 때	엉터리이였다.
⌒	붙여 쓸 때	9년 전 부터 시작되었다.
∨	띄어 쓸 때	아름다운 파도소리
∨	글자를 넣을 때	우리는 실천해야 한다. (사랑을)
⌐⌐	여러 글자를 고칠 때	아버지께서 밥을 잡수신다. (진지를)
⌐	줄을 바꿀 때	"누구세요?" 철수가 문을 열면서 말했다.
⌐	왼쪽으로 한 칸 옮길 때	서로 돕자.
⌐	오른쪽으로 한 칸 옮길 때	푸른 하늘 은하수
∽	앞과 뒤의 순서를 바꿀 때	일찍 집을 나섰다.
⌒	줄을 이을 때	이 풀은 씀바귀다. 쓴 맛이 나서 씀바귀라고 부른다.

〈참고문헌: 학습용어 개념사전, 2010.08.05, (주)북이십일 아울북〉

무엇이든 넓게 경험하고 파고들어
스스로를 귀한 존재로 만들어라.

– 세종대왕 –

PART 02
실전 연습

합격의 공식 시대에듀

혼자 TOPIK 공부를 하기 힘들다면?
www.youtube.com ➜ TOPIK STUDY 구독 ➜ TOPIK2 한 번에 통과하기/쓰기 클릭!
www.youtube.com ➜ 시대에듀 구독 ➜ TOPIK 한국어능력시험 학습 특강 클릭!

TOPIK II 쓰기를 시작하기 전에

한국어능력시험의 쓰기 영역은 문장 구성하기 두 문제, 단락 구성하기 한 문제, 글 구성하기 한 문제로 구성됩니다. 시험에서 51~52번 문항에 출제되는 문장 구성하기 문제는 글의 흐름에 맞는 문장 두 개를 쓰도록 해서 담화 구성 능력을 평가하는 문제입니다. 그리고 53~54번에 출제되는 단락 구성하기와 글 구성하기 문제는 각각 제시된 정보를 이용하여 주제에 맞게 글을 쓸 수 있는지와 제시된 주제와 과제에 맞게 자신의 생각을 논리적으로 표현하는 글을 쓸 수 있는지를 평가하는 문제입니다.

이들 문제에 대하여 여러 명의 채점위원이 채점하여 점수를 내는데, 채점 시 어휘와 문법의 사용 수준, 논리적인 내용 전개 그리고 주어진 과제 수행 여부 등을 중점적으로 봅니다.

쓰기는 네 문제이지만 모두 주관식 문제이기 때문에 다른 영역에 비해 더 많은 노력이 필요합니다. 쓰기를 잘할 수 있는 방법은 연습밖에 없으므로 답안 작성 방법에 따라 관련된 글을 많이 써 보거나 읽어 보는 것이 좋습니다.

쓰기 연습 시에는 실제 시험에서와 같이 쓰는 시간을 정해 두고 답안을 작성해 보는 것이 좋습니다. 특히 가장 배점이 높은 54번 문항의 경우에는 시간이 부족하면 글의 완성도가 크게 떨어지기 때문입니다. 따라서 쓰기 시험 시간 50분 중 51~52번 문항의 답안을 작성하는 데에 각각 3분 정도, 53번 문항에 15분 정도의 시간을 할애하는 것이 적당하며, 나머지 30여 분의 시간 안에 54번 문항을 작성해야 합니다. 30분 중 25분까지는 일단 주제를 파악한 뒤 전체 글을 작성하고, 나머지 5분 동안 세부적인 문장들을 다듬고 전체 구성을 점검하는 것이 바람직합니다.

01 문장 구성하기

'문장 구성하기' 문제는 글의 일부를 비워 두고 맥락(글의 흐름)에 맞게 그 부분을 완성하게 하는 유형입니다. 빈칸 앞뒤로 접속 표현, 지시 표현 등을 제공하고 필요한 어휘나 문법을 사용해서 빈칸에 적절한 말을 써 넣도록 하는 문제입니다. 문장 단위의 표현이 정확하고 적절한지, 나아가 맥락에 맞고 내용에 일관성이 있는지를 측정합니다. 글의 유형은 비교적 친숙한 소재를 다루고 있는 실용문과 설명문으로, 제시문은 4~5문장으로 구성됩니다.

> **TIP** **TOPIK II 쓰기 답안 작성 방법**
>
> - **문장 구성하기**: 담화 구성 능력을 평가하는 유형
> - **답안 작성 방법**
>   - 답안을 작성할 때는 담화의 앞뒤 내용을 잘 파악하는 것이 중요합니다. ㉠과 ㉡의 앞이나 뒤에 있는 문장들을 잘 살펴보고 내용이 자연스럽게 이어지도록 해야 합니다.
>   - 담화의 문맥에 적합하지 않은 어휘나 문법을 사용하면 감점이 됩니다.
>   - 불필요한 내용이 추가되어 원래의 의미를 해치는 경우 감점이 됩니다.
>   - 생활에서 자주 접할 수 있는 광고문이나 안내문 등을 읽어 보고 어떤 내용으로 구성하는지, 어떤 표현과 문법을 사용하는지 알아 두면 도움이 됩니다.
>   - 다양한 장르의 글을 읽으면서 내용을 어떻게 전개하는지, 문장과 문장을 어떻게 연결하는지, 각각의 담화 표지는 어떤 기능을 하는지 등을 알아 두면 도움이 됩니다.

51번 유형

※ 다음 글의 ㉠과 ㉡에 알맞은 말을 각각 쓰시오. (각 10점)

01

> **회원 모집**
>
> K-POP 댄스 동아리에서 신입 회원을 모집합니다. 마포구 주민이라면 누구든지 (㉠). 춤을 못 추는 사람도 괜찮습니다. 간단한 동작부터 시작하기 때문에 배우기 (㉡). 관심 있는 분들의 많은 신청 바랍니다.

㉠:

㉡:

문제 풀이

이 글은 댄스 동아리에서 새로운 회원을 뽑는다는 모집 공고입니다.

필수 어휘	간단하다 동작 모집하다 신입 신청 회원
중급 수준의 표현과 문법	㉠ 앞에 '어느 것이 선택되어도 차이가 없이 그러함'을 나타내는 조사 '든지'가 있으므로, 문맥상 '신청하다'라는 어휘와 '-(으)ㄹ 수 있다'라는 문법을 사용해서 답안을 작성하면 됩니다. ㉡ 앞에 '배우기'라는 말이 있으므로, '어렵지 않다'나 '쉽다'라는 표현을 사용해서 답안을 작성하면 됩니다.

모범 답안

㉠: 신청할 수 있습니다

㉡: 어렵지 않습니다 / 쉽습니다

확장 어휘) 동아리 활동

명사	과외 관심사 교내 교외 동호회 모임 무리 연합 자율 흥미
동사·형용사	가입하다 즐기다 참여하다 창단하다 키우다 탈퇴하다 펼치다
관용 표현	뜻(이) 맞다 유유상종 친구 따라 강남 간다

02

> 크리스
>
> 지수 씨, 이사하느라고 힘들었죠?
> 저도 가서 도와주고 싶었는데 일이 생겨서 (　　㉠　　).
> 미안해요. 그 대신 혹시 필요한 게 있으면 저한테 (　　㉡　　).
> 지수 씨한테 필요한 걸 사 주고 싶어요.

㉠:

㉡:

📝 문제 풀이

이 글은 이사를 한 친구에게 도와주지 못한 미안함을 전하는 문자입니다.

필수 어휘	도와주다　생기다　이사하다　필요하다　힘들다
중급 수준의 표현과 문법	㉠ '가서 도와주고 싶었다'는 말과 대조되는 사실을 이어주는 '–는데'가 있고 바로 앞에 '일이 생기다'라는 말이 있으므로, 부정의 '못'이나 '–지 못하다'를 사용해서 답안을 작성하면 됩니다. ㉡ 앞에 있는 '저한테'라는 말과 호응하는 표현으로 '–아/어 주세요'라는 표현을 사용해서 답안을 작성하면 됩니다.

🔑 모범 답안

㉠: 못 갔어요 / 가지 못했어요
㉡: 말해 주세요 / 알려 주세요

🔍 확장 어휘　이사

명사	견적　부동산　요금　이삿짐　이삿짐센터　이주　잔금 트럭　포장이사
동사 · 형용사	계약하다　꾸리다　나르다　싣다　싸다　옮기다 이사(를) 가다　치르다　풀다
관용 표현	날짜를 받다　손 없는 날

03

아르바이트 모집

아르바이트할 사람을 구합니다.
경험이 없어도 걱정할 필요가 없습니다.
이 일은 경력이나 학력에 상관없이 (㉠   ).
학교나 직장에 다니는 사람도 괜찮습니다.
하루에 2~3시간 정도만 (㉡   ).

㉠: _____

㉡: _____

문제 풀이

이 글은 아르바이트할 사람을 구하는 모집 공고입니다.

필수 어휘	경력 경험 구하다 모집 상관없다 아르바이트 학력
중급 수준의 표현과 문법	㉠ 앞에 '경력이나 학력에 상관없다'는 말이 있으므로 문맥상 '누구나 할 수 있다'라는 말로 답안을 작성하면 됩니다. ㉡ 앞에 '학교나 직장에 다니는 사람도 괜찮다'라는 말이 있으므로, 하루 2~3시간 정도 일하는 것으로 가능하다거나 충분하다는 의미로 '-(으)면 되다'라는 문법을 사용해서 답안을 작성하면 됩니다.

모범 답안

㉠: 누구나 할 수 있습니다 / 누구나 할 수 있는 일입니다
㉡: 일(을) 하면 됩니다

확장 어휘   구인과 구직

명사	경쟁 근무 급여 동기 면접 분야 적성 특기
동사·형용사	모집하다 발휘하다 성실하다 유능하다 입사하다 지원하다
관용 표현	자격증을 따다 쥐꼬리만 하다 한솥밥을 먹다

04

고객 감사 할인

여름 휴가철을 맞이해서 할인 행사를 진행합니다.
채소, 과일 등 신선식품도 좋은 가격에 판매됩니다.
상품을 구입한 (㉠) 특별한 서비스도 준비했습니다.
10만 원 이상 구입하시면 무료 배송 서비스도 (㉡).
배송을 원하시면 오후 5시까지 신청을 해 주세요.

㉠:

㉡:

문제 풀이

이 글은 고객들에게 제품 할인 행사에 대하여 알리는 안내문 또는 광고문입니다.

필수 어휘	고객 구입하다 무료 상품 서비스 진행하다 판매되다 할인
중급 수준의 표현과 문법	㉠ 앞에 있는 '구입한'의 수식을 받으면서 뒤에 있는 '서비스도 준비하다'와 의미적으로 연결되는 말이 들어가야 하므로, '고객(들)'이라는 어휘와 '~을/를 위해(서)' 또는 '~을/를 위한'이라는 표현을 사용해서 답안을 작성하면 됩니다. ㉡ 앞에 있는 '서비스'와 호응이 되는 어휘인 '제공하다'와 판매자의 입장에서 고객들을 대상으로 사용할 수 있는 표현인 '-아/어 드리다'를 사용해서 답안을 작성하면 됩니다.

모범 답안

㉠: 고객을 위해(서) / 고객을 위한

㉡: 제공해 드립니다

확장 어휘 할인 행사

명사	가격 경쟁 구매 매장 소비자 이벤트 절약 정찰 쿠폰 폭 할인권 혜택
동사·형용사	깎다 기획하다 돌입하다 벌이다 세일하다 열다 유통하다 적용하다
관용 표현	남는 장사 배보다 배꼽 싼 게 비지떡

05

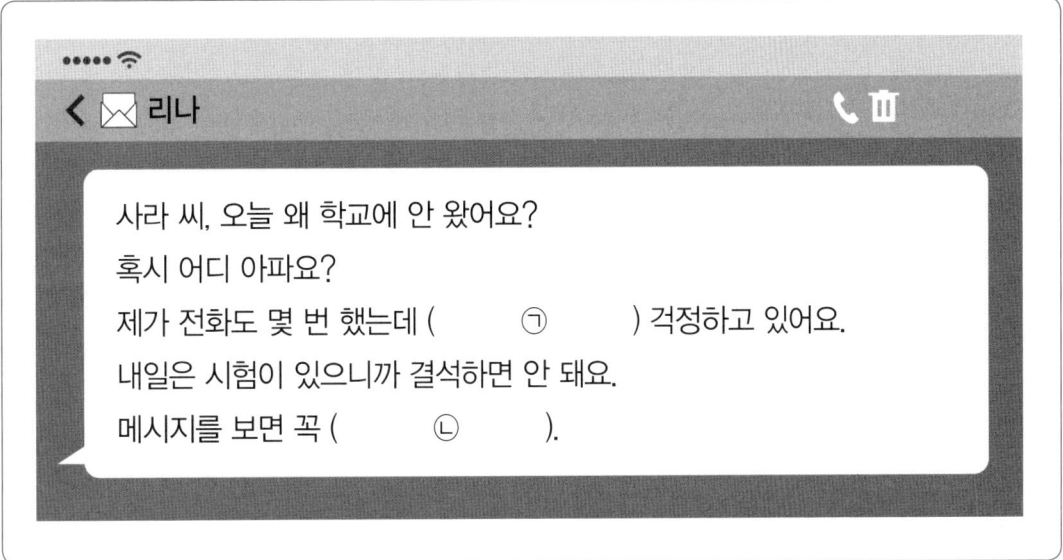

ㄱ: ....

ㄴ: ....

📖 문제 풀이

이 글은 학교에 결석한 친구에게 안부를 묻는 문자입니다.

필수 어휘	걱정하다 결석하다 꼭 메시지 혹시
중급 수준의 표현과 문법	ㄱ 빈칸에는 뒤에서 말하고 있는 '걱정'의 이유가 되는 말이 들어가야 하므로, '전화를 안 받다'라는 말과 이유를 나타내는 '-아/어서'라는 문법을 사용해서 답안을 작성하면 됩니다. ㄴ 앞에 '메시지를 보면'이라는 말이 있으므로, '답장(을) 하다'나 '연락(을) 주다'라는 표현을 사용해서 답안을 작성하면 됩니다.

🔒 모범 답안

ㄱ: (전화를) 안 받아서 / 받지 않아서

ㄴ: 답장(을) 해 주세요 / 연락(을) 주세요

🔍 확장 어휘   안부 인사

명사	근황 문안 별고 (없다) 소식 아랫사람 안녕 윗사람 인사말 형편
동사 · 형용사	건네다 궁금하다 나누다 묻다 여쭈다/여쭙다 올리다 전하다 평안하다
관용 표현	꿩 구워 먹은 소식 무소식이 희소식

06

> ### 한국의 맛을 느껴 보세요
>
> 한국 요리 교실이 문을 엽니다. 직접 만드는 한국 음식은 어떨지 (㉠)? 서울에 거주하는 외국인이라면 누구나 참여할 수 있습니다. 수업료는 무료이지만 재료비는 (㉡). 한국 요리에 관심이 있는 분들의 많은 참여 바랍니다.

㉠: _____

㉡: _____

📋 문제 풀이

이 글은 한국 요리 교실 신청에 대한 안내문입니다.

필수 어휘	거주하다　맛　무료　수업료　요리　재료비　참여하다
중급 수준의 표현과 문법	㉠ 앞에 '어떨지'라는 의문을 나타내는 말이 있으므로 담화의 문맥상 '궁금하다'나 '알고 싶다'라는 어휘와 '-지 않습니까'라는 표현을 사용해서 답안을 작성하면 됩니다. ㉡ 문장의 앞에서 '수업료는 무료이지만'이라고 했으므로 문맥상 뒤에 연결되는 재료비는 무료가 아니라는 의미의 말이 와야 합니다. 따라서 '따로 내다'라는 어휘와 '-아/어야 하다'라는 문법을 사용해서 답안을 작성하면 됩니다.

🔒 모범 답안

㉠: 궁금하지 않습니까 / 알고 싶지 않습니까

㉡: 따로 내야 합니다 / 따로 내야 됩니다

🔍 확장 어휘 음식의 맛

명사	기름기　당분　신선도　염분　유기농　조미료
동사·형용사	느끼하다　달콤하다　담백하다　매콤하다　새콤하다　싱겁다 짭짤하다
관용 표현	간을 보다　둘이 먹다(가) 하나가 죽어도 모르겠다　입에 맞다

07

| 답장 | 전체답장 | 전달 | 삭제 |

☆ **제목: 이나영 선생님께**

안녕하세요. 사라입니다.
학교를 졸업하고 회사 일을 시작한 지 벌써 (㉠   ).
1년 동안 참 많은 일이 있었던 것 같습니다.
선생님, 이번 주 토요일에 친구들과 모이기로 했는데요.
만약 선생님도 (㉡   ) 오랜만에 함께 뵙고 싶습니다.

㉠:

㉡:

📖 문제 풀이

이 글은 선생님께 안부를 전하고 선생님을 모임에 초대하는 이메일입니다.

필수 어휘	만약 모이다 벌써 뵙다 시작하다 오랜만에 졸업하다
중급 수준의 표현과 문법	㉠ 앞에 '회사 일을 시작한 지'라고 해서 시간의 경과를 나타내는 말이 있고, 뒤에 1년이라는 시간이 나와 있으므로 '1년이 되다'나 '지나다'를 사용해서 답안을 작성하면 됩니다. ㉡ 토요일에 모임이 있다고 했고 앞에 가정을 나타내는 '만약'이라는 부사가 있으므로, 여기에 호응하는 가정의 문법 '-(ㄴ/는)다면'과 '올 수 있다' 또는 '시간이 되다'와 같은 말을 사용해서 답안을 작성하면 됩니다.

🔒 모범 답안

㉠: 1년이 됐습니다 / 1년이 지났습니다
㉡: 오실 수 있다면 / 시간이 되신다면

🔍 확장 어휘 세월의 흐름

명사	변모 변화 성장 세대 시대 시절 추억 황혼
동사·형용사	그립다 기억하다 떠올리다 아련하다 회상하다 후회하다
관용 표현	때(가) 묻다 세월이 약(이다) 세월이 화살 같다

08

지난 주말에 부산 국제 영화제에 다녀왔습니다.
이런 영화 축제를 예전에는 （　㉠　）.
그래서 주말을 많이 기다렸습니다.
영화제는 기대했던 것보다 훨씬 더 재미있었습니다.
나중에 다른 영화제도 （　㉡　）.

㉠: ....

㉡: ....

문제 풀이

이 글은 부산에서 열린 영화제에 다녀온 소감문입니다.

필수 어휘	기대하다　나중　영화제　예전　축제　훨씬
중급 수준의 표현과 문법	㉠ 앞에 '예전에는'이라는 말이 있고, '주말을 많이 기다렸다'는 뒤의 내용이 '그래서'로 연결되고 있으므로, '가다', '가 보다' 또는 '보다'라는 어휘와 경험의 유무를 나타내는 '-(으)ㄴ 적이 있다/없다'라는 문법을 사용해서 답안을 작성하면 됩니다. ㉡ 앞에서 영화제가 아주 재미있었다고 했으므로, '가 보고 싶다'나 '보러 가고 싶다'라는 표현을 사용해서 답안을 작성하면 됩니다.

모범 답안

㉠: 가 본 적이 없습니다 / 본 적이 없습니다

㉡: (또) 가 보고 싶습니다 / 보러 가고 싶습니다

확장 어휘　축제

명사	개막　거리　규모　문화　예술　인파　잔치　전야제 폐막　행사　흥
동사·형용사	개최하다　고조되다　기념하다　들뜨다　모이다　벌이다 (어떤 분위기나 상황에) 싸이다/휩싸이다　열리다
관용 표현	분위기에 취하다　인산인해를 이루다

09

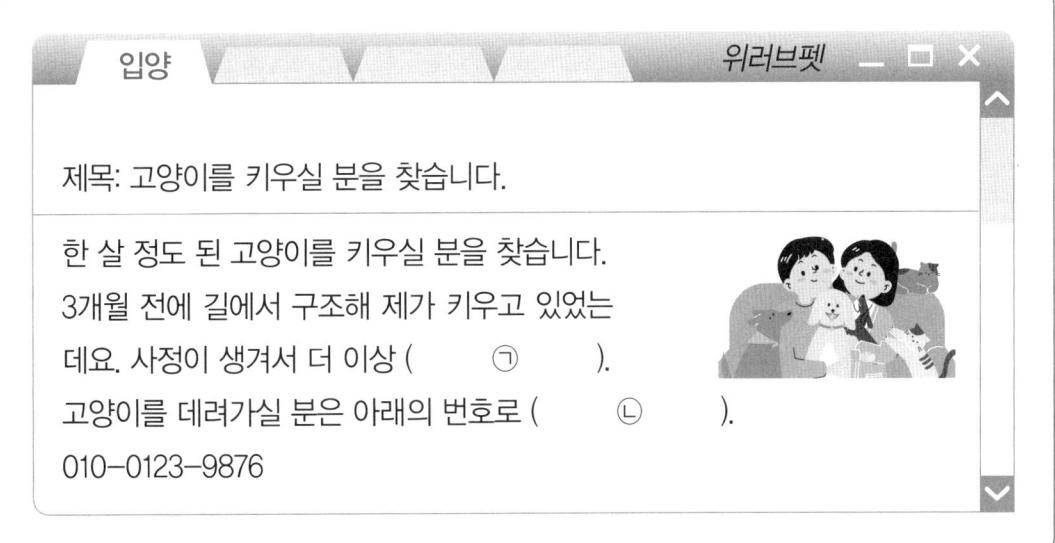

| 입양 | | | 위러브펫 _ □ ✕ |

제목: 고양이를 키우실 분을 찾습니다.

한 살 정도 된 고양이를 키우실 분을 찾습니다. 3개월 전에 길에서 구조해 제가 키우고 있었는데요. 사정이 생겨서 더 이상 (㉠).
고양이를 데려가실 분은 아래의 번호로 (㉡).
010-0123-9876

㉠: _____

㉡: _____

📋 문제 풀이

이 글은 고양이를 키워 줄 사람을 찾는 게시물입니다.

필수 어휘	고양이 구조하다 길 데려가다 사정 생기다 키우다
중급 수준의 표현과 문법	㉠ 앞에서 사정이 생겼다고 말하고 있으므로, '키우다'라는 어휘와 어떤 행위의 불가능함을 나타내는 '-(으)ㄹ 수 없다'와 같은 문법을 사용해서 답안을 작성하면 됩니다. ㉡ 고양이를 데려가고 싶은 사람에게 어떻게 해야 하는지를 알려 주는 문장이므로, '연락(하다)'라는 어휘와 요청의 의미를 지닌 문법 '-아/어 주세요' 또는 '-기 바라다'를 사용해서 답안을 작성하면 됩니다.

🔒 모범 답안

㉠: 키울 수(가) 없습니다 / 키울 수(가) 없게 되었습니다
㉡: 연락해 주세요 / 연락 주시기 바랍니다

🔍 확장 어휘 반려동물

명사	강아지 개 교감 목줄 분양 사료 애견 유기견 정서 훈련
동사·형용사	기르다 따르다 맡다 매다 사육하다 의지하다 키우다 학대하다
관용 표현	개 팔자가 상팔자 고양이 세수하듯 고양이 앞에 쥐 무지개다리를 건너다

10

행복한 세계로! 즐거운 세계로!

저희 '세계로 여행사'가 준비한 태국 여행에 참가해 주셔서 대단히 감사합니다. 안내 책을 참고하셔서 안전한 (㉠) 준비해 주시기 바랍니다. 특히 일부 여행지에서는 사진을 찍을 수 없으므로 주의해 주십시오. 그 밖에 더 자세한 사항은 안내 책에 (㉡).

㉠: ....

㉡: ....

📝 문제 풀이

이 글은 여행사의 여행 준비 안내문입니다.

필수 어휘	안내 책(자)　안전하다　여행지　자세하다　참가하다　참고하다
중급 수준의 표현과 문법	㉠ 앞에 '안전한'이라는 말이 있고 뒤에 그것을 위해 '준비해 주시기 바란다'라는 부탁의 말이 있으므로, 목적을 나타내는 '-도록'과 '여행(을) 하다', '여행이 되다'와 같은 표현을 사용해서 답안을 작성하면 됩니다. ㉡ 담화의 문맥상 '나오다', '쓰이다'라는 어휘와 상태의 지속을 나타내는 문법 '-아/어 있다'를 사용해서 답안을 작성하면 됩니다.

🔓 모범 답안

㉠: 여행을 할 수 있도록 / 여행이 되도록

㉡: 나와 있습니다 / 쓰여 있습니다

🔍 확장 어휘 여행

명사	관광　기념품　단체　도보　배낭여행　비자　숙소　여권 일정　전망
동사·형용사	관람하다　둘러보다　머물다　묵다　방문하다　체험하다 취소하다
관용 표현	견문을 넓히다　금강산도 식후경

11

> 안녕하세요. 신입 사원 모집에 지원해 주셔서 감사합니다.
> 면접은 다음 주 월요일에 (㉠).
> 참가가 어려우신 분은 면접 진행일 전에 연락 주시기 바랍니다.
> 참가하시는 분들은 회사 1층에서 저희 직원이 면접 장소로 (㉡).

㉠: ....

㉡: ....

📋 문제 풀이

이 글은 신입 사원 모집의 지원자들에게 면접을 안내하는 문자입니다.

필수 어휘	면접 모집 사원 신입 지원하다 진행 참가
중급 수준의 표현과 문법	㉠ 뒤에 면접 불참자들은 진행일 전에 연락을 달라는 말이 있으므로, '진행하다' 또는 '있다'라는 어휘와 계획 또는 예정을 나타내는 '-(으)ㄹ 예정이다'와 같은 문법을 사용해서 답안을 작성하면 됩니다. ㉡ 앞에서 회사 1층으로 와야 한다고 했고 빈칸이 포함된 문장의 주어는 '저희 직원'이므로, '안내하다'라는 어휘와 참가자들을 위해서 그러한 행위를 한다는 의미의 문법 '-아/어 드리다'를 사용해서 답안을 작성하면 됩니다.

🔒 모범 답안

㉠: 진행될 예정입니다 / 있을 예정입니다
㉡: 안내해 드리겠습니다

🔍 확장 어휘) 입사 시험

명사	경력직 경쟁률 논술 면접관 비중 승진 심사 이직 전형 채용 취업 취직
동사·형용사	낙방하다 시행하다 응시하다 차지하다 치열하다 퇴사하다 합격하다
관용 표현	고배를 들다(마시다) 바늘구멍(을) 뚫다 팔방미인

12

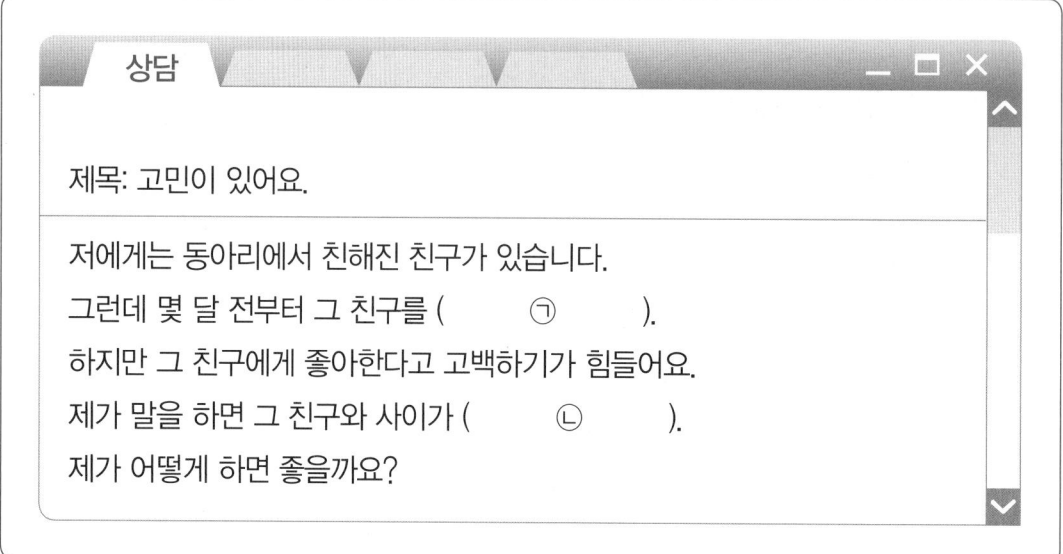

상담

제목: 고민이 있어요.

저에게는 동아리에서 친해진 친구가 있습니다.
그런데 몇 달 전부터 그 친구를 (㉠).
하지만 그 친구에게 좋아한다고 고백하기가 힘들어요.
제가 말을 하면 그 친구와 사이가 (㉡).
제가 어떻게 하면 좋을까요?

㉠: ....

㉡: ....

📋 문제 풀이

이 글은 좋아하는 친구에게 고백해야 할지를 상담하는 글입니다.

필수 어휘	고백하다 동아리 사이 친하다 힘들다
중급 수준의 표현과 문법	㉠ 뒤에 '그 친구에게 좋아한다고 고백하기가 힘들다'는 말이 있으므로, '좋아하다'라는 어휘와 상태의 변화를 나타낼 수 있는 '-게 되다'와 같은 문법을 사용해서 답안을 작성하면 됩니다. ㉡ 앞에서 '친해진 친구'라고 했고, 빈칸에는 두 사람의 관계를 의미하는 '사이'와 연결되는 말이 필요하므로, '멀어지다'나 '나빠지다' 등의 어휘와 추측을 나타내는 의미의 문법 '-(으)ㄹ 것 같다'를 사용해서 답안을 작성하면 됩니다.

🔒 모범 답안

㉠: 좋아하게 됐습니다

㉡: 멀어질 것 같습니다 / 나빠질 것 같습니다

🔍 확장 어휘   인간관계

명사	또래 사교적 사회성 상호 신뢰 애정 연대감 의존적 주위 집단
동사 · 형용사	삭막하다 소원하다 얽히다 원만하다 친밀하다 틀어지다 형성하다
관용 표현	낯을 가리다 낯을 익히다 안면을 트다

13

아파트 매매

지은 지 2년밖에 안 된 깨끗한 아파트입니다.
지하철역과 공원, 학교, 대형 마트 등이 모두 도보 10분 거리에 있습니다.
서울 시내에서 이만한 곳은 (㉠).
좋은 집 찾느라 고생하고 계시다면 꼭 한번 와 보십시오.
아마 놓치면 (㉡).

㉠:

㉡:

문제 풀이

이 글은 아파트 매매 광고입니다.

필수 어휘	고생하다　놓치다　도보　시내　아파트　짓다
중급 수준의 표현과 문법	㉠ 담화의 문맥상 '찾다'나 '보다' 등의 어휘와 '-기 힘들다' 또는 '-기 어렵다'와 같은 표현을 사용해서 답안을 작성하면 됩니다. ㉡ 앞 문장에서 아파트의 장점들을 설명하고 있고, 앞에 '놓치면'이라는 말이 있으므로, '후회할 것이다'나 '후회하게 될 것이다'라는 표현을 사용해서 답안을 작성하면 됩니다.

모범 답안

㉠: 찾기 힘듭니다 / 찾기 어렵습니다

㉡: 후회할 것입니다 / 후회하게 될 겁니다

확장 어휘 주거 환경

명사	고층　공해　교외　녹지　소음　신도시　인구　주택 편의 시설　환경
동사·형용사	공급하다　단조롭다　빽빽하다　삭막하다　여유롭다　활기차다
관용 표현	집도 절도 없다　집 떠나면 고생이다

14

> 진성 씨, 회의 중인 것 같아서 메모 남겨요.
> 이따가 사장님 마중을 같이 가기로 했잖아요.
> 그런데 사장님께서 예정보다 일찍 (　　㉠　　).
> 그래서 저 먼저 출발해야겠어요.
> 이 메모를 (　　㉡　　) 바로 연락주세요.

㉠: _____

㉡: _____

📋 문제 풀이

이 글은 회사 동료에게 남긴 메모입니다.

필수 어휘	남기다　마중　먼저　메모　예정　일찍
중급 수준의 표현과 문법	㉠ 담화의 문맥상 '돌아오다', '도착하다'라는 어휘와 사장님의 말을 인용했음을 나타내는 '-(ㄴ/는)다고 하다'라는 문법을 사용해서 답안을 작성하면 됩니다. ㉡ 문맥상 '확인하다', '읽다' 등의 어휘와 시간적으로 바로 연달아 일어나는 행위를 나타내는 '-는 대로'라는 문법을 사용해서 답안을 작성하면 됩니다.

🔒 모범 답안

㉠: 돌아오신다고 해요 / 도착하신다고 해요

㉡: 확인하는 대로 / 읽는 대로

🔍 확장 어휘 직장 생활

명사	결근　결재　동료　부하 직원　상사　야근　이직　출근 퇴근　휴가
동사·형용사	(결재를) 맡다　그만두다　보고하다　승진하다　안정되다 해고하다
관용 표현	목이 잘리다　보따리를 싸다　잔뼈가 굵다

15

강아지를 찾습니다.

이틀 전에 강아지를 잃어버렸습니다.
얼굴과 배는 하얗고 등과 꼬리는 노란색인 작은 강아지입니다.
강아지를 데리고 공원에서 산책을 (㉠   ).
사랑 공원 근처에서 이런 강아지를 (㉡   ) 데리고
계신 분은 꼭 연락주시기 바랍니다.

㉠:

㉡:

문제 풀이

이 글은 잃어버린 강아지를 찾는 게시문입니다.

필수 어휘	강아지 근처 데리고 있다/계시다 산책 잃어버리다 찾다
중급 수준의 표현과 문법	㉠ 잃어버린 강아지를 찾는 내용이고 앞에 '산책'이라는 말이 있으므로, '(산책을) 하다'라는 말과 앞선 행위의 과정 중에 다음 행위가 일어남을 나타내는 '-다가'라는 문법을 사용해서 답안을 작성하면 됩니다. ㉡ 담화의 문맥상 '강아지를 보다'라는 말과 둘 중에 하나가 선택될 수 있음을 나타내는 '-거나'와 같은 문법을 사용해서 답안을 작성하면 됩니다.

모범 답안

㉠: 하다가 잃어버렸습니다
㉡: 봤거나 / 본 적이 있거나

확장 어휘 분실 신고

명사	귀중품 도난 분실물/유실물 분실물 센터 사례금
동사·형용사	되찾다 떨어지다 묘사하다 발견하다 습득하다 신고하다 줍다
관용 표현	등잔 밑이 어둡다 업은 아이 삼 년 찾는다 잔디밭에서 바늘 찾기

52번 유형

※ 다음을 읽고 ㉠과 ㉡에 들어갈 말을 각각 한 문장으로 쓰시오. (각 10점)

01

> 한옥은 자연을 그대로 두고 자연에 어울리게 집을 짓는 것이 특징이다. 그렇게 하려면 무엇보다 중요한 것이 집을 짓기 전에 좋은 자리를 (㉠). 옛날에는 뒤쪽에 산이 있고 앞쪽에는 강이 있는 곳을 집 짓기에 가장 좋은 곳이라고 생각했다. 왜냐하면 뒤에 있는 산에서는 나무를 구할 수 있고, 앞에 있는 강에서는 마실 물을 (㉡). 또한 이런 곳에 집을 지으면 집안에 나쁜 일이 생기지 않고 자식들도 잘 살 거라고 믿었다.

㉠:

㉡:

문제 풀이

이 글은 옛날에 집을 지을 때 그 위치를 결정했던 기준에 대해 설명하는 글입니다.

필수 어휘	구하다 어울리다 옛날 자리 자식 자연 짓다 특징 한옥
중급 수준의 표현과 문법	㉠ 앞에 있는 '자리를'이라는 말과 의미적으로, 또 '중요한 것이'라는 말과 구조적으로 호응을 이루어야 하므로, '고르다'나 '찾다'라는 어휘와 '-는 것이다'라는 표현을 사용해서 답안을 작성하면 됩니다. ㉡ '왜냐하면'이 이끄는 문장은 앞서 제시한 내용의 이유를 설명하는 것으로서, 보통 '-기 때문이다'와 호응 관계를 이룹니다. 따라서 문맥상 '얻다'나 '구하다'라는 어휘와 '-기 때문이다'와 같은 표현을 사용해서 답안을 작성하면 됩니다.

모범 답안

㉠: 고르는 것이다 / 찾는 것이다

㉡: 얻을 수 있었기 때문이다 / 구할 수 있었기 때문이다

확장 어휘 한옥 이야기

명사	건축 고유 기와 마루 사랑방 선조 안방 양옥 온돌 재래식 한지 흙
동사 · 형용사	개조하다 고풍스럽다 멋스럽다 묻어나다 (흙을) 바르다 보존하다 조성하다
관용 표현	마음이 굴뚝 같다 빈대 잡으려고 초가삼간 태운다 아니 땐 굴뚝에 연기 날까

02

계절과 관계없이 걸릴 수 있는 감기와 달리 독감은 가을과 겨울에 발생하는 계절성 질병이다. 감기에 걸리면 기침이나 콧물 등의 증상이 하나하나 천천히 나타나는 데 비해 독감은 두통과 고열 등 여러 증상이 온몸에 (　㉠　). 이로 인해 독감은 건강에 매우 심각한 영향을 미칠 수도 있다. 따라서 독감에 (　㉡　) 적절한 시기에 예방 주사를 맞는 것이 필요하다.

㉠: ....

㉡: ....

문제 풀이

이 글은 독감 예방의 필요성에 대해 설명하고 있는 글입니다.

필수 어휘	독감　발생하다　심각하다　예방　온몸　주사(를) 맞다　증상　질병
중급 수준의 표현과 문법	㉠ 앞 문장에서 감기는 증상이 하나하나 천천히 나타난다고 했는데, 그러한 내용과 독감에 대한 다음 설명이 '-는 데에 비해'라는 말로 연결되어 있으므로, '(한꺼번에) 빠르게 나타나다'라는 표현을 사용해서 답안을 작성하면 됩니다. ㉡ 앞에서 독감이 건강에 매우 심각한 영향을 미칠 수 있다고 했으므로 문맥상 빈칸에는 예방 주사를 맞는 것의 목적이 되는 내용이 들어가야 합니다. 따라서 '독감에'라는 말에 이어질 수 있는 '걸리다'라는 어휘와 이를 부정하는 표현 '-지 않다' 그리고, 앞의 내용이 행위의 목적이 됨을 나타내는 '-도록'과 같은 표현을 사용해서 답안을 작성하면 됩니다.

모범 답안

㉠: (한꺼번에) 빠르게 나타난다
㉡: 걸리지 않도록

확장 어휘 — 질병과 예방

명사	검사　면역력　백신　보험　육체적　의료　질환　치유　회복　후유증
동사·형용사	막다　손상되다　앓다　유발하다　전염되다　접종하다　투여하다　힘쓰다
관용 표현	긴 병에 효자 없다　유비무환

03

> 감정은 보통 표정이나 몸짓의 변화를 통해 나타나게 된다. 또한 얼굴색의 변화로도 다른 사람의 (㉠). 그래서 '얼굴이 빨개지다'라고 하면 부끄러워한다는 것을 나타낸다. 그리고 '얼굴이 새파랗게 질리다'라고 하면 놀라거나 두려운 감정을 얼굴색의 변화로 더 강하게 나타내게 된다. 이렇게 어떤 감정을 (㉡) 그 사람의 모습과 감정의 상태를 더 잘 알 수 있다.

㉠: _____

㉡: _____

📋 문제 풀이

이 글은 색(깔)으로 감정을 표현하는 것에 대해 설명하는 글입니다.

필수 어휘	감정　변화　빨갛다/빨개지다　상태　새파랗다　얼굴색　질리다
중급 수준의 표현과 문법	㉠ 앞 문장에서 감정이 표정이나 몸짓의 변화로 나타난다고 했으므로, 담화의 문맥상 '감정을 알 수 있다'라는 표현을 사용해서 답안을 작성하면 됩니다. ㉡ 이 담화의 내용을 정리하는 문장이 되도록 해야 하므로, 문맥상 '색으로 표현하다'라는 말과 어떤 일의 이유를 나타내는 '-(으)ㅁ으로써'라는 문법을 사용해서 답안을 작성하면 됩니다.

🔒 모범 답안

㉠: 감정을 알 수 있다
㉡: 색으로 표현함으로써 / 색으로 표현하게 되면

🔍 확장 어휘　색(깔)

명사	감각　명암　미적　빛깔　상징　색채　시각　이미지　자극적
동사 · 형용사	곱다　단조롭다　빛나다　섞다　연하다　진하다　칙칙하다 화려하다
관용 표현	까맣게 모르다　밤을 하얗게 새우다　싹이 노랗다　얼굴을 붉히다 하늘이 노랗다

04

지구는 태양과 세 번째로 가까운 행성으로 알려져 있다. 지구의 외부는 대기권으로 둘러싸여 있으며, 대기권은 공기나 수소와 같은 다양한 기체로 구성되어 있다. 지구는 자전과 (㉠   ). 자전은 지구가 스스로 도는 회전 운동을 한다는 뜻인데 이로 인해 낮과 밤이 (㉡   ). 자전은 한 번에 약 24시간, 지구가 태양 주위를 도는 공전 운동은 약 365.25일이 소요된다.

㉠:
㉡:

문제 풀이

이 글은 지구를 둘러 싼 성분과 지구의 운동에 대해 설명하는 글입니다.

필수 어휘	대기권 돌다 둘러싸다 자전 지구 태양 행성 회전
중급 수준의 표현과 문법	㉠ 앞에 있는 '자전'이라는 단어와 서술어를 공유하면서 대등하게 연결되는 명사가 필요하며, '지구'라는 주어가 '~을/를 하다'라는 문장이 되어야 하므로, '공전 (운동)을 하다'라는 표현을 사용해서 답안을 작성하면 됩니다. ㉡ 앞에 '이로 인해'라는 말이 있으므로 자전이 원인이 되어 어떤 것이 발생하게 된다는 의미의 말이 와야 합니다. 따라서 '생기다'라는 어휘와 변화된 상태나 결과를 나타내는 '-게 되다'라는 문법을 사용해서 답안을 작성하면 됩니다.

모범 답안

㉠: 공전 (운동)을 수행한다 / 공전 (운동)을 한다
㉡: 생기게 되는 것이다 / 생기게 된다

확장 어휘 별과 행성

명사	관측 둘레 빛 우주 위성 지름 질량 천문학 천체 탄생 탐험 태양계
동사 · 형용사	광대하다 반사하다 발산하다 상승하다 신비롭다 충돌하다 형성하다
관용 표현	떠오르는 별 별이 보이다 (큰) 별이 지다 하늘을 보아야 별을 따지

05

저축을 하는 방법에는 두 가지가 있다. 첫 번째는 수입이 생기면 먼저 일부를 저축부터 하고 그 나머지 돈으로 생활하는 방법이다. 두 번째는 우선 이곳저곳에 돈을 충분히 쓰고 (㉠). 그런데 두 번째 방법으로는 실제로 돈을 모으기가 매우 어렵다고 한다. 왜냐하면 쓰고 남은 돈이 적거나 없을 수도 있기 때문이다. 따라서 수입이 생기면 먼저 (㉡) 저축부터 하는 습관을 가져야 한다.

㉠: _____

㉡: _____

문제 풀이

이 글은 저축을 하는 방법에 대해 설명하는 글입니다.

필수 어휘	나머지 모으다 생기다 수입 습관 저축(을) 하다
중급 수준의 표현과 문법	㉠ 앞에서 말한 첫 번째 방법은 먼저 저축을 하고 나머지 돈을 쓰는 것이고 두 번째는 그 반대의 경우이므로, 문맥상 '남은 돈을 저축하다'라는 표현을 사용해서 답안을 작성하면 됩니다. ㉡ 담화의 문맥상 앞에서 나왔던 '이곳저곳', '돈을 쓰다'라는 표현과 부정이나 금지를 나타내는 '-(으)ㄹ 게 아니라', '-지 말고' 등의 문법을 사용해서 답안을 작성하면 됩니다.

모범 답안

㉠: 남은 돈을 저축하는 방법이다
㉡: (이곳저곳에) 돈을 쓸 게 아니라 / (함부로) 돈을 쓰지 말고

확장 어휘 저축과 소비

명사	소득 소비 예금 이자 자동이체 잔고 저금 지출 통장
동사 · 형용사	낭비하다 (돈을) 넣다 쌓이다 알뜰하다 (적금을) 들다 절약하다
관용 표현	돈을 물 쓰듯 하다 티끌 모아 태산

06

다른 사람의 부탁을 직접적으로 거절하는 것이 어려울 때가 있다. 특히 친한 사람의 부탁을 거절하기란 여간 (㉠). 우리는 왜 싫으면서도 쉽게 (㉡). 전문가들은 거절하지 못하는 사람들의 마음에는 두려움이 있다고 말한다. 부탁한 사람에게 미움을 받거나 갈등 상황에 놓일까 봐 두려워서 거절하지 못한다는 것이다.

㉠:

㉡:

문제 풀이

이 글은 다른 사람의 부탁을 거절하지 못하는 이유에 대해 설명하는 글입니다.

필수 어휘	갈등 거절하다 놓이다 두려움 미움 부탁 여간 직접적
중급 수준의 표현과 문법	㉠ '여간'은 주로 부정의 의미를 나타내는 말과 함께 쓰이면서, 그 상태가 보통의 수준을 넘는다는 뜻을 나타냅니다. 따라서 문맥상 적절한 '어렵다'나 '힘들다'라는 어휘와 '~이/가 아니다'라는 표현을 사용해서 답안을 작성하면 됩니다. ㉡ 앞에 있는 '왜'라는 의문사와 자연스럽게 호응이 되도록 하기 위해서는 '-는 것일까'와 같은 표현으로 문장을 끝내야 합니다. 따라서 의미상 필요한 '거절하지 못하다'라는 표현과 '-는 것일까'를 사용해서 답안을 작성하면 됩니다.

모범 답안

㉠: 어려운 일이 아니다 / 힘든 일이 아니다
㉡: 거절하지 못하는 것일까

확장 어휘 부탁과 거절

명사	간청 당부 애원 요구 의뢰 제안 제의 퇴짜 협박 협상 호의
동사 · 형용사	거부하다 들어주다 마다하다 사양하다 승낙하다 야박하다 청하다
관용 표현	고개를 젓다/흔들다 뒤를 부탁하다 손(을) 내밀다

07

문학에는 수많은 사람들의 다양한 삶의 모습이 들어 있다. 어릴 때는 동화를 읽으며 자랐고, 어른이 되어서는 시나 소설 등을 통해 계속해서 다른 사람의 이야기를 (㉠). 이처럼 사람들이 다른 사람들의 인생을 (㉡) 심리는 무엇일까. 그건 그 속에서 내 삶에 대한 공감을 얻거나, 희망을 얻고 싶기 때문일 것이다. 그런 의미에서 문학은 타인의 삶을 가장 가까운 곳에서 접할 수 있는 매체이다.

㉠: _____

㉡: _____

문제 풀이

이 글은 문학을 읽는 이유에 대해 설명하는 글입니다.

필수 어휘	공감 동화 문학 삶 소설 시 인생 접하다 타인
중급 수준의 표현과 문법	㉠ 마지막 문장을 통해 '다른 사람의 이야기를 접하다'라는 말이 와야 된다는 것을 알 수 있으므로, '접하며 살아가다'라는 표현을 사용해서 답안을 작성하면 됩니다. ㉡ 담화의 문맥상 '문학을 통해 다른 사람들이 모르게 그들의 인생을 들여다보다'라는 의미의 말이 와야 하므로, '엿보고 싶어 하다'라는 표현을 사용해서 답안을 작성하면 됩니다.

모범 답안

㉠: 접하며 살아간다
㉡: 엿보고 싶어 하는

확장 어휘 문학의 세계

명사	갈등 감동 구성 독서 사실적 수필 작가 장르 줄거리 허구
동사 · 형용사	감상하다 과장하다 묘사하다 반영되다 집필하다 표현하다
관용 표현	붓을 꺾다/놓다 소설(을) 쓰다

08

> 개는 사람보다 6배나 더 뛰어난 청력을 가지고 있다. 들을 수 있는 범위도 4배 정도 더 넓다고 한다. 개는 원래 인간과 함께 살던 (㉠). 야생에서 스스로 사냥을 하며 살았기 때문에 사냥 중에 작은 소리에도 집중할 수 있도록 청력이 발달된 것이다. 그래서 개들은 귀가 접혀 있든 곧게 펴져 있든 우리가 듣지 못하는 소리도 (㉡).

㉠:

㉡:

📖 문제 풀이

이 글은 개의 뛰어난 청력에 대해 설명하는 글입니다.

필수 어휘	뛰어나다 발달되다 범위 사냥 야생 집중하다 청력
중급 수준의 표현과 문법	㉠ 문장의 주어인 '개' 대신 올 수 있는 어휘로 '동물'이 적절하며, 뒤 문장의 내용으로 보아 '인간과 함께 살지 않았다'라는 의미의 문장이 되어야 하므로, '~이/가 아니다'라는 표현을 사용해서 답안을 작성하면 됩니다. ㉡ 어떤 일이 일어나도 뒤의 내용이 성립되는 데 아무런 상관이 없음을 나타내는 연결 어미 '-든(지)'와 호응을 이루도록 하기 위해서는 문맥상 '듣다'라는 어휘와 '-(으)ㄹ 수 있다', '-(으)ㄹ 수 있는 것이다'와 같은 문법을 사용해서 답안을 작성하면 됩니다.

🔐 모범 답안

㉠: 동물이 아니었다
㉡: 들을 수 있다 / 들을 수 있는 것이다

🔍 확장 어휘 | 신체 기능

명사	감각 망막 미각 세포 청력 촉각 후각
동사·형용사	감퇴하다 인식하다 진화하다
관용 표현	간에 붙었다 쓸개에 붙었다 한다 앓던 이가 빠진 것 같다

09

식물은 우리 주변의 공간을 쾌적하게 만드는 데 중요한 역할을 한다. 광합성을 하면서 산소를 발생시키고 탄소를 흡수하여 공기를 (㉠   ). 특히 침실에 식물을 두면 이러한 산소 발생 작용 덕분에 수면의 질을 높이는 효과도 볼 수 있다. 그리고 식물을 기르면 심리적인 안정에도 도움을 받을 수 있다고 한다. 많은 연구에서 식물의 녹색이 스트레스 감소와 집중력 향상에 (㉡   ).

㉠: ....

㉡: ....

문제 풀이

이 글은 식물이 주는 긍정적인 효과에 대해 설명하는 글입니다.

필수 어휘	감소 공간 녹색 발생시키다 산소 수면 스트레스 식물 심리 안정 집중력 쾌적하다 탄소 향상 흡수하다
중급 수준의 표현과 문법	㉠ 문맥상 공기를 '깨끗하게 만들다'라는 말과 함께, 이 내용이 앞 문장에 대한 근거나 추가 설명으로서 제시되고 있다는 것을 나타내는 문법 '-기 때문이다'를 사용해서 답안을 작성하면 됩니다. ㉡ 앞에 있는 '많은 연구에서'라는 말과 자연스럽게 호응이 되도록 하기 위해서는 '~(으)로 나타나다'와 같은 표현으로 문장을 끝내야 합니다. 따라서 의미상 필요한 '도움이 되다' 또는 '효과가 있다'라는 말과 '~(으)로 나타나다'를 사용해서 답안을 작성하면 됩니다.

모범 답안

㉠: 깨끗하게 만들기 때문이다

㉡: 도움이 되는 것으로 나타났다 / 효과가 있는 것으로 나타났다

확장 어휘 식물의 일생

명사	가지 개화 광합성 번식 분류 뿌리 생물 세균 엽록소 잎 종자 줄기
동사 · 형용사	가꾸다 경이롭다 번성하다 보충하다 심다 자생하다 재배하다
관용 표현	가지 많은 나무에 바람 잘 날 없다 될성부른 나무는 떡잎부터 알아본다 뿌리가 깊다 뿌리(를) 뽑다

10

발에는 우리 몸 전체가 연결되어 있어서 발이 편안하면 몸도 편안해진다고들 한다. 발을 편안하게 하기 위해서는 무엇보다 (㉠   ). 굽이 높은 신발은 발과 무릎, 허리 등에 무리를 주므로 굽이 낮은 신발을 신어야 한다. 하지만 의사들의 견해에 따르면 1~2cm 정도로 굽이 너무 낮은 신발 또한 굽이 높은 신발만큼 (㉡   ). 따라서 적당히 굽이 있어서 걸을 때 받는 충격을 줄여 주는 신발을 신도록 해야 한다.

㉠:

㉡:

문제 풀이

이 글은 발 건강을 지키는 방법에 대해 설명하는 글입니다.

필수 어휘	굽이 높다/낮다 몸 무리 발 줄이다 충격 편안하다
중급 수준의 표현과 문법	㉠ 담화의 문맥상 '신발을 선택하다'라는 표현과 '중요하다'라는 어휘를 사용해서 답안을 작성하면 됩니다. ㉡ 뒤 문장에서 굽이 적당히 있는 신발을 신도록 해야 한다고 말하고 있으므로, 문맥상 '발 건강'이라는 말과 '~에 좋지 않다'라는 표현을 사용해서 답안을 작성하면 됩니다.

모범 답안

㉠: 신발 선택이 중요하다
㉡: 발 건강에 좋지 않다고 한다

확장 어휘 건강

명사	건강 검진 면역력 수술 약물 예방 유전적 증상 질병 치료
동사·형용사	걸리다 유지하다 이롭다 전염되다 (주사를) 맞다 해롭다 해치다
관용 표현	머리가 무겁다 몸을 버리다 속을 달래다 입에 쓴 약이 병에는 좋다

11

언어와 사고는 오랫동안 대립적인 관계였다. 즉 언어가 사고를 형성한다고 생각하는 사람들과 반대로 사고력이 언어 발달에 영향을 미친다고 생각하는 사람들 사이에 (㉠   ). 오늘날은 사고와 언어가 서로 영향을 주고받으면서 발달해 간다고 보는 것이 일반적이다. 물론 발달의 초기 단계에서는 언어와 사고가 큰 관련성 없이 (㉡   ). 그러나 그 이후에는 점차 관련성을 가지게 되면서 언어적 사고라고 하는 단계에 도달한다는 것이다.

㉠:

㉡:

문제 풀이

이 글은 언어와 사고의 관계에 대해 설명하는 글입니다.

필수 어휘	관련성 논쟁 발달하다 사고 언어 영향 형성하다
중급 수준의 표현과 문법	㉠ 앞에 서로 반대되는 입장을 가지고 있는 두 대상이 등장하고 '그 사람들 사이에'라는 말이 있으므로 '논쟁이 계속되다'라는 말과 행동이나 상태가 계속됨을 나타내는 '–아/어 오다'라는 표현을 사용해서 답안을 작성하면 됩니다. ㉡ 앞 문장에 이어 언어와 사고의 '발달'이라는 측면에 대해 말하고 있고, 앞 문장이 '–(ㄴ/는)다고 보다'라는 표현으로 기술되어 있으므로 '발달하다'라는 어휘와 '–(ㄴ/는)다고 보다'를 사용해서 답안을 작성하면 됩니다.

모범 답안

㉠: 논쟁이 계속되어 왔다
㉡: 발달한다고 본다 / 발달한다고 보고 있다

확장 어휘 언어의 발달

명사	감각 개념 계통 공용어 기원 매개체 모음 문자 습득 음성 자음 표기
동사·형용사	구사하다 능숙하다 암기하다 연상하다 전달하다 파생되다 향상되다
관용 표현	말도 안 되다 말을 놓다 말을 맞추다 말을 잃다 말이 말을 만든다

12

넘어져서 다친 무릎에 과산화수소를 바르는 경우가 있다. 이것을 바르면 상처 부위에 흰 거품이 생기는데 시각적으로는 치료가 되고 있는 것처럼 보인다. 그러나 이러한 과정에서 오히려 피부가 (㉠　　　). 세균을 죽이는 과정에서 건강한 세포까지 함께 죽기 때문이다. 이런 피부의 손상 없이 치료를 하기 위해서는 상처 부위를 흐르는 물로 (㉡　　　) 연고를 발라 주는 것이 좋다.

㉠: _____

㉡: _____

문제 풀이

이 글은 피부에 생긴 상처를 치료하는 방법에 대해 설명하는 글입니다.

필수 어휘	다치다　바르다　상처　세균　세포　손상　죽다　치료　피부
중급 수준의 표현과 문법	㉠ '시각적으로는 치료가 되고 있는 것처럼 보인다'라는 앞 문장과 '오히려'라는 말로 연결되고 있고 다음 문장에 '건강한 세포까지 함께 죽는다'라는 내용이 있으므로, '손상되다'라는 어휘와 그럴 가능성도 있음을 나타내는 '-(으)ㄹ 수 있다'라는 표현을 사용해서 답안을 작성하면 됩니다. ㉡ 앞에 '흐르는 물로'라는 말이 있기 때문에 문맥상 '씻다'라는 어휘와 행위의 선후 관계를 나타내는 '-고 나서'나 '-(으)ㄴ 후에'라는 표현을 사용해서 답안을 작성하면 됩니다.

모범 답안

㉠: 손상될 수 있다
㉡: (깨끗하게) 씻고 나서 / (깨끗하게) 씻은 후(에)

확장 어휘　상처 치료

명사	곪다　꿰매다　마취　물집　부상　붕대　새살　약품　자국　흉터
동사·형용사	감다　덧나다　돋다　멍들다　베다　아물다　지혈하다　흉(이) 지다
관용 표현	곪으면 터지는 법　묵은 상처　상처를 건드리다

13

낯선 사람들 앞에서 말을 하는 것은 누구에게나 어려운 일이다. 입학이나 입사 면접과 같은 상황이라면 더욱 그럴 것이다. 이러한 면접에서는 길게 대답을 하는 것보다 조금 부족하더라도 간결하게 자신의 생각을 (㉠). 긴장이 되는 상황에서는 말이 길어지면 길어질수록 실수를 하게 될 가능성도 점점 (㉡). 따라서 질문의 요점을 잘 파악해서 간결하지만 명확하고 자신감 있게 대답을 하는 것이 중요하다.

㉠:

㉡:

문제 풀이

이 글은 면접에서 대답을 하는 방법에 대해 설명하는 글입니다.

필수 어휘	간결하다 긴장이 되다 낯설다 면접 명확하다 실수 요점 입사 입학 자신감 파악하다
중급 수준의 표현과 문법	㉠ 앞에 '~을/를 하는 것보다'라는 말이 있으므로 이와 호응을 이룰 수 있도록 '–는 것이 (더) 좋다/낫다'라는 표현이 오는 것이 적절합니다. 따라서 문맥상 '말하다'라는 어휘를 사용해서 답안을 작성하면 됩니다. ㉡ 앞의 말이 나타내는 정도가 더하여 감에 따라, 뒤의 말이 나타내는 내용의 정도도 더해짐을 나타내는 문법 '–(으)ㄹ수록'과 호응을 이룰 수 있는 말이 와야 하므로, '–아/어지다', '–아/어지게 되다'와 같은 표현과 문맥상 '높다'라는 어휘를 사용해서 답안을 작성하면 됩니다.

모범 답안

㉠: 말하는 것이 (더) 좋다 / 말하는 것이 (더) 낫다
㉡: 높아진다 / 높아지게 된다

확장 어휘 면접

명사	구두 대면 실기 심사 심층 전형 채용 최종 평가 필기 합격
동사·형용사	가리다 거치다 까다롭다 대기하다 떨어지다 선발하다 치르다 통과하다
관용 표현	말 한마디에 천 냥 빚도 갚는다 머릿속이 하얘지다 인상(이) 깊다

14

부엌에서 사용하는 수세미는 집안 물건 중 세균이 가장 많은 제품이다. 그런데 수세미는 한번 사용하기 시작하면 귀찮아서 잘 안 (㉠   ). 만약 그러한 경향이 있는 집이라면 얇은 수세미를 사용하는 것이 조금은 도움이 될 것이다. 두꺼운 것보다 얇은 것이 건조가 빠르기 때문에 수세미에 발생하는 세균의 수를 (㉡   ). 또 수세미를 사용한 후에는 바람이 통하는 곳에서 잘 말려 주어야 세균이 자라는 것을 막을 수 있다.

㉠:

㉡:

문제 풀이

이 글은 수세미를 청결하게 유지하는 법에 대해 설명하는 글입니다.

필수 어휘	건조 경향 귀찮다 두껍다 말리다 부엌 세균 수세미 얇다
중급 수준의 표현과 문법	㉠ 문맥상 수세미를 한번 사용하기 시작하면 '잘 안 바꾸다'라는 말이 이어져야 합니다. 또 뒤 문장에서 앞의 내용을 '그러한 경향'이라는 말로 받고 있으므로, '-(으)ㄴ/는 경향이 있다'는 표현을 사용해서 답안을 작성하면 됩니다. ㉡ 앞에서 얇은 수세미를 사용하는 것이 도움이 될 것이라고 했고 이 문장에서는 그에 대해 근거 또는 이유가 되는 내용을 제시해야 합니다. 따라서 앞의 '세균의 수를'과 호응이 될 수 있는 어휘 '줄이다'와 함께 '-기 때문이다'라는 표현을 사용해서 답안을 작성하면 됩니다.

모범 답안

㉠: 바꾸는 경향이 있다
㉡: 줄일 수 있기 때문이다

확장 어휘 | 생활 속 세균

명사	감염 검출 미생물 발효 배양 번식 부패 생태계 세포 육안
동사 · 형용사	기생하다 미세하다 분해하다 썩다 일으키다 증식하다 침입하다
관용 표현	머리가 썩다 썩어도 준치

15

한숨은 자연스러운 호흡의 과정으로 우리 몸에서 이산화탄소를 효율적으로 배출하고 산소의 흡수를 증가시킨다. 따라서 한숨을 쉬는 것은 우리 몸의 전체적인 건강 상태에 긍정적인 영향을 미치게 된다. 그런데 한숨은 (㉠) 스트레스 해소에도 큰 역할을 한다. 스트레스가 많은 상황에서 한숨을 깊게 쉬면 마음이 편안해지고 긴장도 (㉡).

㉠:

㉡:

📋 문제 풀이

이 글은 언어와 사고의 관계에 대해 설명하는 글입니다.

필수 어휘	건강 긍정적 긴장 배출하다 산소 쉬다 스트레스 이산화탄소 자연스럽다 한숨 해소 흡수
중급 수준의 표현과 문법	㉠ 뒤에서 한숨이 스트레스 해소에 큰 역할을 한다고 하면서 앞의 내용에 더해 한숨의 긍정적인 효과에 대해 계속 설명하고 있습니다. 따라서 앞에서 사용한 '몸의 건강'이라는 말과 앞의 내용 말고도 다른 것이 더 있음을 나타내는 '～뿐만 아니라'라는 표현을 사용해서 답안을 작성하면 됩니다. ㉡ 앞에 마음이 편안해진다는 말이 있으므로 이것과 연결되려면 '(긴장이) 풀어지다'나 '(긴장이) 풀리다'라는 말과 어떤 상황에서 다른 상황으로 변화하였음을 나타내는 '-게 되다'라는 표현을 사용해서 답안을 작성하면 됩니다.

🔒 모범 답안

㉠: 몸의 건강뿐만 아니라 / 신체적 건강뿐만 아니라
㉡: 풀어지게 된다 / 풀리게 된다

🔍 확장 어휘 숨과 건강

명사	기 날숨 들숨 숨결 심박수 안도 인공호흡 탄식 헐떡이다
동사 · 형용사	가다듬다 가쁘다 거두다 거칠다 내쉬다 막히다 멎다 몰아쉬다
관용 표현	땅이 꺼지다 숨(을) 돌리다 호흡을 맞추다 호흡을 조절하다

문장을 활용하여 문단과 글 구성하기

1. 구어(口語, spoken language)와 문어(文語, written language)의 구분

구어의 특징은 음성으로 생각을 전달하기 때문에 손짓과 몸짓 등이 동반되고 음의 고저, 장단, 강약 등이 나타난다는 것입니다. 또한 실제 상황에서 대화가 이루어지기 때문에 "밥 (줘).", "(친구와 언제) 만났니?", "(택배가) 내일 온대요."처럼 문장 성분을 생략할 수 있습니다. 구어는 문어와 달리 단순한 문장이며, "그치(그렇지).", "아니라구요(아니라고요)."와 같이 표준어 규정에 맞지 않는 문장을 사용하는 경우도 많습니다. 따라서 문단과 글을 구성할 때에는 다음과 같은 문어의 특성에 맞게 문장을 써야 합니다.

	문어의 특징
문법	① 조사를 생략하지 않는다. ② 구어에만 쓰는 표현을 사용해서는 안 된다. 　예 동생이랑 → 동생과, 낫거들랑 → 낫거든/나으면 ③ '-(으)므로, -기 때문에, -(으)며' 등과 같이 문어에 주로 쓰는 표현이 있다. ④ '이, 그, 저' 중에서 '저'는 사용할 수 없다. ⑤ 상대방(독자)을 높이지 않는 '-ㄴ/는다'를 사용한다.
단어	① '성민아', '영희야' 등과 같이 부르는 말을 사용하지 않는다. ② '아', '저', '음' 등의 감탄사를 쓰지 않는다. ③ 말을 줄여 쓰지 않는다. 　예 방학엔 → 방학에는, 근데 → 그런데 ④ 정도가 많음을 나타내는 말로는 '아주, 매우'를 쓰는 것이 좋다. 　예 나는 사과를 되게 좋아한다. → 나는 사과를 매우 좋아한다. ⑤ 다양한 한자어를 문맥에 맞게 잘 사용하도록 한다.

2. 통일된 문체 사용

① 저는 누구나 사람답게 살 수 있는 세상을 꿈꾸고 있다. → 나는 ~ 있다
② 제 생각에 미래에는 가족의 형태가 점점 더 다양해질 것이다. → 내 생각에 ~ 것이다

3. 주어와 서술어의 호응

① 고령화의 원인은 과학의 발전 등으로 평균수명이 늘었다.
　→ 고령화의 원인은 ~ 늘었다는 데 있다.
② 내가 지적하고 싶은 문제는 신입 사원을 채용하는 기업들이 많지 않다.
　→ 내가 지적하고 싶은 문제는 ~ 많지 않다는 것이다.

02 단락 구성하기

'단락 구성하기' 문제는 개인적이거나 친숙한 사회적 소재에 대해서 제시된 정보를 사용하여 내용을 작성하고 단락을 적절히 구성하여 200~300자로 글을 만드는 유형입니다. 문단의 유형과 중심 내용의 위치에 따른 구성 방법은 다음과 같습니다.

★ 문단의 유형

구분		유형
생각의 단위에 따라	형식 문단	하나의 생각을 완결되게 표현한 문단
	내용 문단	의미상 서로 관련 있는 형식 문단끼리 묶어 더 큰 내용 단위로 구성한 문단
기능에 따라	중심 문단	글쓴이의 중심 생각이 집약된 문단
	뒷받침 문단	중심 문단을 뒷받침하여 글을 마무리하는 문단

★ 중심 내용의 위치에 따른 구성 방법

위치	구성 방법
두괄식	문단이나 글의 앞부분에 중심 내용을 제시
미괄식	문단이나 글의 끝부분에 중심 내용을 제시
양괄식	글의 중심 내용을 앞부분과 끝부분에 반복하여 제시
중괄식	글의 중간 부분에 중심 내용을 제시
병렬식	문단마다 중요한 내용을 제시 ➔ 문장의 재료를 시간적 · 공간적 순서를 밟지 않고, 항목별 · 단위별로 나열하여 서술해 나가는 문장 구성 방식

TIP TOPIK II 쓰기 답안 작성 방법

- **단락 구성하기:** 제시된 정보를 이용하여 주제에 맞게 글을 쓸 수 있는지를 평가하는 유형
- **채점 기준**

구분	채점 근거	상	중	하
내용 및 과제 수행 (7점)	1) 주어진 과제를 충실히 수행하였는가? 2) 주제와 관련된 내용으로 구성하였는가? 3) 주어진 내용을 풍부하고 다양하게 표현하였는가?	6~7점	3~5점	0~2점
글의 전개 구조 (7점)	1) 글의 구성이 명확하고 논리적인가? 2) 글의 내용에 따라 단락 구성이 잘 이루어졌는가? 3) 논리 전개에 도움이 되는 담화 표지를 적절하게 사용하여 조직적으로 연결하였는가?	6~7점	3~5점	0~2점
언어 사용 (8×2=16점)	1) 문법과 어휘를 다양하고 풍부하게 사용하며 적절한 문법과 어휘를 선택하여 사용하였는가? 2) 문법, 어휘, 맞춤법 등의 사용이 정확한가? 3) 글의 목적과 기능에 따라 격식에 맞게 글을 썼는가?	7~8점 (×2)	4~6점 (×2)	0~3점 (×2)

등급		내용 및 과제 수행(7점)	전개 구조(7점)	언어 사용(16점)
상	A	7	7	8(×2)
	B	6	6	7(×2)
중	C	4~5	4~5	5~6(×2)
	D	3	3	4(×2)
하	E	2	2	3(×2)
	F	0~1	0~1	0~2(×2)

- **답안 작성 방법**
  - 문제에서 요구한 과제를 모두 수행하고 내용이 풍부하게 표현되어야 합니다.
  - 글을 조리 있게 전개해야 하며, 200~300자 내에 도입·전개·마무리 구조를 갖추어야 합니다.
  - 주어진 자료를 정확하게 이해하고 해석해서 기술해야 하며, 결과의 도출도 자료를 바탕으로 해야 합니다. 자료를 임의로 해석하거나 자료와 관계없는 개인의 주장을 쓰지 말아야 합니다.
  - 중급 이상의 어휘, 문법으로 문장을 구성해서 언어를 다양하고 풍부하게 사용하는 것이 좋습니다.
  - 글의 형식성, 격식성에 맞게 써야 합니다. 구어(입말)적인 표현을 사용하거나 종결형으로 '-ㅂ/습니다, -아/어요'를 사용하면 감점이 됩니다.
  - 글에 번호를 붙여 가며 짧게 끊어서 쓰면 안 됩니다.
  - 정보가 제시되어 있는 도표나 그래프 등을 글로 풀어서 설명하고 거기에 자신의 의견을 덧붙여 하나의 글로 완성하는 연습을 하는 것이 좋습니다.
  - 글을 쓰기 전에 도입·전개·마무리의 각 단계를 어떤 내용으로 구성할지 미리 개요표를 작성해 놓으면 글을 쓰는 데 도움이 됩니다.

말하기 200쪽

01 다음은 '신용 카드 사용 현황'에 대한 자료이다. 이 내용을 200~300자의 글로 쓰시오. 단, 글의 제목은 쓰지 마시오. (30점)

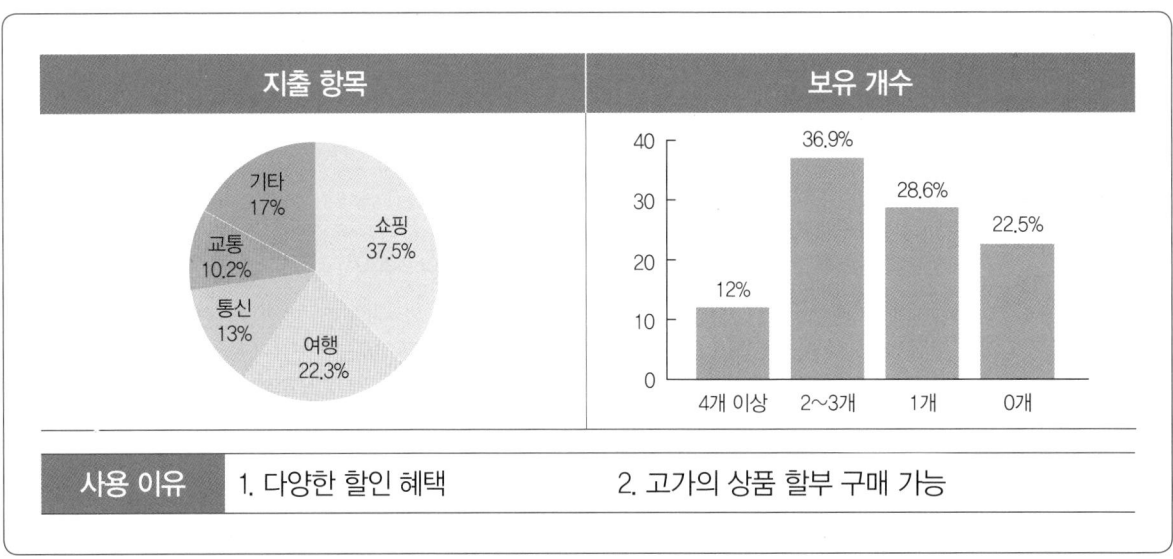

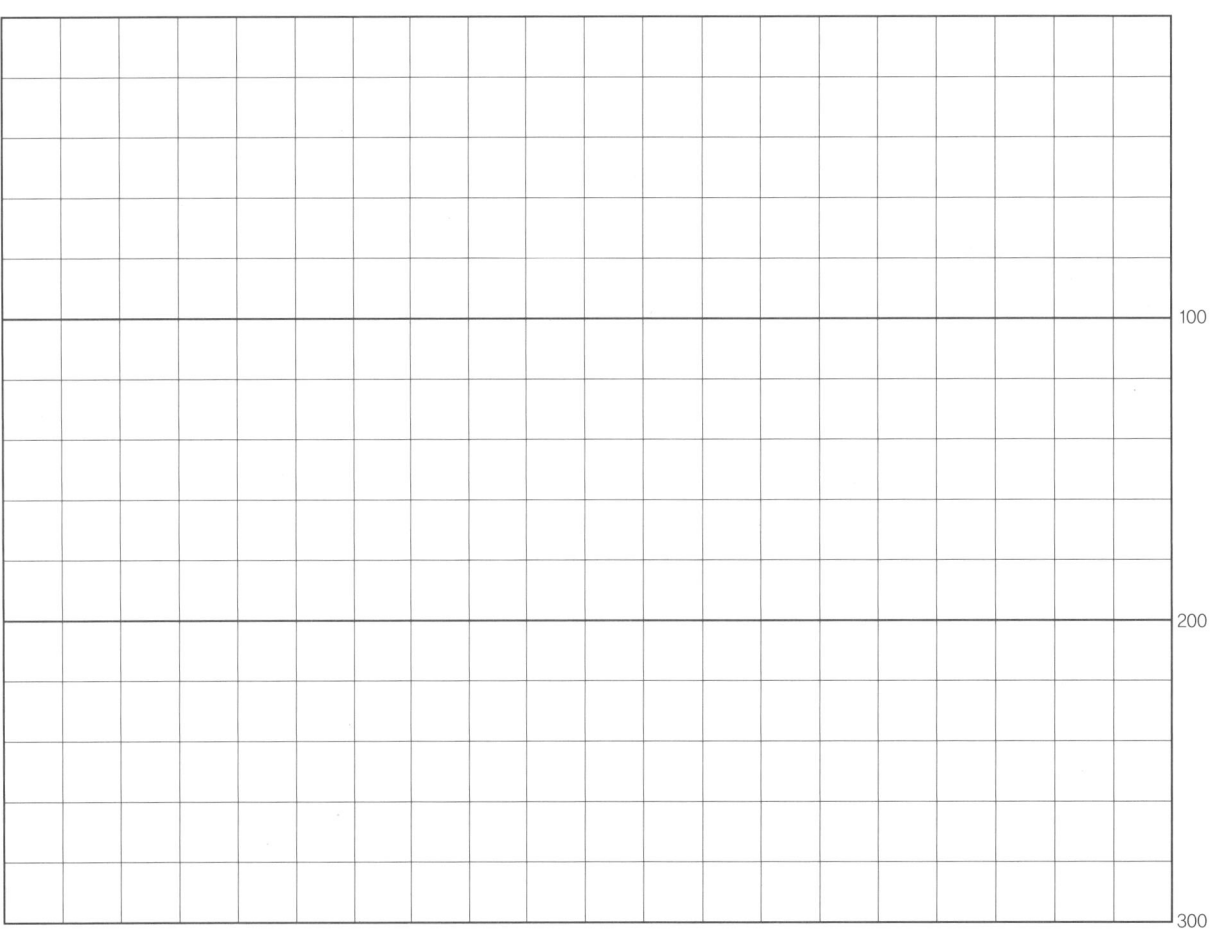

문제 풀이

정보 분석	• 신용 카드 사용 현황을 지출 항목, 보유 개수, 사용 이유로 나누어 조사하였다. • 신용 카드의 지출은 쇼핑, 여행, 통신, 교통의 순으로 그 비중이 높게 나타났으며, 두세 개의 신용 카드를 가지고 있는 사람들이 제일 많았다. • 다양한 할인 혜택이 있고 상품의 할부 구매가 가능하기 때문에 신용 카드를 사용하는 것으로 조사되었다.
필수 어휘	개수 고가 교통 다양하다 보유 신용 카드 지출 통신 할부 할인 항목 혜택
문법과 표현	~에 달하다 ~에 있어서는 -(으)ㄴ/는 것으로 나타나다 ~(으)로 (가장) 큰 비중을 차지하다 ~(으)로 그 뒤를 잇다 ~을/를 보면 ~(이)라고 응답하다

모범 답안

신용 카드 사용 현황을 조사한 결과 지출 항목에 있어서는 쇼핑이 37.5%로 가장 큰 비중을 차지하는 것으로 나타났으며, 여행이 22.3%, 통신과 교통이 각각 13%와 10.2%로 그 뒤를 이었다. 신용 카드 보유 개수를 보면 두세 개를 가지고 있는 사람이 제일 많았고, 네 개 이상을 보유한 경우도 있는 것으로 나타났다. 반면 신용 카드를 한 개도 가지고 있지 않다는 사람도 응답자의 22.5%에 달했다. 신용 카드를 사용하는 이유에 대해서는 다양한 할인 혜택이 있고 고가의 상품도 할부로 구매할 수 있기 때문이라고 응답했다.

확장 어휘) 수입과 지출

명사	가계부 내역 벌이 보수 살림 수확 영수증 적자 지급 지불 현금 흑자
동사·형용사	결제하다 꾸리다 나다 늘(리)다 부족하다 줄(이)다 초과하다
관용 표현	같은 값이면 다홍치마 개같이 벌어서 정승같이 쓴다 손이 크다

원고지 답안

　　신용카드 사용 현황을 조사한 결과 지출 항목에 있어서는 쇼핑이 37.5%로 가장 큰 비중을 차지하는 것으로 나타났으며, 여행이 22.3%, 통신과 교통이 각각 13%와 10.2%로 그 뒤를 이었다. 신용카드 보유 개수를 보면 두세 개를 가지고 있는 사람이 제일 많았고, 네 개 이상을 보유한 경우도 있는 것으로 나타났다. 반면 신용카드를 한 개도 가지고 있지 않다는 사람도 응답자의 22.5%에 달했다. 신용카드를 사용하는 이유에 대해서는 다양한 할인 혜택이 있고 고가의 상품도 할부로 구매할 수 있기 때문이라고 응답했다.

02 다음은 '서울시 중고품 매장 수의 변화'에 대한 자료이다. 이 내용을 200~300자의 글로 쓰시오. 단, 글의 제목은 쓰지 마시오. (30점)

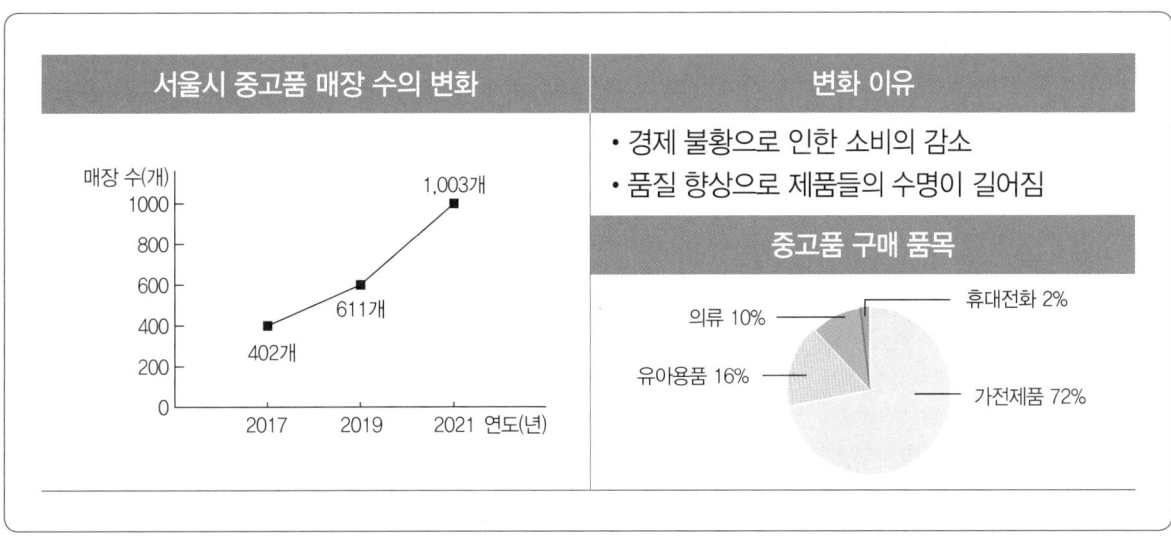

문제 풀이

정보 분석	• 서울시의 중고품 매장 수는 지난 5년간 2.5배나 증가하였다. • 특히 2019년부터 2021년까지 중고품 매장 수가 급증한 것으로 나타났다. • 경제 불황으로 소비가 감소한 가운데 제품들의 사용 수명은 길어졌기 때문인 것으로 보인다.
필수 어휘	감소하다　구매하다　급증하다　매장　불황　소비　수명 중고품　판매하다　품목
문법과 표현	–(으)ㄴ/는 가운데　　–(으)ㄴ/는 것으로 나타나다 –(으)ㄴ/는 것으로 보이다　　~을/를 살펴보면

모범 답안

최근 몇 년간 중고품을 판매하는 매장의 수를 살펴보면, 서울시의 중고품 매장 수는 2017년 402개에서 2019년에는 611개, 2021년에는 1,003개로, 지난 5년간 2.5배나 증가하였다. 특히 2019년부터 2021년까지 중고품 매장 수가 급증했던 것으로 나타났다. 이와 같이 중고품 매장 수가 증가한 이유는 경제 불황으로 소비가 감소한 가운데 제품들의 사용 수명은 길어졌기 때문인 것으로 보인다. 주요 구매 품목을 보면, 1위가 가전제품, 2위가 유아용품, 3위가 의류인 것으로 나타났으며, 휴대전화의 경우에도 중고품을 구입하는 것으로 나타났다.

확장 어휘　경제 상황

명사	경기　동향　매출　불경기　산업　생산　수익　실업률 전망　호황
동사 · 형용사	겪다　과열되다　누리다　성장하다　창출하다　침체되다　투자하다
관용 표현	날개 돋친 듯 (팔리다)　돈이 돈을 번다　허리띠를 졸라매다

원고지 답안

　　최근 몇 년간 중고품을 판매하는 매장의 수를 살펴보면, 서울시의 중고품 매장 수는 2017년 402개에서 2019년에는 611개, 2021년에는 1,003개로, 지난 5년간 2.5배나 증가하였다. 특히 2019년부터 2021년까지 중고품 매장 수가 급증했던 것으로 나타났다. 이와 같이 중고품 매장 수가 증가한 이유는 경제 불황으로 소비가 감소한 가운데 제품들의 사용 수명은 길어졌기 때문인 것으로 보인다. 주요 구매 품목을 보면, 1위가 가전제품, 2위가 유아용품, 3위가 의류인 것으로 나타났으며, 휴대전화의 경우에도 중고품을 구입하는 것으로 나타났다.

03 다음은 '숙면을 돕는 제품의 사용 현황'에 대한 자료이다. 이 내용을 200~300자의 글로 쓰시오. 단, 글의 제목은 쓰지 마시오. (30점)

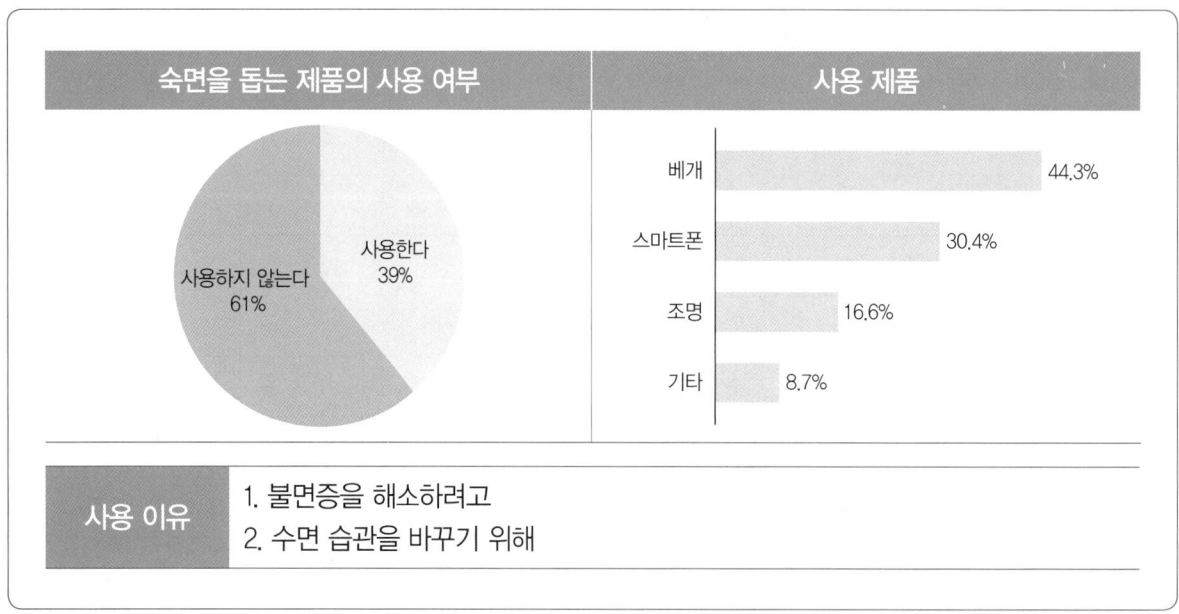

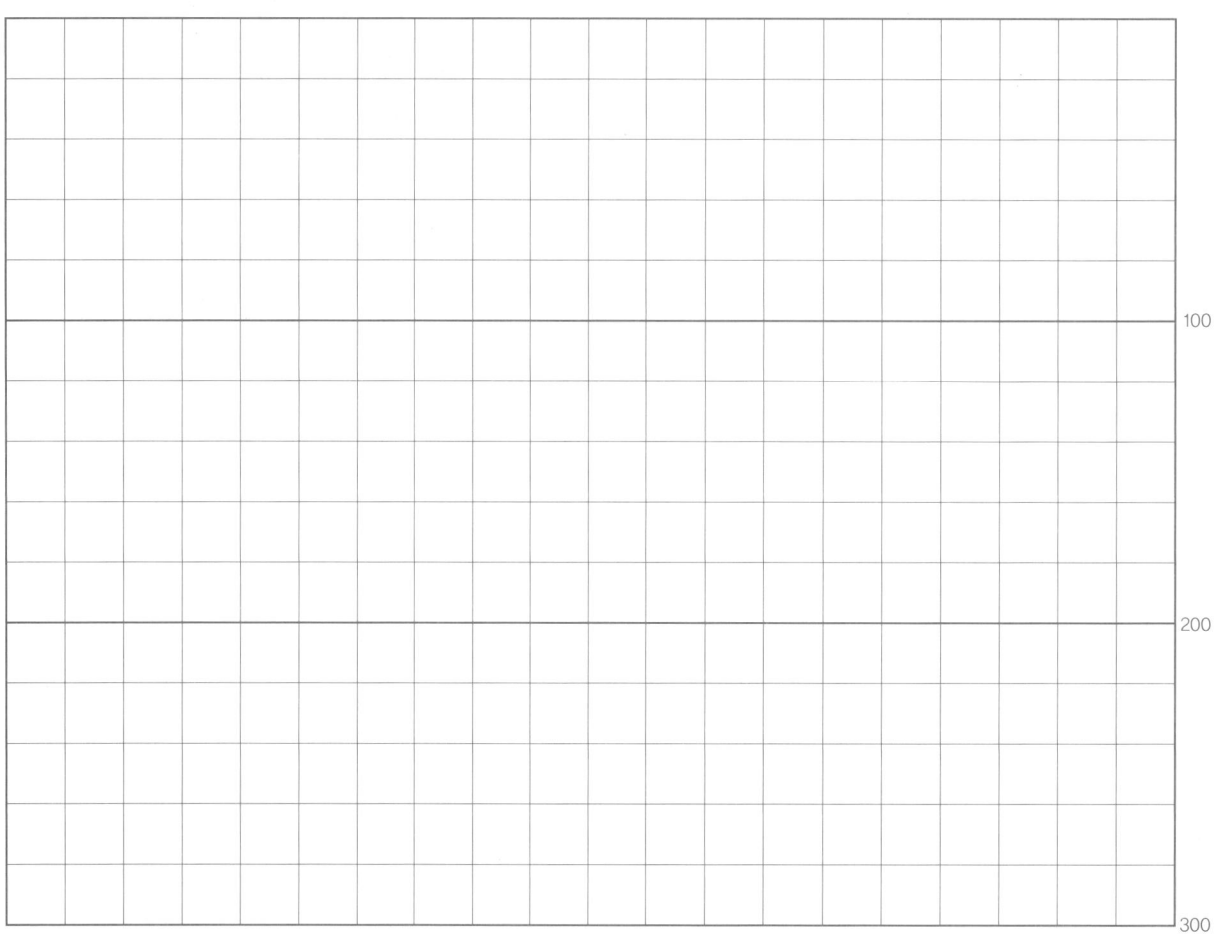

📋 문제 풀이

정보 분석	• 숙면을 돕는 제품의 사용 여부에 대해 조사하였다. • 숙면에 도움을 받기 위해 베개와 스마트폰, 조명 등의 제품을 사용하고 있는 것으로 나타났다. • 불면증을 해소하거나 수면 습관을 바꾸기 위해서 숙면을 돕는 제품을 사용하고 있는 것으로 조사되었다.
필수 어휘	바꾸다 베개 불면증 수면 숙면 스마트폰 습관 제품 조명 해소하다
문법과 표현	–거나 –기 위해서 ~에 대한 ~에 대해서(는) –(으)ㄴ 결과 –(ㄴ/는)다고 –(ㄴ/는)다는 ~(으)로 (그) 뒤를 잇다 –(으)며 ~(이)라고 답하다

🔒 모범 답안

숙면을 돕는 제품의 사용 현황을 조사한 결과 전체 응답자의 39%가 '사용한다'고 대답했다. 사용하고 있는 제품에 대한 질문에는 '베개'라고 답한 응답자가 44.3%로 가장 많았으며, '스마트폰'과 '조명'을 사용해 숙면에 도움을 받는다는 대답은 각각 30.4%와 16.6%로 그 뒤를 이었다. 이와 같이 숙면을 돕는 제품을 사용하는 이유로는 불면증을 해소하거나 현재의 수면 습관을 바꾸기 위해서라고 응답했다.

🔍 확장 어휘) 수면과 생활

명사	기상 만성피로 수면제 이불 잠자리 장애 취침 침구 피로감 하품
동사 · 형용사	깨다 과민하다 들다 방해하다 시달리다 쌓이다 졸다 충혈되다 취하다
관용 표현	발(을) 뻗고/펴고 자다 자나 깨나 잠에 떨어지다

숙면을 돕는 제품의 사용 현황을 조사한 결과 전체 응답자의 39%가 '사용한다'고 대답했다. 사용하고 있는 제품에 대한 질문에는 '베개'라고 답한 응답자가 44.3%로 가장 많았으며, '스마트폰'과 '조명'을 사용해 숙면에 도움을 받는다는 대답은 각각 30.4%와 16.6%로 그 뒤를 이었다. 이와 같이 숙면을 돕는 제품을 사용하는 이유로는 불면증을 해소하거나 현재의 수면 습관을 바꾸기 위해서라고 응답했다.

04 다음은 '재택근무 운영'에 대한 자료이다. 이 내용을 200~300자의 글로 쓰시오. 단, 글의 제목은 쓰지 마시오. (30점)

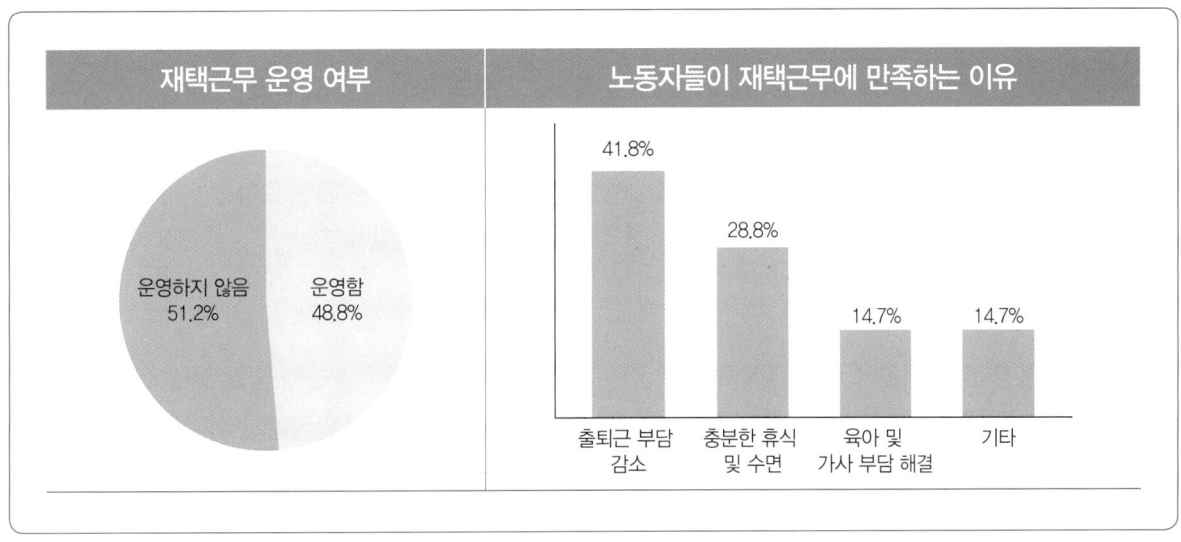

문제 풀이

정보 분석	• 국내 기업 가운데 재택근무를 운영 중인 곳은 현재 48.8%에 달한다. • 거의 절반에 가까운 국내 기업이 재택근무를 도입하고 있다. • 노동자들은 재택근무에 만족하는 이유로 '출퇴근 부담 감소'와 '충분한 휴식 및 수면', '육아 및 가사 부담 해결'을 꼽았다.
필수 어휘	가사 감소 기업 노동자 도입하다 만족하다 부담 수면 운영 육아 재택근무 출퇴근 해결 휴식
문법과 표현	~에 달하다 ~에 대한 ~에 따르면 ~에 오르다 ~중이다 -(으)ㄴ 것이다 ~(이)라는

모범 답안

'재택근무 운영 여부'에 대한 조사 결과에 따르면 국내 기업 가운데 재택근무를 운영 중인 곳은 현재 48.8%에 달한다. 거의 절반에 가까운 기업이 재택근무를 도입한 것이다. 또한 노동자의 입장에서 재택근무에 만족하는 주된 이유를 묻는 질문에는 '출퇴근 부담 감소'라는 응답이 41.8%로 1위에 올랐으며, 다른 응답으로는 '충분한 휴식 및 수면'과 '육아 및 가사 부담 해결'이 각각 28.8%와 14.7%라는 차이로 2위와 3위에 올랐다.

확장 어휘 근무 형태의 변화

명사	공간 균형 업무 원격 제약 전환 조정 조직 탄력적 통근 확산 효율
동사·형용사	간주하다 감소하다 단축하다 대응하다 적응하다 추구하다 허용하다
관용 표현	손(이) 재다 일 못하는 놈이 쟁기를 나무란다

원고지 답안

　'재택근무 운영 여부'에 대한 조사 결과에 따르면 국내 기업 가운데 재택근무를 운영 중인 곳은 현재 48.8%에 달한다. 거의 절반에 가까운 기업이 재택근무를 도입한 것이다. 또한 노동자의 입장에서 재택근무에 만족하는 주된 이유를 묻는 질문에는 '출퇴근 부담 감소'라는 응답이 41.8%로 1위에 올랐으며, 다른 응답으로는 '충분한 휴식 및 수면'과 '육아 및 가사 부담 해결'이 각각 28.8%와 14.7%라는 차이로 2위와 3위에 올랐다.

05 다음은 '노화와 관련된 인식 변화'에 대한 자료이다. 이 내용을 200~300자의 글로 쓰시오. 단, 글의 제목은 쓰지 마시오. (30점)

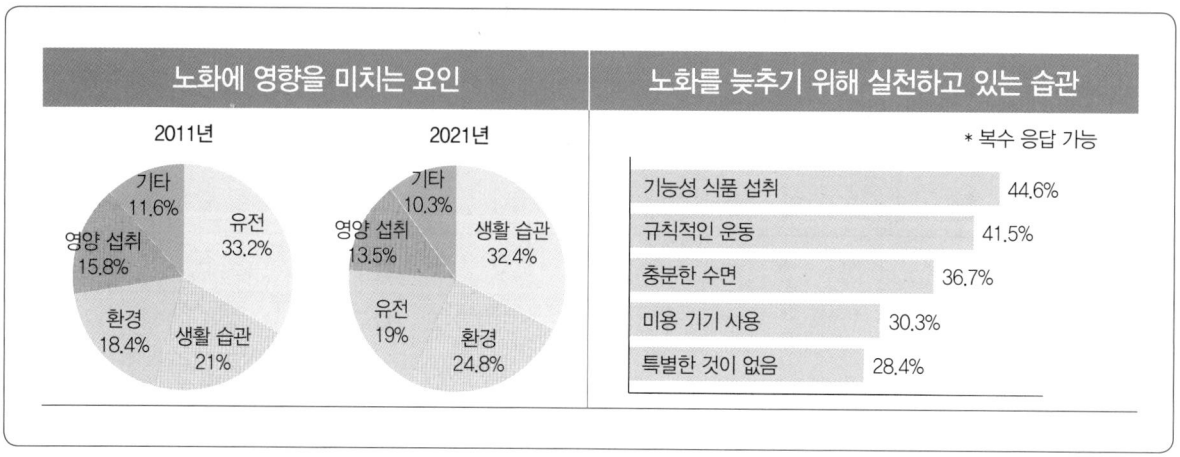

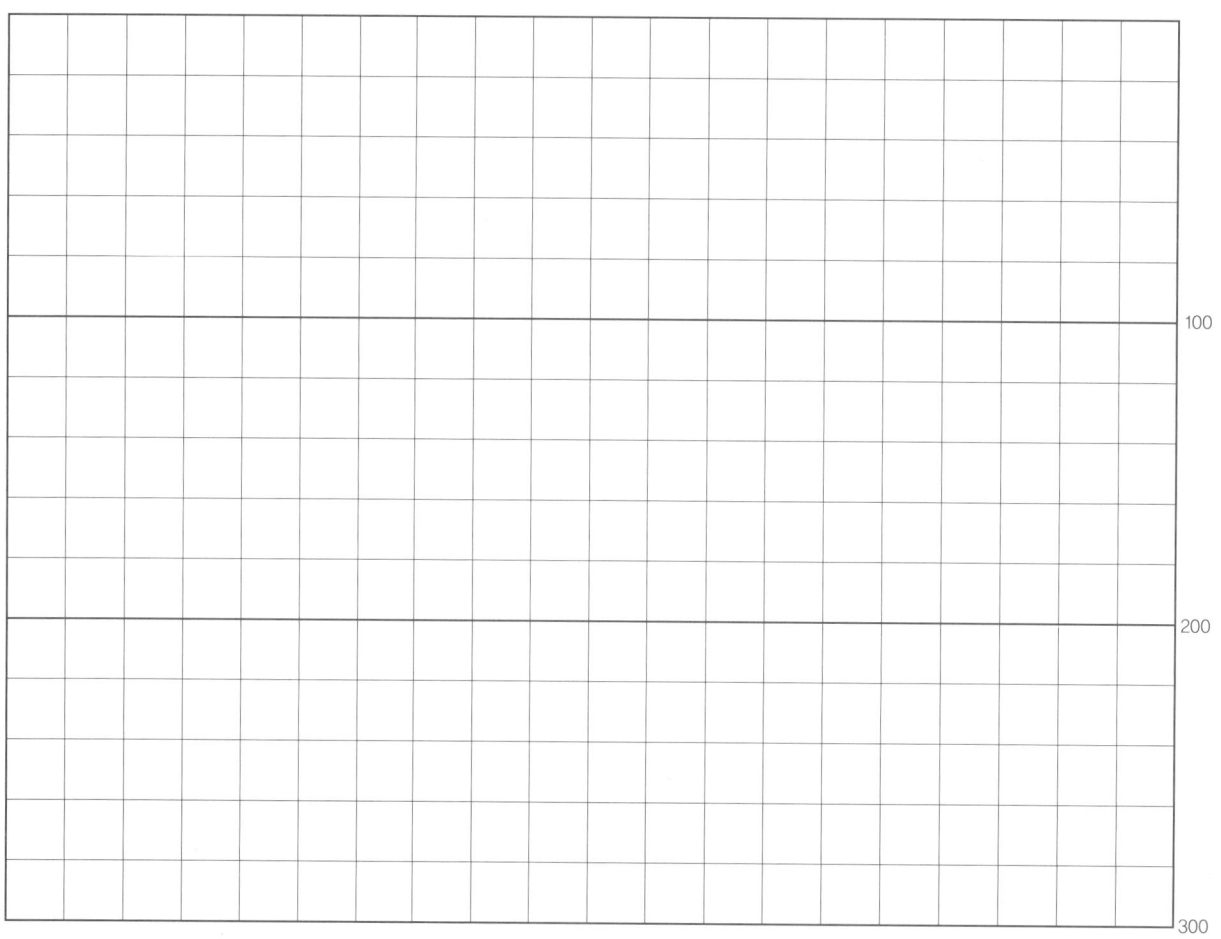

문제 풀이

정보 분석	• 2011년과 2021년, 노화에 대해 어떻게 인식하고 있는지 조사하고 그 결과를 비교하였다. • 2011년에는 노화에 가장 큰 영향을 미치는 것으로 '유전적 요인'을 꼽았으나, 2021년에는 '생활 습관'이 가장 높은 순위에 올랐다. • 노화를 늦추기 위해 실천하고 있는 생활 습관으로는 '기능성 식품 섭취'라고 응답한 사람이 가장 많았으며, 다른 것으로는 '규칙적인 운동'과 '충분한 수면' 등을 실천하고 있다는 응답이 있었다.
필수 어휘	규칙적 기기 기능성 노화 늦추다 미용 섭취 수면 습관 실천하다 영양 유전 인식 충분하다 환경
문법과 표현	~에 그치다 ~에 비해 ~에 오르다 ~에 있어서(는) ~을/를 바탕으로 ~을/를 차지하다

모범 답안

2011년과 2021년의 조사 결과를 바탕으로 노화에 대한 인식 변화를 살펴보았다. 먼저 노화에 영향을 미치는 요인에 대해 2011년에는 '유전'이라는 대답이 33.2%로 가장 높은 순위에 올랐다. 그러나 2021년에는 '생활 습관'이 32.4%, '환경'이 24.8%로 각각 1위와 2위를 차지했으며, '유전'이라는 대답은 19%로 3위에 그쳐 10년 전에 비해 변화된 인식을 보인다. 다음으로 노화를 늦추기 위한 생활 습관에 있어서는 '기능성 식품을 섭취하고 있다'는 대답이 44.6%로 가장 많았으며, '규칙적인 운동'과 '충분한 수면' 등의 대답이 그 뒤를 이었다.

확장 어휘) 생활 습관과 관리

명사	과식 금주 변비 불면증 소식 스트레칭 여유 음주 편식 폭식
동사 · 형용사	게으르다 고치다 관리하다 급하다 무절제하다 부지런하다 허약하다
관용 표현	몸에 배다 밥이 보약이다 탈(이) 나다

2011년과 2021년의 조사 결과를 바탕으로 노화에 대한 인식 변화를 살펴보았다. 먼저 노화에 영향을 미치는 요인에 대해 2011년에는 '유전'이라는 대답이 33.2%로 가장 높은 순위에 올랐다. 그러나 2021년에는 '생활 습관'이 32.4%, '환경'이 24.8%로 각각 1위와 2위를 차지했으며, '유전'이라는 대답은 19%로 3위에 그쳐 10년 전에 비해 변화된 인식을 보인다. 다음으로 노화를 늦추기 위한 생활 습관에 있어서는 '기능성 식품을 섭취하고 있다'는 대답이 44.6%로 가장 많았으며, '규칙적인 운동'과 '충분한 수면' 등의 대답이 그 뒤를 이었다.

06 다음은 '국내 외국인 근로자 현황'에 대한 자료이다. 이 내용을 200~300자의 글로 쓰시오. 단, 글의 제목은 쓰지 마시오. (30점)

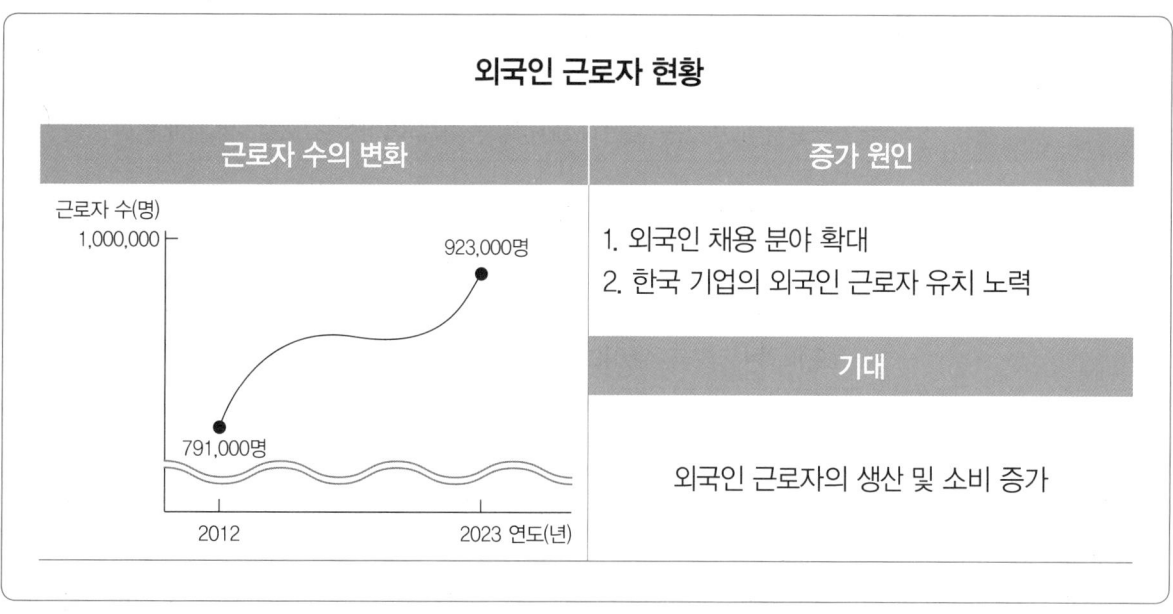

문제 풀이

정보 분석	• 2012년에 791,000명이던 근로자가 2023년에 이르러 거의 100만 명이 되었다. • 증가의 원인으로 외국인 근로자들의 채용 분야가 확대된 것을 들 수 있다. • 우수한 외국인 인력을 유치하려는 한국 기업들의 노력도 외국인 근로자 증가에 큰 영향을 미쳤다. • 외국인 근로자의 증가는 생산과 소비의 증가로 이어질 것으로 기대된다.
필수 어휘	근로자　급격하다　기업　상승세　생산　소비　우수하다 유치하다　이어지다　인력　주춤하다　증가세　채용　확대되다
문법과 표현	–다가　　–더니　　～에 이르러　　–(으)ㄹ 것으로 기대되다 –(으)ㄴ/는 것으로 보이다　　–(으)ㄴ/는 것을 들 수 있다　　–(으)며

모범 답안

최근 국내에서 일하는 외국인 근로자가 급증하였다. 2012년에 791,000명이던 근로자가 급격한 상승세를 보이다 잠시 주춤하더니 다시 증가세를 보이며 2023년에 이르러 거의 100만 명이 되었다. 이러한 증가의 원인으로 우선 외국인 근로자들의 채용 분야가 확대된 것을 들 수 있다. 우수한 외국인 인력을 유치하려는 한국 기업들의 노력도 외국인 근로자 증가에 큰 영향을 미친 것으로 보인다. 이러한 외국인 근로자의 증가는 생산과 소비의 증가라는 경제적 효과로 이어질 것으로 기대된다.

확장 어휘 다문화 사회

명사	거주　국적　귀화　다국적　동포　이국적　이민　이주 인종　체류
동사 · 형용사	개명하다　공존하다　낯설다　수용하다　적응하다　포용하다
관용 표현	발을 맞추다　　어깨를 나란히 하다

원고지 답안

　　최근 국내에서 일하는 외국인 근로자가 급증하였다. 2012년에 791,000명이던 근로자가 급격한 상승세를 보이다 잠시 주춤하더니 다시 증가세를 보이며 2023년에 이르러 거의 100만 명이 되었다. 이러한 증가의 원인으로 우선 외국인 근로자들의 채용 분야가 확대된 것을 들 수 있다. 우수한 외국인 인력을 유치하려는 한국 기업들의 노력도 외국인 근로자 증가에 큰 영향을 미친 것으로 보인다. 이러한 외국인 근로자의 증가는 생산과 소비의 증가라는 경제적 효과로 이어질 것으로 기대된다.

07 다음은 '발표 능력을 향상시키는 방법'에 대한 자료이다. 이 내용을 200~300자의 글로 쓰시오. 단, 글의 제목은 쓰지 마시오. (30점)

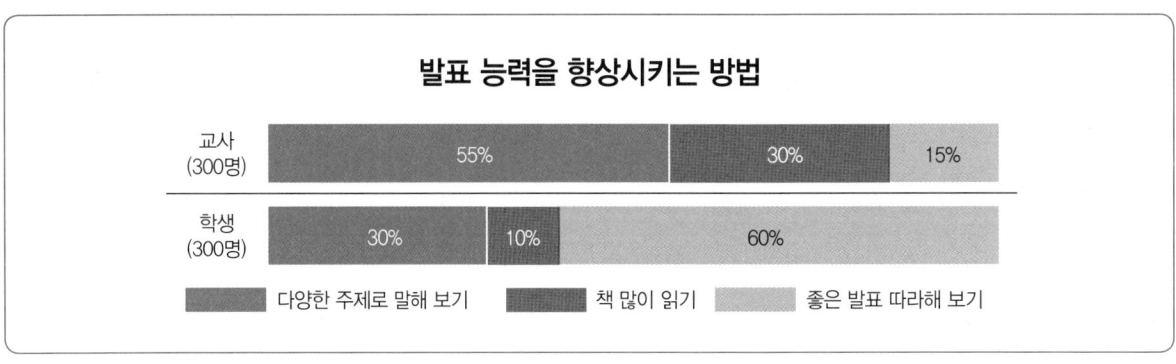

📋 문제 풀이

정보 분석	• 교사와 학생들을 대상으로 발표 능력을 향상시키는 방법에 대해 설문 조사를 실시하였다. • 교사의 경우 다양한 주제로 말해 보기가 55%로 가장 높게 나타났지만 학생의 경우에는 좋은 발표 따라해 보기가 60%로 가장 높았다. • 교사의 대답에서는 책 많이 읽기가 30%, 좋은 발표 따라해 보기가 15%를 차지했다. • 학생들의 대답에서는 다양한 주제로 말해 보기가 30%로 나타났고, 책 많이 읽기는 10%에 그쳤다.
필수 어휘	능력　다양하다　따라하다　반면에　발표　주제　향상시키다
문법과 표현	~에 그치다　~(으)로 나타나다　~을/를 대상으로　~을/를 차지하다

🔒 모범 답안

교사와 학생 각각 300명을 대상으로 발표 능력을 향상시키는 방법에 대하여 설문 조사를 실시하였다. 그 결과 교사와 학생의 생각이 다르다는 것을 알 수 있었다. 교사의 경우 다양한 주제로 말해 보기가 55%로 가장 높게 나타났지만 학생의 경우에는 좋은 발표 따라해 보기가 60%로 가장 높았다. 다음으로 교사는 책을 많이 읽어야 한다는 대답이 30%, 좋은 발표를 따라해 보아야 한다는 대답이 15%를 차지하였다. 반면에 학생들은 다양한 주제로 말해 보아야 한다가 30%로 나타났고, 책을 많이 읽어야 한다는 의견은 10%에 그쳤다.

🔍 확장 어휘　발표와 토론

명사	근거　반대　반론　발표문　사례　의견　주장　질의응답 찬성
동사 · 형용사	긴장하다　동의하다　우기다　제기하다　제시하다　조율하다
관용 표현	말이 물 흐르듯 하다/청산유수다　　사공이 많으면 배가 산으로 간다

원고지 답안

　　교사와　학생　각각　300명을　대상으로 발표　능력을　향상시키는　방법에　대하여 설문　조사를　실시하였다.　그　결과　교사 와　학생의　생각이　다르다는　것을　알　수　있었다.　교사의　경우　다양한　주제로 말해　보기가　55%로　가장　높게　나타났 지만　학생의　경우에는　좋은　발표　따라 해　보기가　60%로　가장　높았다.　다음으 로　교사는　책을　많이　읽어야　한다는 대답이　30%,　좋은　발표를　따라해　보아 야　한다는　대답이　15%를　차지하였다. 반면에　학생들은　다양한　주제로　말해 보아야　한다가　30%로　나타났고,　책을 많이　읽어야　한다는　의견은　10%에　그 쳤다.

08 다음은 '기부 활동 현황'에 대한 자료이다. 이 내용을 200~300자의 글로 쓰시오. 단, 글의 제목은 쓰지 마시오. (30점)

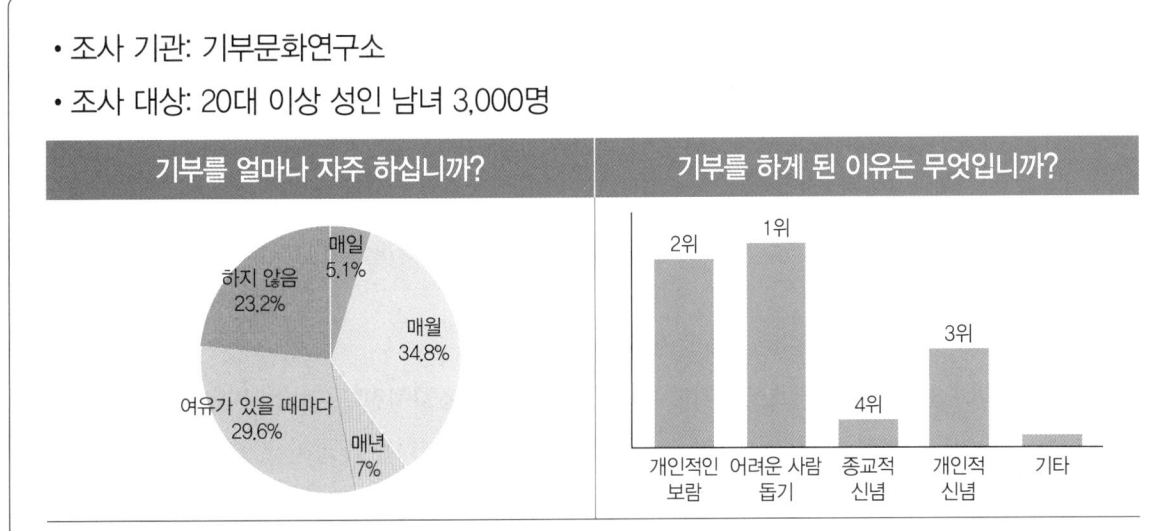

문제 풀이

정보 분석	• 20대 이상 성인 남녀 3,000명을 대상으로 '기부 활동 현황'에 대해 조사하였다. • '기부를 얼마나 자주 하느냐'는 질문에는 '매월'이라는 대답이 가장 많았으며, '여유가 있을 때마다'라는 대답이 뒤를 이었다. • '기부를 하지 않는다'는 대답은 23.2%로 나타났다. • 기부의 이유로는 '어려운 사람을 돕기 위해서'와 '개인적인 보람'이라는 대답이 1, 2위를 차지했다.
필수 어휘	개인적　기부　돕다　보람　빈도　성인　신념　여유　종교적
문법과 표현	-기 위해서　～에 대해　-(ㄴ/는)다는　～(으)로는　-(으)며 ～을/를 대상으로　～을/를 위해서

모범 답안

20대 이상 성인 남녀 3,000명을 대상으로 '기부 활동 현황'에 대해 조사하였다. 먼저 기부의 빈도에 대해서는 '매월' 한다는 대답이 34.8%로 가장 많았으며, '여유가 있을 때마다' 한다는 대답이 29.6%로 그 뒤를 이었다. 그 밖에 '매년' 또는 '매일'이라는 대답이 7%와 5.1%로 나타났으며, 응답자의 23.2%는 '하지 않는다'고 대답했다. 기부를 하는 이유로는 '어려운 사람을 돕기 위해서'와 '개인적인 보람을 위해서'라는 대답이 각각 1위와 2위를 차지했으며, '개인적 신념'이나 '종교적 신념' 때문이라는 대답이 차례대로 그 뒤를 이었다.

확장 어휘 봉사와 사회 기여

명사	가치관　공헌　기증　대가　보람　성금　자원봉사　집단 헌신　희생
동사·형용사	감수하다　이루다　이바지하다　지대하다　지원하다　추구하다 훌륭하다
관용 표현	살신성인(하다)　십시일반

원고지 답안

　　20대 이상 성인 남녀 3,000명을 대상으로 '기부 활동 현황'에 대해 조사하였다. 먼저 기부의 빈도에 대해서는 '매월' 한다는 대답이 34.8%로 가장 많았으며, '여유가 있을 때마다' 한다는 대답이 그 뒤를 이었다. 그 밖에 '매년' 또는 '매일'이라는 대답이 7%와 5.1%로 나타났으며, 응답자의 23.2%는 '하지 않는다'고 대답했다. 기부를 하는 이유로는 '어려운 사람을 돕기 위해서'와 '개인적인 보람을 위해서'라는 대답이 각각 1위와 2위를 차지했으며, '개인적 신념'이나 '종교적 신념' 때문이라는 대답이 차례대로 그 뒤를 이었다.

09 다음은 '여성 공무원 채용 현황'에 대한 자료이다. 이 내용을 200~300자의 글로 쓰시오. 단, 글의 제목은 쓰지 마시오. (30점)

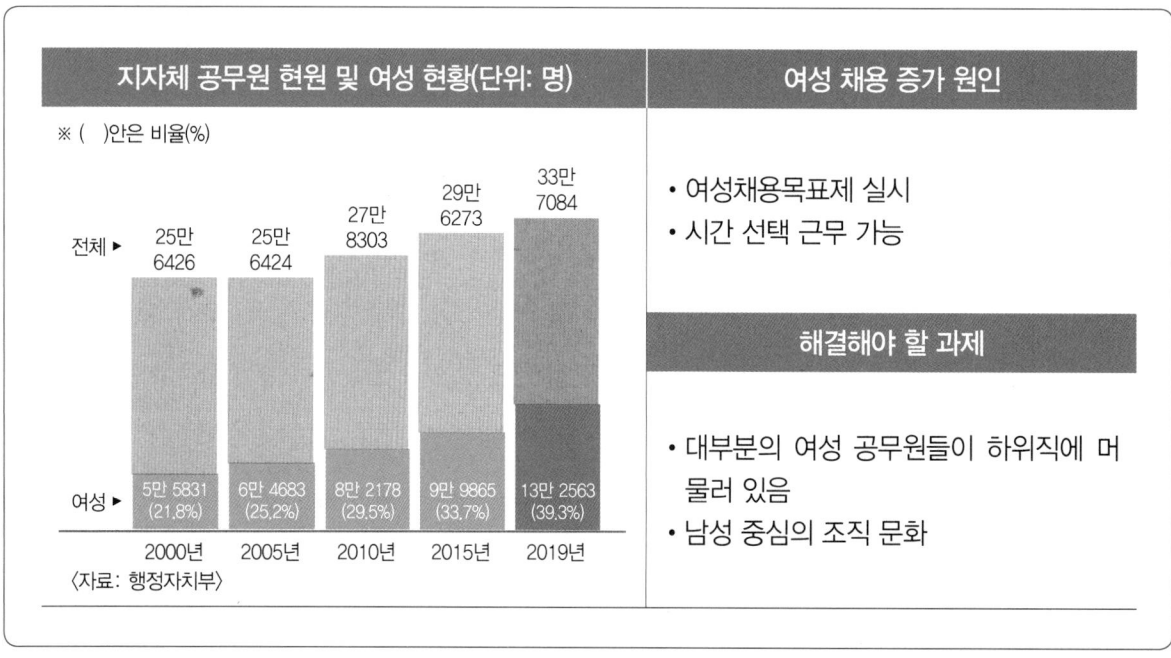

문제 풀이

정보 분석	• 2000년 이후 지방 자치 단체의 여성 공무원 채용은 꾸준히 증가하고 있으며, 2019년에는 전체 공무원의 40%에 가까워졌다. • 여성 채용 증가의 주요 원인으로 두 가지를 들 수 있는데, 여성채용목표제의 실시와 시간 선택 근무제의 도입이 그것이다. • 앞으로 고위직 공무원에서 여성의 비율을 높이고 남성 중심의 조직 문화를 바꿔 가야 하는 과제가 남아 있다.
필수 어휘	과제 머물다 목표 선택(하다) 실시(하다) 조직 중심 채용(하다) 하위직 해결(하다)
문법과 표현	–아/어 나가다 ~에 이르다 –(으)ㄴ/는 데(에)(는) –(으)ㄴ/는 점 –(으)ㅁ으로써

모범 답안

여성 공무원의 수가 2000년 이후 꾸준히 증가하여 2019년에는 전체 공무원의 39.3%에 이르렀다. 이처럼 여성의 공무원 채용이 증가한 데에는 제도적인 도움이 있었다. 정부에서 여성채용목표제를 실시해 일정 수 이상의 여성을 의무적으로 채용하게 하고, 또 원하는 시간을 선택해서 근무할 수 있는 제도를 시행함으로써 여성의 채용이 증가하게 된 것이다. 그러나 아직 대부분의 여성 공무원들이 하위직에 머물러 있는 점과 남성 중심의 공무원 조직 문화는 해결해 나가야 할 과제이다.

확장 어휘) 여성의 사회 진출

명사	경력 보수적 분야 시도 역량 인력 인식 전환 직종
동사 · 형용사	단절되다 도전하다 억압하다 우수하다 인정하다 펼치다 활용하다
관용 표현	날개를 꺾다 날개를 펴다 벽을 깨다 틀에서 벗어나다

여성 공무원의 수가 2000년 이후 꾸준히 증가하여 2019년에는 전체 공무원의 39.3%에 이르렀다. 이처럼 여성의 공무원 채용이 증가한 데에는 제도적인 도움이 있었다. 정부에서 여성채용목표제를 실시해 일정 수 이상의 여성을 의무적으로 채용하게 하고, 또 원하는 시간을 선택해서 근무할 수 있는 제도를 시행함으로써 여성의 채용이 증가하게 된 것이다. 그러나 아직 대부분의 여성 공무원들이 하위직에 머물러 있는 점과 남성 중심의 공무원 조직 문화는 해결해 나가야 할 과제이다.

10 다음은 '관광 취업 경험'에 대한 자료이다. 이 내용을 200~300자의 글로 쓰시오. 단, 글의 제목은 쓰지 마시오. (30점)

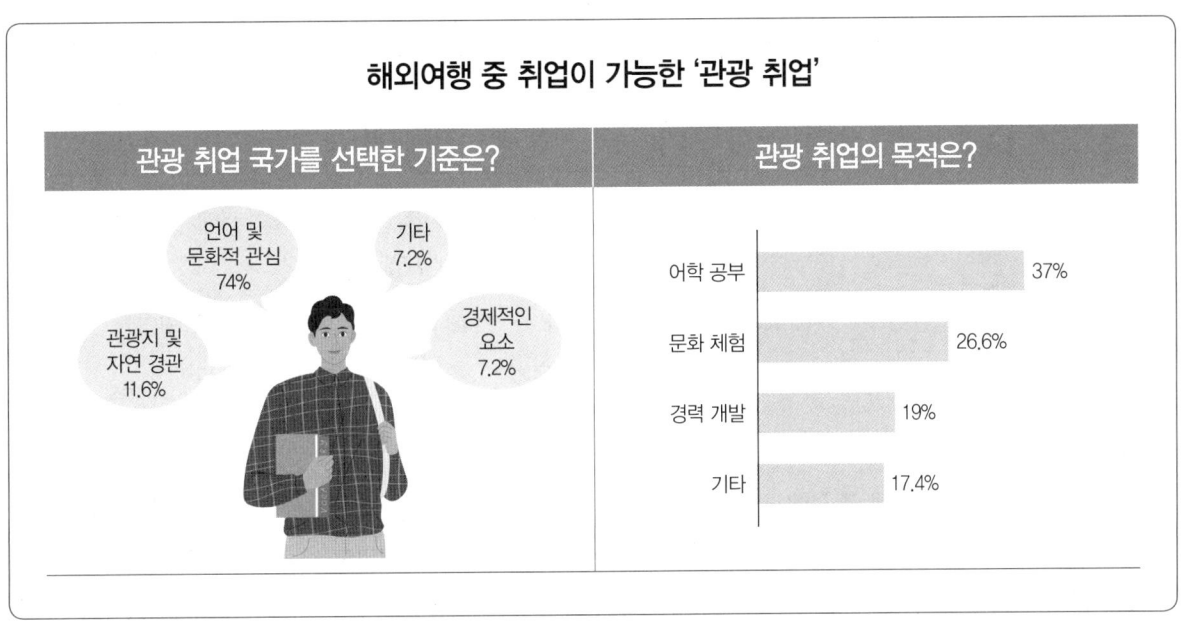

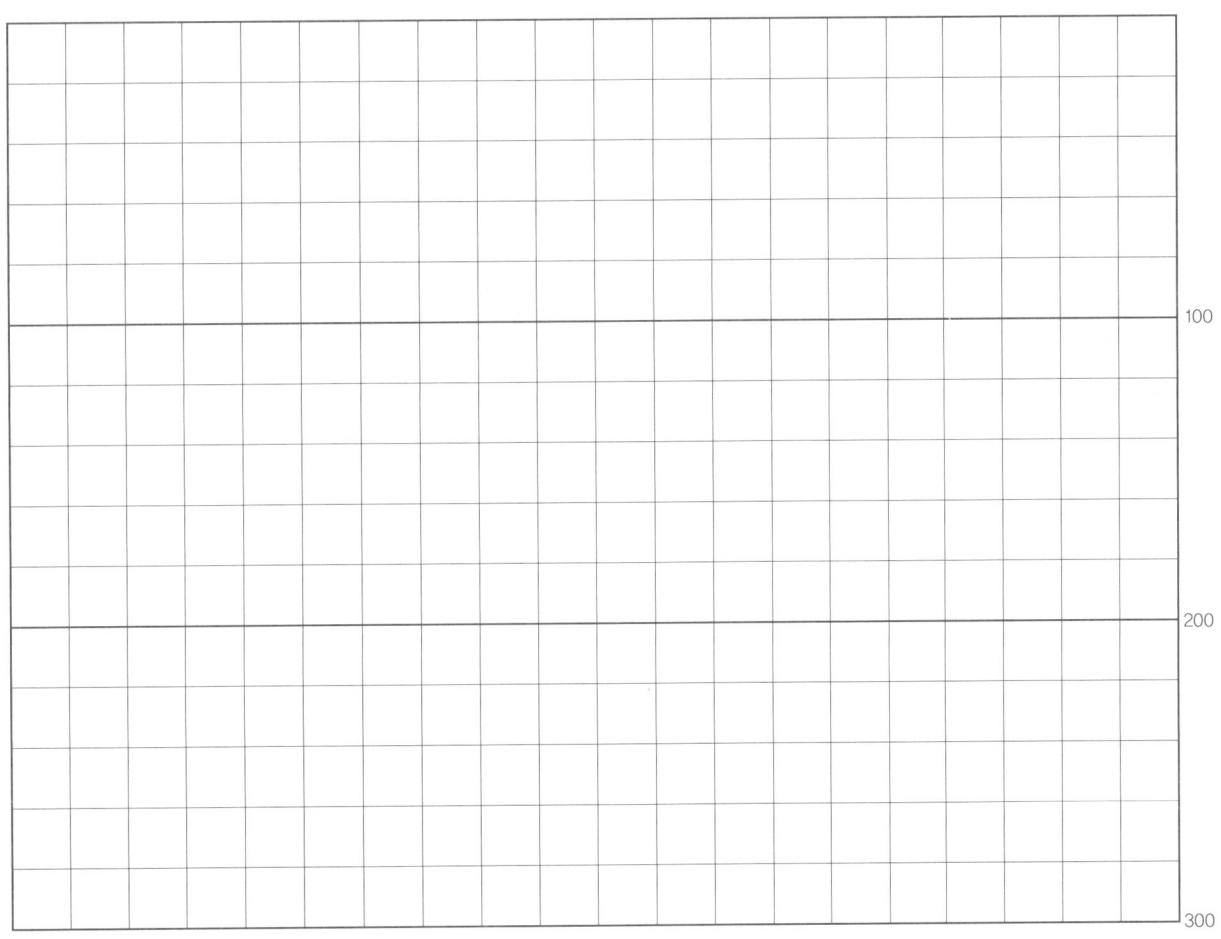

📋 문제 풀이

정보 분석	• 관광 취업을 위한 국가 선택의 기준으로 대부분의 경험자들이 '언어 및 문화적 관심'을 꼽았다. • 국가 선택의 또 다른 기준으로는 '관광지 및 자연 경관'이나 '경제적인 요소' 등도 있었다. • 관광 취업의 목적은 '어학 공부, 문화 체험, 경력 개발'을 들었다.
필수 어휘	경험자　관광　관심　국가　기준　문화　선택　언어 자연 경관　취업
문법과 표현	~(이)라고　~에 그치다　~에 대한　~(으)로 뒤를 잇다 ~(으)로 ~을/를 꼽다　-(으)ㅁ을 알 수 있다

🔒 모범 답안

'관광 취업 경험'에 대한 설문 조사에서 조사 참여자들의 74%가 '언어 및 문화적 관심'을 국가 선택의 기준으로 꼽았다. 그 외 '관광지 및 자연 경관'과 '경제적인 요소'가 기준이 되었다고 응답한 비율은 각각 11.6%와 7.2%에 그쳐, 대부분의 관광 취업 참가자가 언어 및 문화적 관심을 기준으로 국가를 선택하고 있음을 알 수 있었다. 또 관광 취업의 목적으로는 응답자의 37%가 '어학 공부'라고 답해 1위를 차지하였으며, '문화 체험'이 26.6%, '경력 개발'이 19%로 그 뒤를 이었다.

🔍 확장 어휘 　관광 산업

명사	개방　경쟁력　교류　부가 가치　수입원　일자리　정책　지역 홍보　활성화
동사 · 형용사	연계하다　유망하다　유치하다　육성하다　접목시키다　창출하다 확충하다
관용 표현	낯설고 물설다　외국 물을 먹다

원고지 답안

　'관광 취업 경험'에 대한 설문 조사에서 조사 참여자들의 74%가 '언어 및 문화적 관심'을 국가 선택의 기준으로 꼽았다. 그 외 '관광지 및 자연 경관'과 '경제적인 요소'가 기준이 되었다고 응답한 비율은 각각 11.6%와 7.2%에 그쳐, 대부분의 관광 취업 참가자가 언어 및 문화적 관심을 기준으로 국가를 선택하고 있음을 알 수 있었다. 또 관광 취업의 목적으로는 응답자의 37%가 '어학 공부'라고 답해 1위를 차지하였으며, '문화 체험'이 26.6%, '경력 개발'이 19%로 그 뒤를 이었다.

11 다음은 '초등학생 수 변화'에 대한 자료이다. 이 내용을 200~300자의 글로 쓰시오. 단, 글의 제목은 쓰지 마시오. (30점)

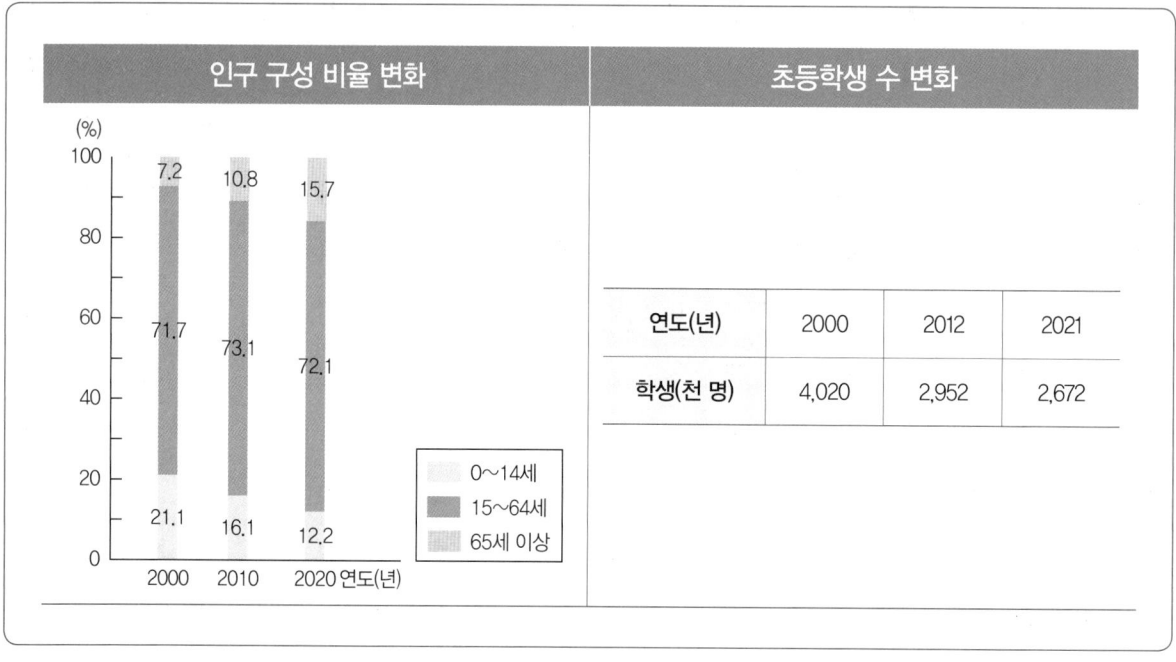

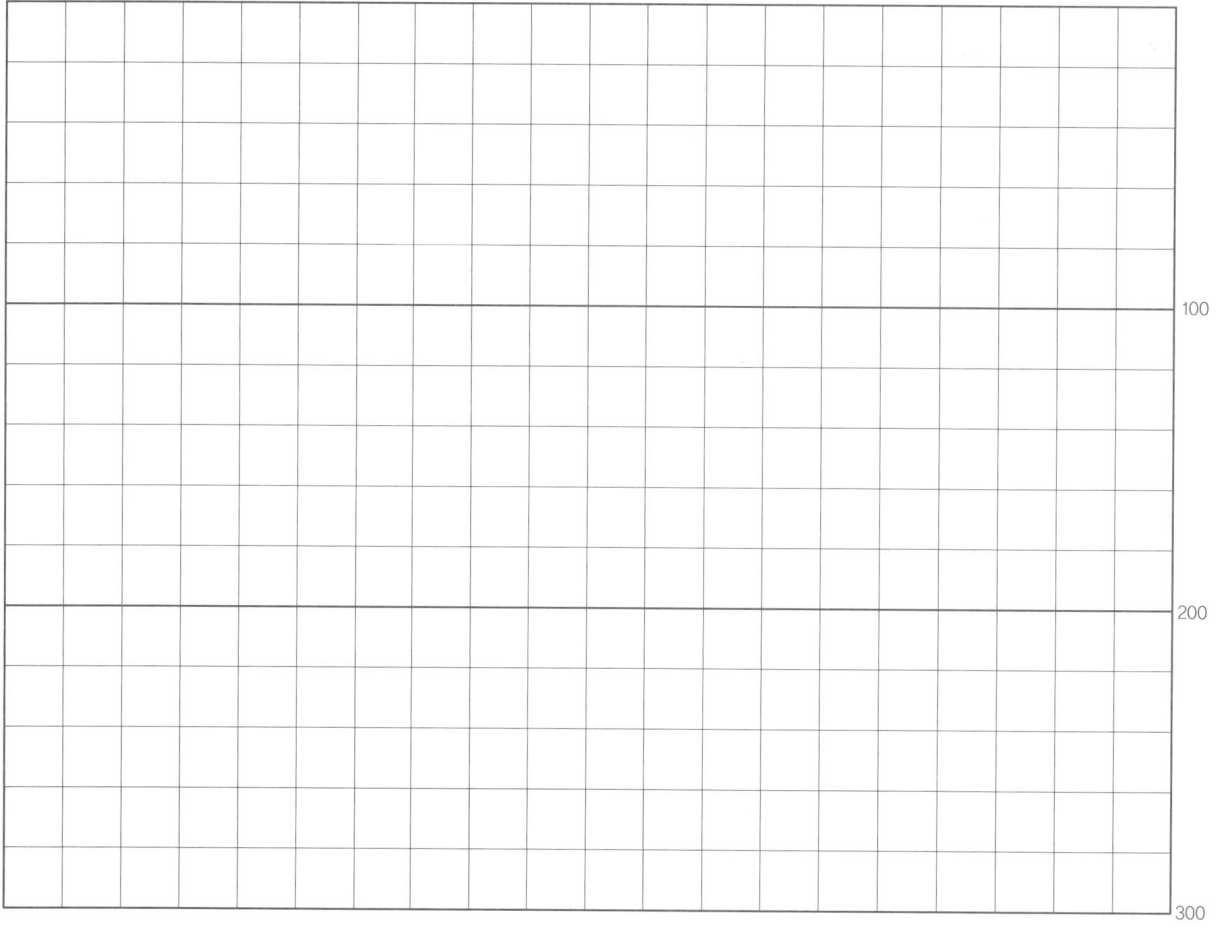

📝 문제 풀이

정보 분석	• 2021년 초등학생 수는 2000년 초등학생 수의 70%에도 못 미칠 정도로 급격히 감소해 왔다. • 초등학생 수의 감소는 저출산 현상에서 비롯된 것이라 할 수 있는데, 그러한 현상은 인구 구성에도 영향을 미쳐 0~14세의 비율이 눈에 띄게 낮아졌다. • 저출산 현상이 계속된다면 인구 고령화 현상이 점차 심화될 것이다.
필수 어휘	고령화 구성 노년층 비율 심화되다 유소년층 인구 저출산 현상
문법과 표현	(만약) -(ㄴ/는)다면 -(으)ㄴ/는 데(에) 반해(서) -(으)ㄹ 것이다 ~(으)로 인해 ~(이)라고 할 수 있다

🔒 모범 답안

2000년대 이후 초등학교의 학생 수는 꾸준히 줄어들어 2021년의 학생 수는 2000년의 70%에도 못 미치는 수준이다. 이처럼 초등학생의 수가 줄어든 가장 큰 이유는 저출산 때문이라고 할 수 있다. 인구 구성에서 노년층은 2000년에 약 7%에서 2020년에 약 16%로 증가한 데 반해 유소년층은 약 21%에서 약 12%로 감소했다. 만약 저출산 현상이 계속된다면 초등학생의 수도 계속 감소할 것이며 그로 인해 인구의 고령화 현상은 더욱 심화될 것이다.

🔍 확장 어휘 인구의 변화

명사	밀도 사망 산업화 생산 인구 수명 중년 청년 초고령화 출생
동사 · 형용사	유입되다 이동하다 장려하다 지속되다 진입하다 진행되다
관용 표현	일손이 부족하다

원고지 답안

　2000년대 이후 초등학교의 학생 수는 꾸준히 줄어들어 2021년의 학생 수는 2000년의 70%에도 못 미치는 수준이다. 이처럼 초등학생의 수가 줄어든 가장 큰 이유는 저출산 때문이라고 할 수 있다. 인구 구성에서 노년층은 2000년에 약 7%에서 2020년에 약 16%로 증가한 데 반해 유소년층은 약 21%에서 약 12%로 감소했다. 만약 저출산 현상이 계속된다면 초등학생의 수도 계속 감소할 것이며 그로 인해 인구의 고령화 현상은 더욱 심화될 것이다.

12 다음은 '직장인들의 업무 중 피로 해소 방법'에 대한 자료이다. 이 내용을 200~300자의 글로 쓰시오. 단, 글의 제목은 쓰지 마시오. (30점)

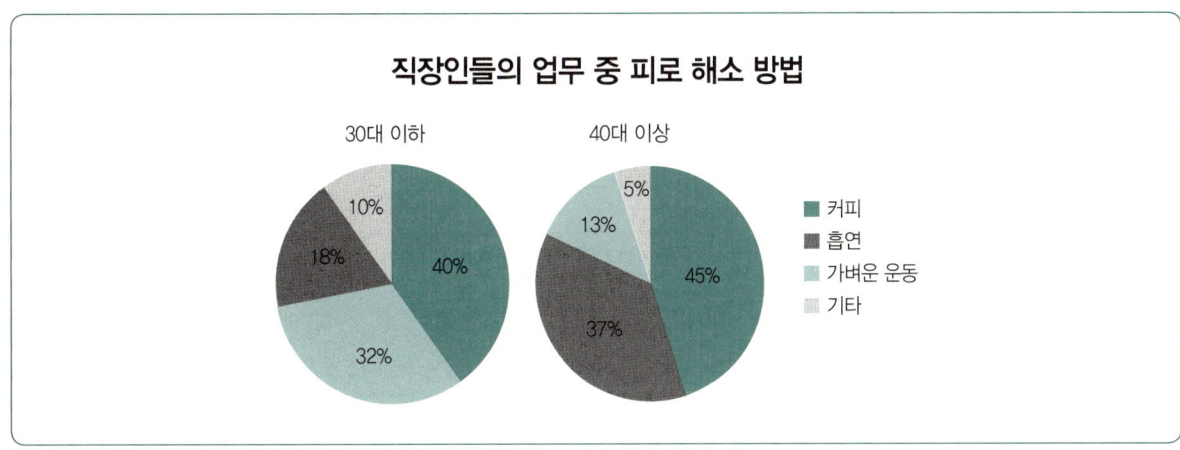

문제 풀이

정보 분석	• 30대 이하 직장인들의 경우 피로를 풀기 위해 커피를 마신다는 응답이 40%로 가장 많았으며 가벼운 운동을 한다가 32%로 그 뒤를 이었다. • 40대 이상의 경우에도 커피를 마신다는 응답이 45%로 가장 많았으나, 흡연으로 피로를 푸는 경우도 37%나 되었다. • 30대 이하에서 흡연이라는 응답은 18%밖에 되지 않았으며, 40대 이상의 경우에는 가벼운 운동을 한다가 13%에 그쳤다.
필수 어휘	가볍다 낮다 부정적 연령대 풀다 피로 해소 흡연
문법과 표현	-기 위해(서) ~에 그치다 ~에 대한 -(으)ㄴ/는 것으로 나타나다 -(ㄴ/는)다는 -(으)ㄹ수록

모범 답안

직장인의 업무 중 피로 해소 방법에는 연령대별로 차이가 있는 것으로 나타났다. 30대 이하 직장인들의 경우 피로를 풀기 위해 커피를 마신다는 응답이 40%로 가장 많았으며 가벼운 운동을 한다가 32%로 그 뒤를 이었다. 40대 이상의 경우에도 커피를 마신다는 응답이 45%로 가장 많았으나, 흡연으로 피로를 푸는 경우도 37%나 되었다. 이에 반해 30대 이하에서 흡연이라는 응답은 18%밖에 되지 않았으며, 40대 이상의 경우에는 가벼운 운동을 한다가 13%에 그쳐 연령이 낮을수록 흡연에 대한 생각은 부정적이라는 사실을 알 수 있다.

확장 어휘 : 피로와 건강

명사	과로 만성 피로 사고력 성인병 수면 부족 의욕 집중력 피로 회복
동사·형용사	나른하다 멍하다 몸살(이) 나다 무기력하다 예민하다 저하되다 지치다 충전하다 (휴식을) 취하다
관용 표현	눈을 붙이다 늘어지게 자다

직장인의 업무 중 피로 해소 방법에는 연령대별로 차이가 있는 것으로 나타났다. 30대 이하 직장인들의 경우 피로를 풀기 위해 커피를 마신다는 응답이 40%로 가장 많았으며 가벼운 운동을 한다가 32%로 그 뒤를 이었다. 40대 이상의 경우에도 커피를 마신다는 응답이 45%로 가장 많았으나, 흡연으로 피로를 푸는 경우도 37%나 되었다. 이에 반해 30대 이하에서 흡연이라는 응답은 18%밖에 되지 않았으며, 40대 이상의 경우에는 가벼운 운동을 한다가 13%에 그쳐 연령이 낮을수록 흡연에 대한 생각은 부정적이라는 사실을 알 수 있다.

🎙 말하기 206쪽

13 다음은 '성인들의 독서 현황'에 대한 자료이다. 이 내용을 200~300자의 글로 쓰시오. 단, 글의 제목은 쓰지 마시오. (30점)

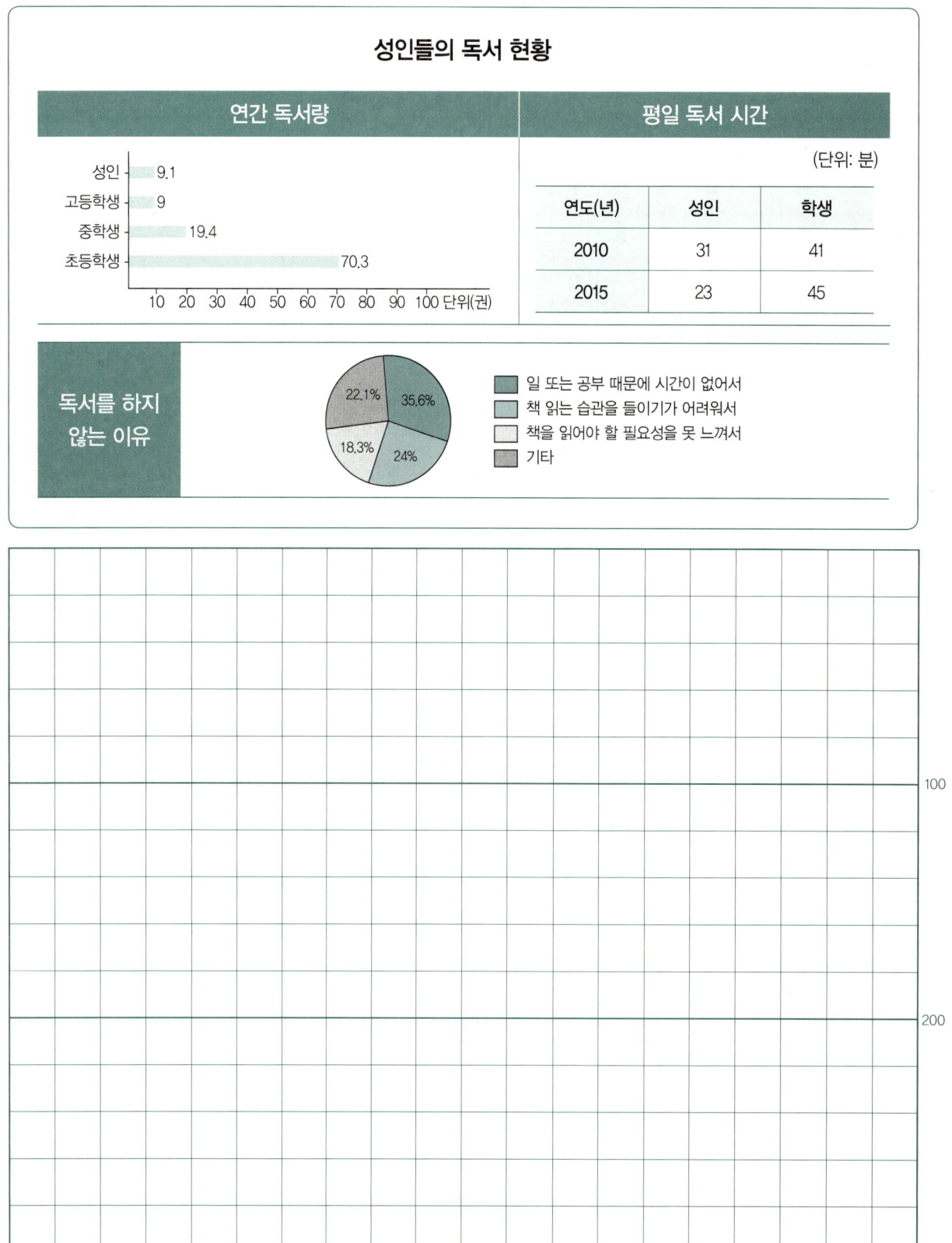

문제 풀이

정보 분석	• 성인들의 평균 연간 독서량은 9.1권으로 9권인 고등학생들과는 비슷한 수준이지만, 초등학생이나 중학생들에 비하면 훨씬 적다. • 성인들이 책을 읽지 않는 이유 중 가장 많은 답변은 '시간이 없어서'이며, 독서 습관을 들이기가 힘들어서 책을 읽지 않는 경우도 많다. • 특히 성인들의 평일 독서량은 그 양이 늘어난 학생들과는 달리 2010년 이후 많이 감소했다.
필수 어휘	느끼다 독서 들이다 성인 습관 입시 평일 필요성
문법과 표현	–아/어서라고 하다 –았/었던 ~에 비하면 ~에 (못) 미치다 ~와/과 달리 ~(으)로 보이다

모범 답안

성인들의 연간 독서량은 초등학생이나 중학생들에 비하면 절반에도 못 미치는 수준으로, 입시 준비로 바쁜 고등학생들과 비슷한 수준이다. 이는 고등학교 진학 이후 입시와 직접적인 관련이 있는 것이 아니면 따로 시간을 내서 책을 읽으려 하지 않았던 습관의 영향으로 보인다. 게다가 평일 중 독서 시간이 학생들의 경우와 달리 점점 줄어들고 있으므로 성인들의 독서량 또한 계속 줄어들고 있다고 할 수 있다. 이처럼 성인들이 책을 많이 읽지 않는 가장 큰 이유는 시간이 없어서라고 하며, 독서 습관을 들이기가 어렵거나 그 필요성을 못 느끼는 것도 이유로 나타났다.

확장 어휘) 독서

명사	다독 도서 목록 목차 문맥 베스트셀러 어휘력 정독 표현력
동사 · 형용사	감상하다 추론하다 추천하다 파악하다 풍부하다 훑어 읽다
관용 표현	주경야독 책은 마음의 양식(이다)

원고지 답안

　성인들의 연간 독서량은 초등학생이나 중학생들에 비하면 절반에도 못 미치는 수준으로, 입시 준비로 바쁜 고등학생들과 비슷한 수준이다. 이는 고등학교 진학 이후 입시와 직접적인 관련이 있는 것이 아니면 따로 시간을 내서 책을 읽으려 하지 않았던 습관의 영향으로 보인다. 게다가 평일 중 독서 시간이 학생들의 경우와 달리 점점 줄어들고 있으므로 성인들의 독서량 또한 계속 줄어들고 있다고 할 수 있다. 이처럼 성인들이 책을 많이 읽지 않는 가장 큰 이유는 시간이 없어서라고 하며, 독서 습관을 들이기가 어렵거나 그 필요성을 못 느끼는 것도 이유로 나타났다.

14 다음은 '모바일 쇼핑 이용자 변화'에 대한 자료이다. 이 내용을 200~300자의 글로 쓰시오. 단, 글의 제목은 쓰지 마시오. (30점)

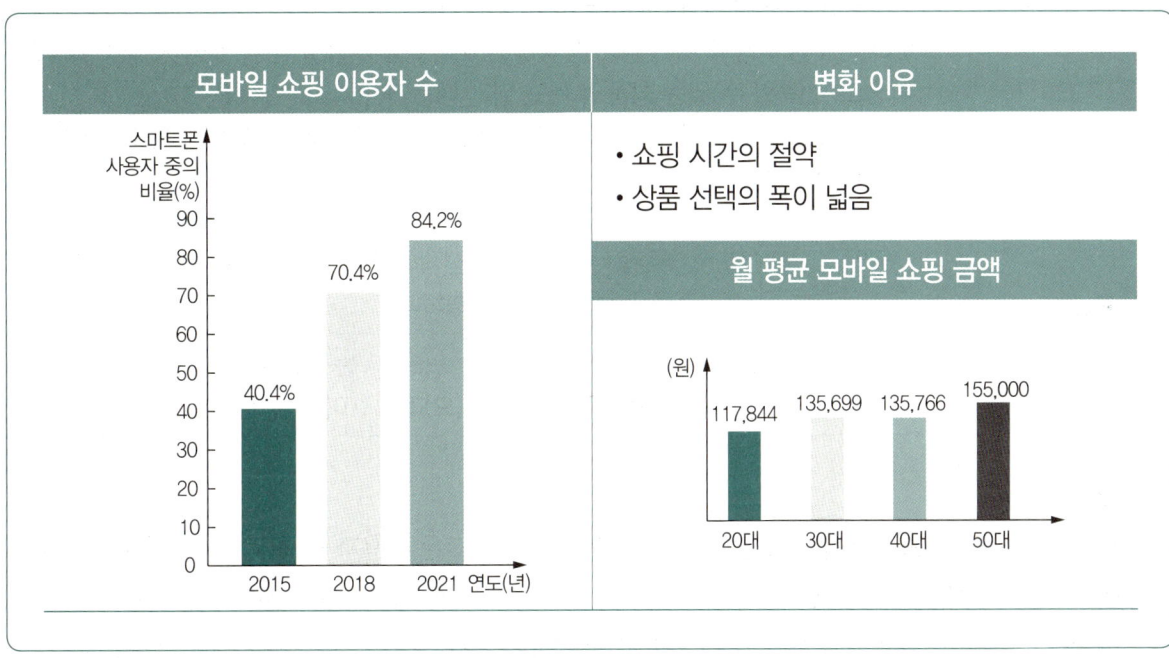

📋 문제 풀이

정보 분석	• 2015년에는 스마트폰 사용자 중 40.4%가 모바일 쇼핑을 이용하였으며 2018년에는 70.4%, 2021년에는 84.2%로 두 배 이상 증가하였다. • 모바일 쇼핑 이용자 수가 증가한 이유는 모바일을 이용할 경우 쇼핑 시간을 절약할 수 있고, 선택할 수 있는 상품의 폭도 넓기 때문이다. • 20대에서 50대까지 월 평균 10만 원이 넘는 금액을 모바일 쇼핑에 지출하고 있는 것으로 나타났다.
필수 어휘	금액　　모바일　　무려　　상품　　선택하다　　스마트폰　　절약하다 폭　　지출하다
문법과 표현	–(으)ㄴ/는 것으로 나타나다　　–(으)ㄴ/는 것으로 보이다 –(으)ㄴ/는 것이다　　–(으)며　　이와 같이

🔒 모범 답안

지난 몇 년간 모바일 쇼핑 이용자 수를 살펴보면, 2015년에는 스마트폰 사용자 중 40.4%가 모바일 쇼핑을 이용하였으며 2018년에는 70.4%, 2021년에는 무려 84.2%로 두 배 이상 늘어났다. 6년간 꾸준히 증가해 온 것이다. 이와 같이 모바일 쇼핑 이용자 수가 증가한 이유는 모바일을 이용할 경우 쇼핑 시간을 절약할 수 있고, 선택할 수 있는 상품의 폭도 넓기 때문인 것으로 보인다. 모바일 쇼핑 금액을 보면, 50대가 월 평균 155,000원으로 쇼핑 금액이 가장 높았으며, 20대에서 50대까지 평균 10만 원이 넘는 금액을 지출하고 있는 것으로 나타났다.

🔍 확장 어휘　전자 상거래

명사	계좌　　사이트　　신용카드　　이체　　인터넷 뱅킹　　적립금　　쿠폰 통신사
동사·형용사	검색하다　　결제하다　　동의하다　　송금하다　　입금하다　　취소하다
관용 표현	번갯불에 콩 볶아 먹겠다　　부지기수(不知其數)

🔒 원고지 답안

　지난　몇　년간　모바일　쇼핑　이용자 수를　살펴보면,　2015년에는　스마트폰　사용자 중　40.4%가　모바일　쇼핑을　이용하였으며　2018년에는　70.4%,　2021년에는　무려　84.2%로　두　배　이상　늘어났다.　6년간　꾸준히　증가해　온　것이다.　이와 같이　모바일　쇼핑　이용자 수가　증가한 이유는　모바일을　이용할　경우　쇼핑　시간을　절약할　수　있고,　선택할　수　있는 상품의　폭도　넓기　때문인　것으로　보인다.　모바일　쇼핑　금액을　보면,　50대가 월　평균　155,000원으로　쇼핑　금액이 가장　높았으며,　20대에서　50대까지　평균 10만　원이　넘는　금액을　지출하고　있는 것으로　나타났다.

15 다음은 '미혼 남녀의 결혼 계획'에 대한 자료이다. 이 내용을 200~300자의 글로 쓰시오. 단, 글의 제목은 쓰지 마시오. (30점)

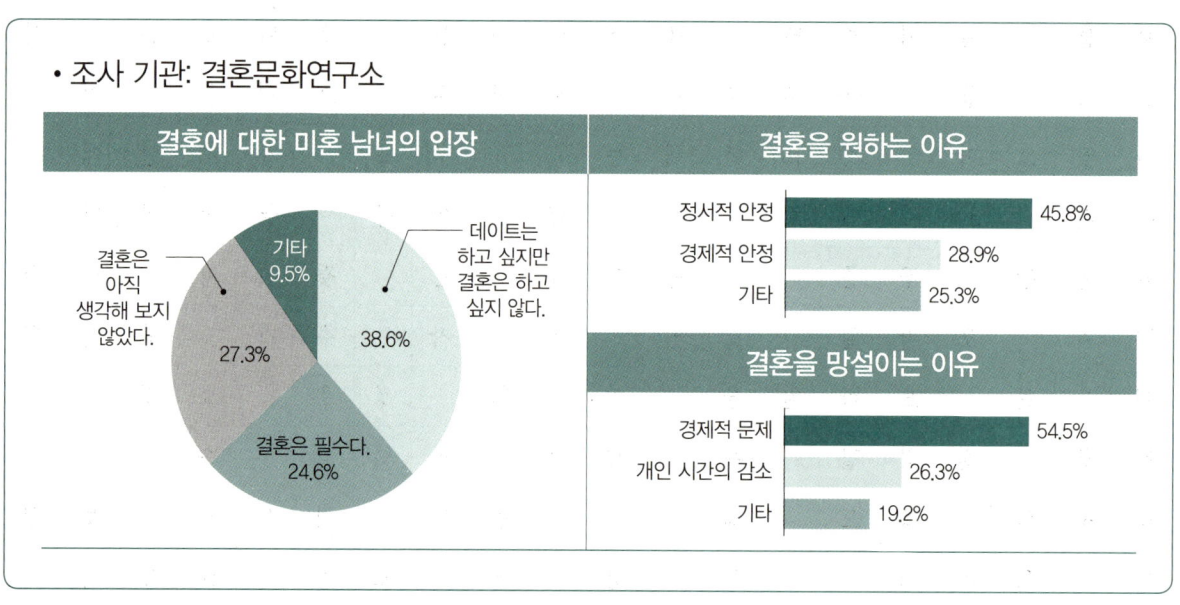

문제 풀이

정보 분석	• 미혼 남녀의 결혼 계획에 대해 조사 조사를 진행하였다. • 응답자 중 결혼이 필수라고 생각하는 사람에 비해 결혼을 하지 않겠다거나 아직 결혼에 대해 생각해 보지 않았다는 사람이 많은 것으로 나타났다. • 결혼을 원하는 이유로는 '정서적 안정'을 꼽은 응답자가 제일 많았으며, 반대로 결혼을 망설이는 이유로는 가장 많은 응답자가 '경제적 문제'를 꼽았다.
필수 어휘	개인　경제적　망설이다　미혼　안정　원하다　입장　정서적　필수
문법과 표현	–다거나　　～에 대해(서)　　～에 따르면　　–(으)ㄴ 적이 있다/없다 –(으)ㄴ/는 것으로 나타나다　　–(으)며 ～(이)라고 생각하다　　～(이)라는

모범 답안

결혼문화연구소의 조사에 따르면 미혼 남녀의 24.6%는 결혼이 필수라고 생각하고 있다. 그러나 결혼을 하고 싶지 않다는 경우는 38.6%, 결혼에 대해 생각해 본 적이 없다는 경우는 27.3%로 결혼에 대해 부정적인 의견이 전체 응답자의 65%가 넘는 것으로 나타났다. 결혼을 원하는 이유에 대해서는 '정서적 안정'과 '경제적 안정'이라는 대답이 각각 45.8%와 28.9%로 1, 2위를 차지했으며 반대로 결혼을 망설이는 이유로는 '경제적 문제'와 '개인 시간의 감소'라는 대답이 54.5%와 26.3%로 1, 2위에 올랐다.

확장 어휘　결혼생활

명사	권태기　기념일　기혼　살림　시댁　신랑　신부　신혼　위기 이혼　친정　혼인
동사 · 형용사	꾸리다　설계하다　속박하다　순탄하다　시집가다　유지하다 장만하다
관용 표현	깨가 쏟아지다　시집살이하려면 벙어리 삼 년 귀머거리 삼 년 해야 한다

결혼문화연구소의 조사에 따르면 미혼 남녀의 24.6%는 결혼이 필수라고 생각하고 있다. 그러나 결혼을 하고 싶지 않다는 경우는 38.6%, 결혼에 대해 생각해 본 적이 없다는 경우는 27.3%로 결혼에 대해 부정적인 의견이 전체 응답자의 65%가 넘는 것으로 나타났다. 결혼을 원하는 이유에 대해서는 '정서적 안정'과 '경제적 안정'이라는 대답이 각각 45.8%와 28.9%로 1, 2위를 차지했으며 반대로 결혼을 망설이는 이유로는 '경제적 문제'와 '개인 시간의 감소'라는 대답이 54.5%와 26.3%로 1, 2위에 올랐다.

말하기 208쪽

16 다음은 '명절 모습의 변화'에 대한 자료이다. 이 내용을 200~300자의 글로 쓰시오. 단, 글의 제목은 쓰지 마시오. (30점)

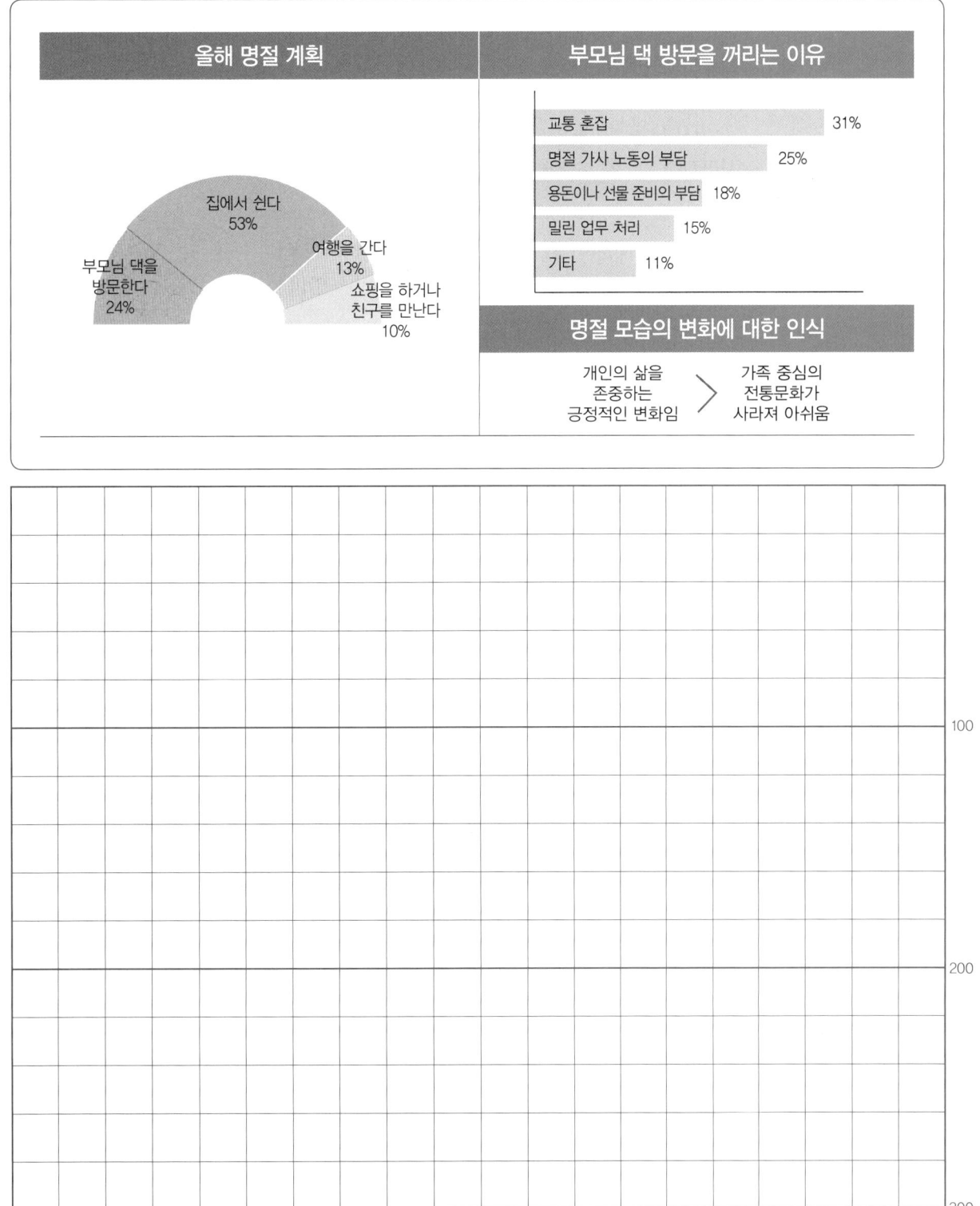

📋 문제 풀이

정보 분석	• 올해 명절에는 '집에서 쉰다'고 답한 사람이 53%로, '부모님 댁을 방문한다'는 사람보다 두 배 이상 많았다. • 명절에도 부모님 댁 방문을 꺼리는 이유로는 '교통 혼잡' 때문이라는 답변이 가장 많았고, 가사 노동이나 선물 준비의 부담 때문이라는 답변이 그 뒤를 이었다. • 명절 모습의 변화에 대해서는 아쉽게 생각하는 사람보다 긍정적인 변화로 보는 사람들이 더 많았다.
필수 어휘	가사 노동 개인 긍정적 명절 밀리다 방문하다 부담 사라지다 삶 아쉽다 압도적 업무 용돈 전통 존중하다 처리 혼잡
문법과 표현	~ 때문(이다) ~보다(는) −아/어지다 −(ㄴ/는)다는 ~(으)로 꼽다 ~(이)나

🔒 모범 답안

올해 명절 계획에 대해 조사한 결과, '집에서 쉰다'는 답변이 53%로 압도적으로 많았으며, '부모님 댁 방문'과 '여행', '쇼핑'이 각각 24%와 13%, 10%로 그 뒤를 이었다. 명절에도 부모님 댁 방문이 꺼려지는 가장 큰 이유로는 응답자의 31%가 '교통 혼잡' 때문이라고 답했으며, 그 외에도 25%, 18%, 15%의 사람들이 각각 '명절 가사 노동의 부담', '용돈과 선물 준비의 부담', '밀린 업무' 등을 이유로 꼽았다. 이러한 명절 모습의 변화에 대해서는 전통문화가 사라져서 아쉽다는 반응보다는 개인의 삶을 존중하는 긍정적인 변화라고 생각하는 사람들이 더 많은 것으로 나타났다.

🔍 확장 어휘   전통과 풍습

명사	구성원 금지 기원 명맥 민속 세시풍속 양식 의식주 인습 제도 질서
동사 · 형용사	간직하다 계승하다 잇다 전하다 찬란하다 포함하다 행하다 흩어지다
관용 표현	국수를 먹다 떼어 놓은 당상 손 없는 날

원고지 답안

　올해 명절 계획에 대해 조사한 결과, '집에서 쉰다'는 답변이 53%로 압도적으로 많았으며, '부모님 댁 방문'과 '여행', '쇼핑'이 각각 24%와 13%, 10%로 그 뒤를 이었다. 명절에도 부모님 댁 방문이 꺼려지는 가장 큰 이유로는 응답자의 31%가 '교통 혼잡' 때문이라고 답했으며, 그 외에도 25%, 18%, 15%의 사람들이 각각 '명절 가사 노동의 부담', '용돈과 선물 준비의 부담', '밀린 업무' 등을 이유로 꼽았다. 이러한 명절 모습의 변화에 대해서는 전통문화가 사라져서 아쉽다는 반응보다는 개인의 삶을 존중하는 긍정적인 변화라고 생각하는 사람들이 더 많은 것으로 나타났다.

17 다음은 '국내 여행 현황'에 대한 자료이다. 이 내용을 200~300자의 글로 쓰시오. 단, 글의 제목은 쓰지 마시오. (30점)

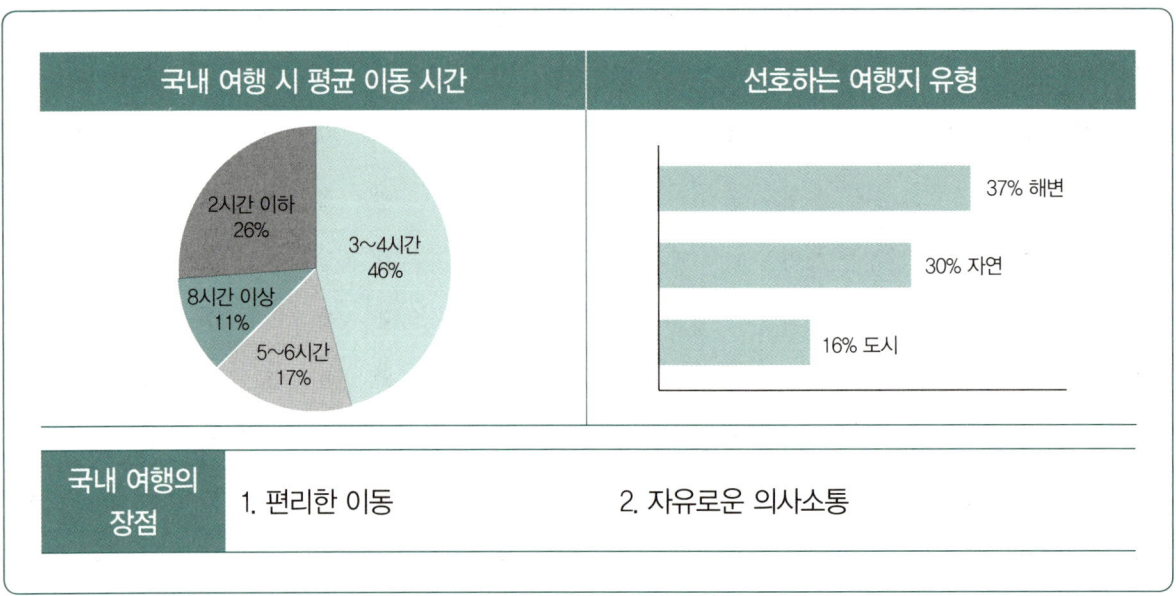

문제 풀이

정보 분석	• 국내 여행 시 소요되는 평균 이동 시간에 대해 조사한 결과, 3~4시간이 46%로 가장 많았으며, 2시간 이하와 5~6시간이 각각 26%와 17%로 나타났다. • 선호하는 여행지 유형으로는 '해변'이라고 답한 사람이 37%로 가장 많았으며, '자연'과 '도시'라는 대답이 그 뒤를 이었다. • 국내 여행의 장점으로는 이동이 편리하다는 점과 의사소통이 자유롭다는 점을 꼽았다.
필수 어휘	다수 도시 선호하다 여행지 유형 의사소통 이동 자연 자유롭다 편리하다 평균 해변
문법과 표현	~에 달하다 ~에 오르다 ~(으)로 꼽히다 ~(으)로 나타나다 -(으)며 ~을/를 차지하다 ~(이)나

모범 답안

국내 여행 현황에 대해 조사한 결과, 우선 국내 여행 시 평균 이동 시간에 대해서는 46%에 달하는 다수의 응답자가 3~4시간이라고 답했으며, 2시간 이하와 5~6시간이 각각 26%와 17%로 그 뒤를 이었다. 한편 8시간 이상을 이동하는 경우도 11%나 되는 것으로 나타났다. 선호하는 여행지의 유형으로는 37%의 응답자가 해변을 꼽아 1위에 올랐으며, 해변 외 자연과 도시를 꼽은 응답자는 30%와 16%로 각각 2위와 3위를 차지했다. 또한 이러한 국내 여행은 이동이 편리하고 의사소통이 자유롭다는 점이 장점으로 꼽히는 것으로 나타났다.

확장 어휘 여행 상품

명사	가성비 교통편 구석구석 여정 자유 여행 취향 패키지 여행 휴식 휴양지
동사·형용사	동행하다 둘러보다 마무리하다 만끽하다 묶다 짜다 철저하다 출시하다 포함되다 향하다
관용 표현	발길이 닿다 백문이 불여일견

원고지 답안

　　국내 여행 현황에 대해 조사한 결과, 우선 국내 여행 시 평균 이동 시간에 대해서는 46%에 달하는 다수의 응답자가 3~4시간이라고 답했으며, 2시간 이하와 5~6시간이 각각 26%와 17%로 그 뒤를 이었다. 한편 8시간 이상을 이동하는 경우도 11%나 되는 것으로 나타났다. 선호하는 여행지의 유형으로는 37%의 응답자가 해변을 꼽아 1위에 올랐으며, 해변 외 자연과 도시를 꼽은 응답자는 30%와 16%로 각각 2위와 3위를 차지했다. 또한 이러한 국내 여행은 이동이 편리하고 의사소통이 자유롭다는 점이 장점으로 꼽히는 것으로 나타났다.

18 다음은 '직업 선택의 기준'에 대한 자료이다. 이 내용을 200~300자의 글로 쓰시오. 단, 글의 제목은 쓰지 마시오. (30점)

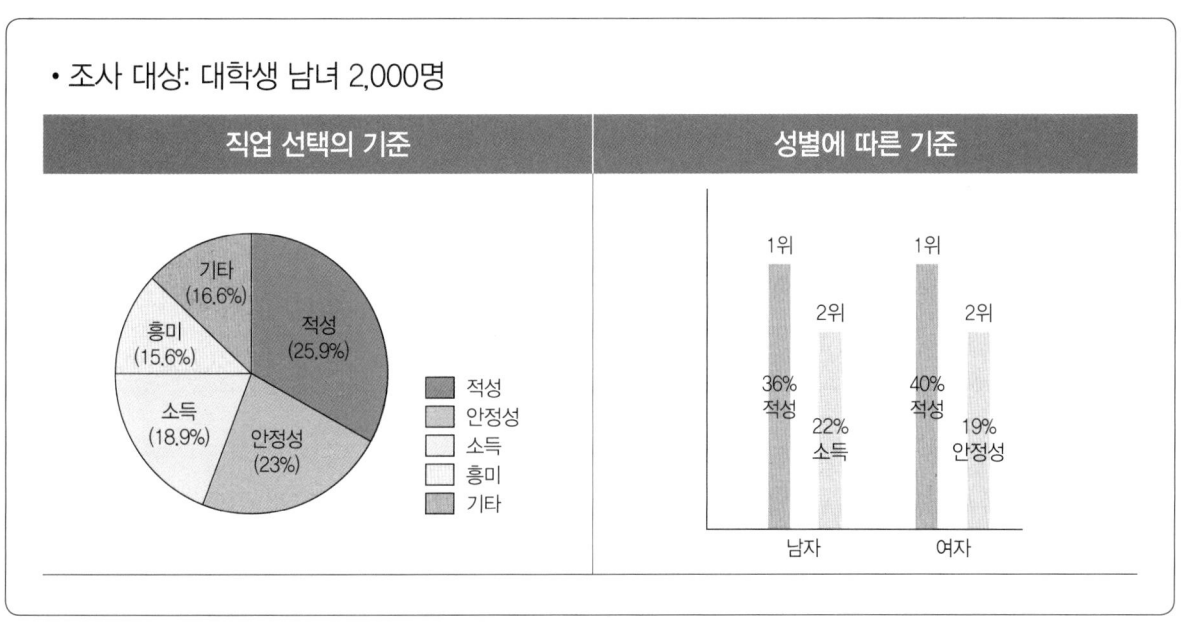

📋 문제 풀이

정보 분석	• 대학생 2,000명을 대상으로 직업 선택의 기준에 대한 설문 조사를 실시한 결과 적성이 1위에 올랐으며, 안정성과 소득이 각각 2위와 3위로 그 뒤를 이었다. • 남자 대학생들의 경우에는 2위로 소득을 꼽아, 여자 대학생들에 비해 경제적인 면을 더 중시하고 있는 것으로 나타났다. • 여자 대학생들은 장래에 출산과 육아 등을 고려해서인지 안정성이라는 기준을 2위로 꼽았다.
필수 어휘	경제 기준 부양(하다) 사회적 선택(하다) 성취감 소득 안정성 육아 인식 적성 출산 흥미
문법과 표현	반면(에) ~에 오르다 ~에서 비롯되다 -(으)ㄴ/는 것으로 나타나다

🔒 모범 답안

대학생 2,000명을 대상으로 직업 선택의 기준에 대해 설문 조사를 실시했다. 그 결과 25.9%의 응답자가 직업을 선택할 때 중요시하는 기준으로 적성을 꼽아 1위에 올랐다. 그 밖에도 안정성, 소득, 흥미 등이 직업 선택의 조건으로 꼽혔다. 2위부터는 남녀에서 차이가 있는데 남성은 '소득(22%)'을 2위로 꼽아 경제적인 면을 중시하는 것으로 나타났다. 반면에 여성은 '안정성(19%)'을 중요한 기준으로 꼽았다. 이런 차이는 남녀의 역할에 대한 인식에서 비롯된 것인데 남성에게는 가족 부양의 책임이, 여성에게는 출산이나 육아의 책임이 요구되기 때문이다.

🔍 확장 어휘 직업 선택

명사	3D 업종 꿈 만족도 상담 생계 자격 직업관 진로 천직 특기
동사 · 형용사	고려하다 모색하다 신중하다 유망하다 의식하다 종사하다 탐색하다
관용 표현	눈을 낮추다 적성을 살리다 친구 따라 강남 간다

원고지 답안

　　　대학생 2,000명을 대상으로 직업 선택의 기준에 대해 설문 조사를 실시했다. 그 결과 25.9%의 응답자가 직업을 선택할 때 중요시하는 기준으로 적성을 꼽아 1위에 올랐다. 그 밖에도 안정성, 소득, 흥미 등이 직업 선택의 조건으로 꼽혔다. 2위부터는 남녀에서 차이가 있는데 남성은 '소득(22%)'을 2위로 꼽아 경제적인 면을 중시하는 것으로 나타났다. 반면에 여성은 '안정성(19%)'을 중요한 기준으로 꼽았다. 이런 차이는 남녀의 역할에 대한 인식에서 비롯된 것인데 남성에게는 가족 부양의 책임이, 여성에게는 출산이나 육아의 책임이 요구되기 때문이다.

19 다음은 '집안일에 있어서의 역할 분담'에 대한 자료이다. 이 내용을 200~300자의 글로 쓰시오. 단, 글의 제목은 쓰지 마시오. (30점)

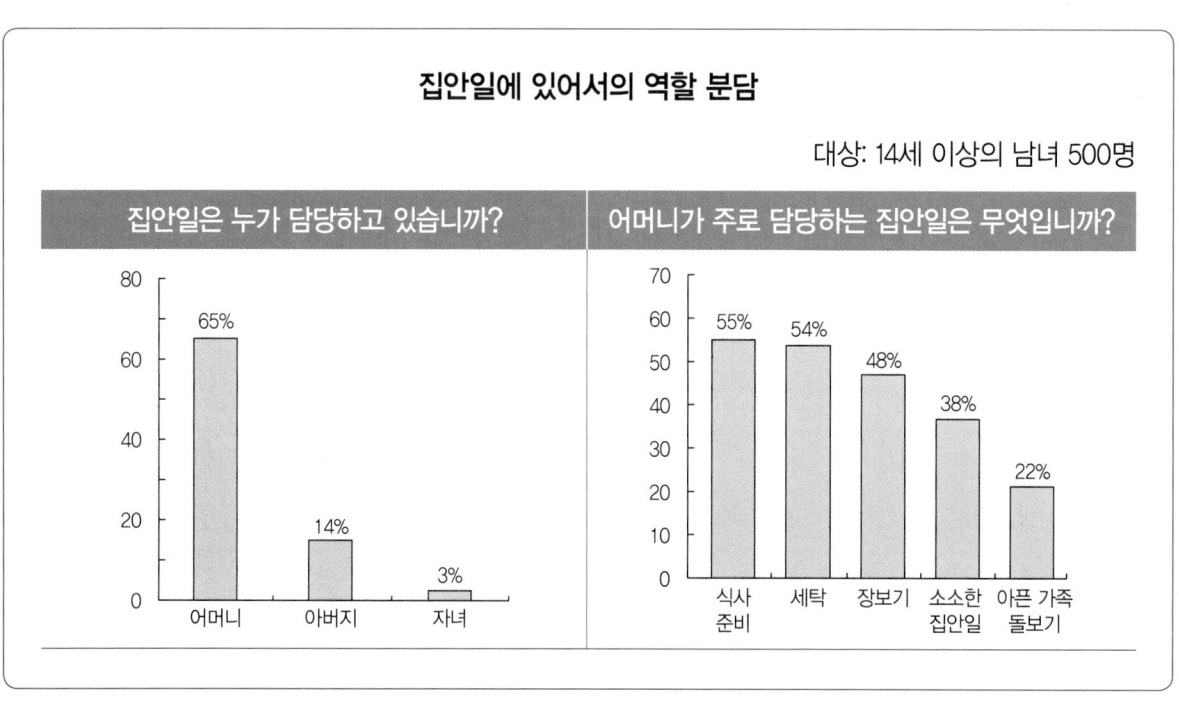

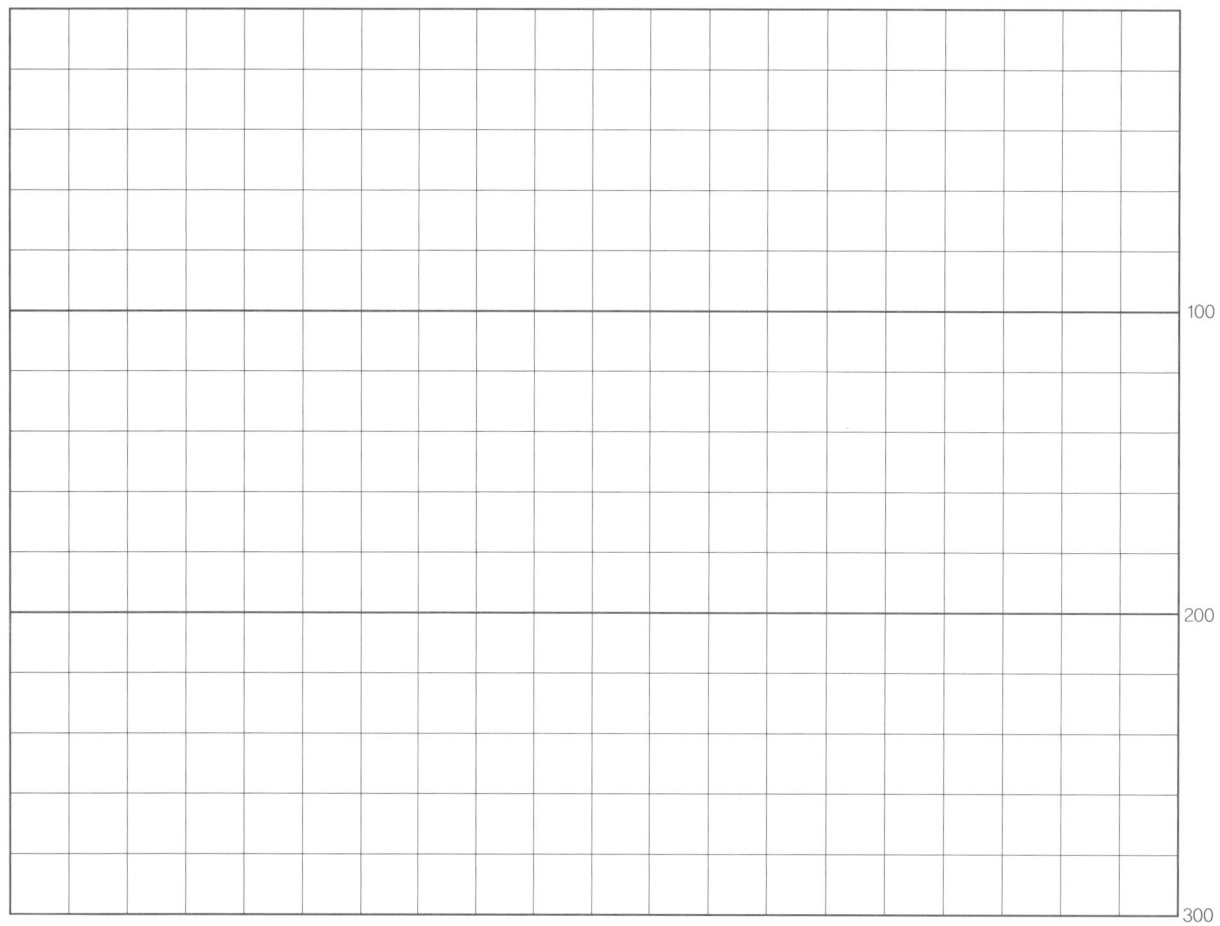

📝 문제 풀이

정보 분석	• 응답자들의 65%가 집안일은 주로 어머니가 담당하고 있다고 대답해, 효율적인 가사 분담이 이루어지지 않고 있는 것으로 나타났다. • 집안일의 종류도 특별히 무엇이라 할 것 없이 대부분의 집안일에 있어서 어머니가 주로 맡고 있는 것으로 조사되었는데, 그중에서도 식사 준비를 꼽은 응답자가 55%로 가장 많았고 세탁과 장보기가 근소한 차이로 그 뒤를 이었다. • 조사 결과 아픈 가족을 돌보는 일과 소소한 집안 대소사를 챙기는 일도 어머니가 담당하고 있다는 대답도 적지 않아, 거의 대부분의 집안일을 어머니에게 의존하고 있음을 알 수 있다.
필수 어휘	담당하다　몫　분담　비중　세탁　소소하다　역할 의존하다　장보기　집안일　편중되다　효율적
문법과 표현	-는 셈이다　～에 있어서(의)　-(으)ㄴ 데 이어(서)　-(으)ㄴ 채

🔓 모범 답안

14세 이상의 남녀 500명을 대상으로 집안일에 있어서의 역할 분담에 대해 설문 조사를 실시하였다. 그 결과 65%에 달하는 응답자들이 어머니가 주로 집안일을 담당하고 있다고 답했으며, 아버지가 14%, 자녀들이 3%로 뒤를 이었다. 또한, 응답자들은 어머니가 담당하는 일 중 비중이 높은 것으로 식사 준비와 세탁, 장보기를 꼽은 데 이어, 소소한 일까지 어머니의 몫이라고 답한 것으로 나타났다. 이렇게 본다면 집안일이 효율적으로 분담되지 않은 채 대부분 어머니에게 편중되어 있는 셈이라 할 수 있다.

🔍 확장 어휘　집안일

명사	가사 노동　걸레질　다림질　먼지　빨래　살림　설거지 쓰레기　행사
동사 · 형용사	꾸리다　닦다　돌리다　맡기다　쓸다　엉망이다　장만하다 정돈하다　정리하다　지저분하다　치우다　털다　협조하다
관용 표현	살림(을) 하다

원고지 답안

　　　　14세　이상의　　　남녀　　500명을　　　대상으로
집안일에　　있어서의　　　역할　분담에　　대해
설문　조사를　　　실시하였다.　그　　　결과　65%
에　달하는　　　응답자들이　　어머니가　　주로
집안일을　　담당하고　　있다고　　답했으며,　아
버지가　　14%,　자녀들이　　3%로　　뒤를　이
었다.　또한,　응답자들은　　어머니가　담당하
는　일　중　비중이　　높은　것으로　식사
준비와　세탁,　장보기를　꼽은　데　이어,
소소한　일까지　어머니의　몫이라고　답한
것으로　나타났다.　이렇게　본다면　집안일
이　효율적으로　분담되지　않은　채　대부
분　어머니에게　편중되어　있는　셈이라
할　수　있다.

20 다음은 '종이 신문의 미래'에 대한 자료이다. 이 내용을 200~300자의 글로 쓰시오. 단, 글의 제목은 쓰지 마시오. (30점)

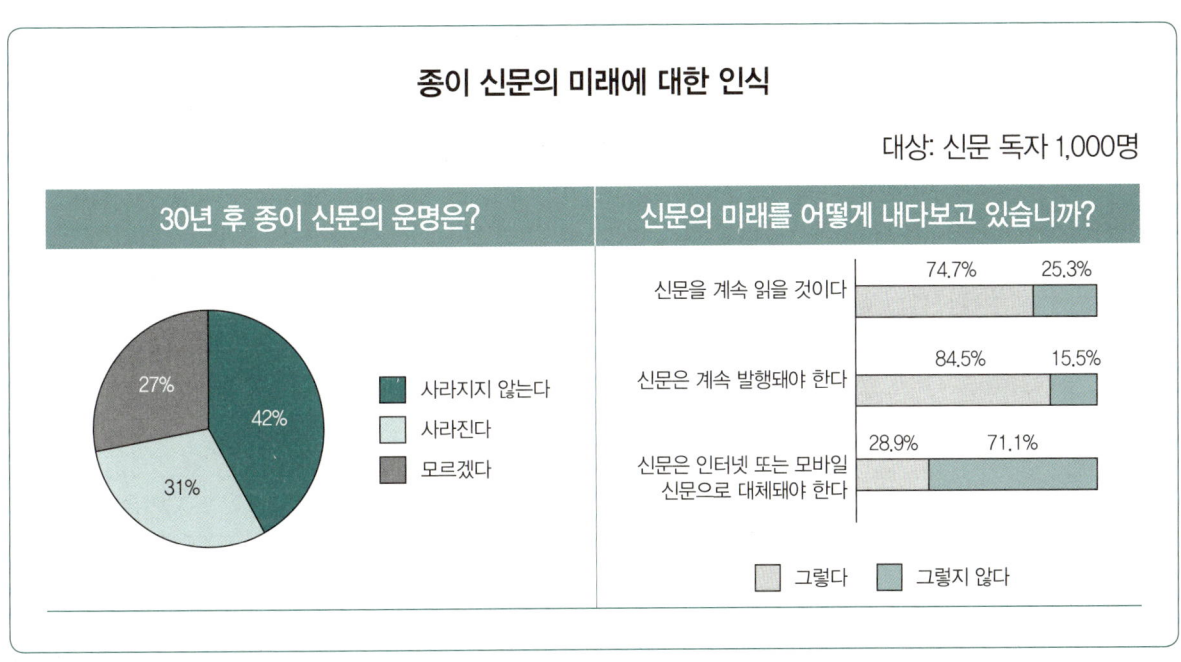

문제 풀이

정보 분석	• 42%의 응답자가 30년 후에도 종이 신문이 사라지지 않을 것이라고 대답한 반면, 사라질 것이라는 대답과 모르겠다는 대답도 각각 31%와 27%에 달하는 것으로 조사되었다. • 응답자의 74.7%가 현재와 같이 앞으로도 신문을 계속 구독할 것이라고 답해, 당분간 신문 구독률이 크게 떨어지지는 않을 것으로 나타났다. • 신문이 계속 발행되어야 한다는 데 대해서는 84.5%의 응답자가 그렇다고 답해, 그렇지 않다는 대답과 압도적인 차이를 보였다. • 종이 신문이 인터넷 혹은 디지털 신문으로 대체되어야 할 것인가에 대해서는 71.1%의 응답자가 그렇지 않다는 반응을 보였다.
필수 어휘	대체되다 모바일 미래 반대 사라지다 신문 어둡다 우려 인식하다 인터넷 제기되다 종이
문법과 표현	–아/어도 ~와/과(는) 달리 ~(이)라고/으로 전망하다 –지만은 않다

모범 답안

신문 독자 1,000명을 대상으로 종이 신문의 미래에 대해 어떻게 인식하고 있는지 설문 조사를 실시하였다. 조사 결과에 의하면 신문 독자의 42%는 30년이 지나도 종이 신문이 사라지지 않을 것으로 전망했으며, 앞으로 종이 신문을 계속 읽을 것이라는 응답도 전체의 74.7%를 차지했다. 또한, 신문이 인터넷이나 모바일 신문으로 대체돼야 한다는 의견에는 71.1%에 달하는 응답자가 반대 의견을 제시해, 그동안 꾸준히 제기되어 온 우려와는 달리 종이 신문의 미래가 어둡지만은 않다는 것으로 조사되었다.

확장 어휘 신문

명사	구독률 기사 논설 부수 사설 신문사 언론 제목 지면 편집
동사·형용사	게재하다 돌리다 발간하다 보도하다 싣다 열독하다 인쇄하다 작성하다 찍어내다 투고하다 펴내다
관용 표현	귀가 열리다 나쁜 소문은 빨리 퍼진다 눈앞이 환해지다

신문 독자 1,000명을 대상으로 종이 신문의 미래에 대해 어떻게 인식하고 있는지 설문 조사를 실시하였다. 조사 결과에 의하면 신문 독자의 42%는 30년이 지나도 종이 신문이 사라지지 않을 것으로 전망했으며, 앞으로 종이 신문을 계속 읽을 것이라는 응답도 전체의 74.7%를 차지했다. 또한, 신문이 인터넷이나 모바일 신문으로 대체돼야 한다는 의견에는 71.1%에 달하는 응답자가 반대 의견을 제시해, 그동안 꾸준히 제기되어 온 우려와는 달리 종이 신문의 미래가 어둡지만은 않다는 것으로 조사되었다.

03 글 구성하기

'글 구성하기' 문제는 제시된 내용에 대해 주제·목적에 맞게 글을 구성할 수 있는 능력을 평가합니다. 주어진 글에 주제와 필수 항목이 제시되어 있으므로 이를 중심으로 글을 구성해야 합니다. 제시된 주제를 정확하게 파악해 동의하거나 반박하는 등 자신의 입장을 정하여 글을 분량에 맞게 적절한 내용으로 쓰는 문제입니다. 채점 기준표를 기준으로 글쓰기 연습을 하는 것이 좋습니다. 그리고 되도록 중·고급 수준의 문법과 표현을 써야 하고, 이를 문맥에 맞게 사용해야 합니다. 글을 구성하는 순서와 방법은 다음과 같습니다.

★ 글을 구성하는 순서와 방법

1. **주제 파악**: 주어진 글을 통해 구성해야 할 글의 주제를 파악합니다.
   예 왜 역사를 알아야 하고, 그 역사를 통해서 무엇을 배울 수 있다고 생각하십니까?
   → 역사 학습의 이유 및 가치

2. **소재 선정**: 주제와 관련 있는 구체적인 소재를 선정한 후 정리합니다.
   예 신문 기사에 따르면 한 연구자가 옛 문서에 기록된 역사적인 사실을 분석하여 오늘날 우리가 겪고 있는 심한 가뭄을 미리 알리면서 경고한 바 있다.
   → 역사를 통해 습득한 지식으로 현재의 문제를 예견한 연구자의 사례

3. **개요 짜기**: 글의 각 단락에 어떤 내용을 쓸지 간단하게 메모합니다.
   예 도입 – 역사의 정의
   전개 – 역사의 효용과 가치
   마무리 – 역사의 중요성 및 주장

TIP — TOPIK II 쓰기 답안 작성 방법

- **글 구성하기**: 제시된 주제와 과제에 맞게 자신의 생각을 논리적으로 표현할 수 있는 글을 쓸 수 있는지를 평가하는 유형
- **채점 기준**

구분	채점 근거	상	중	하
내용 및 과제 수행 (12점)	1) 주어진 과제를 충실히 수행하였는가? 2) 주제와 관련된 내용으로 구성하였는가? 3) 내용을 풍부하고 다양하게 표현하였는가?	12~9점	8~5점	4~0점
글의 전개 구조 (12점)	1) 글의 구성이 명확하고 논리적인가? 2) 중심 생각이 잘 구성되어 있는가? 3) 논리 전개에 도움이 되는 담화 표지를 적절하게 사용하여 조직적으로 연결하였는가?	12~9점	8~5점	4~0점
언어 사용 (13×2=26점)	1) 문법과 어휘를 다양하고 풍부하게 사용하며 적절한 문법과 어휘를 선택하여 사용하였는가? 2) 문법, 어휘, 맞춤법 등의 사용이 정확한가? 3) 글의 목적과 기능에 따라 격식에 맞게 글을 썼는가?	26~20점	18~12점	10~0점

등급		내용 및 과제 수행(12점)	전개 구조(12점)	언어 사용(26점)
상	A	11~12	11~12	12~13(×2)
	B	9~10	9~10	10~11(×2)
중	C	7~8	7~8	8~9(×2)
	D	5~6	5~6	6~7(×2)
하	E	3~4	3~4	4~5(×2)
	F	0~2	0~2	0~3(×2)

- **답안 작성 방법**
  - 문제에서 요구한 과제를 모두 수행하고 내용이 풍부하게 표현되어야 합니다.
  - 글을 조리 있게 전개해야 하며 도입·전개·마무리 구조를 갖추는 것이 필요합니다. 또한 내용이 전환되면 문단을 바꾸어 쓰는 것이 좋습니다.
  - 중·고급 수준의 어휘, 문법으로 문장을 구성해서 언어를 다양하고 풍부하게 사용해야 합니다. 같은 내용이라도 수준 높은 언어를 사용해서 기술하면 '언어 사용'에서 높은 점수를 받을 수 있습니다.
  - 글의 형식성, 격식성에 맞게 써야 합니다. 구어(입말)적인 표현을 사용하거나 종결형으로 '-ㅂ/습니다, -아/어요'를 사용하면 감점이 됩니다.
  - 글에 번호를 붙여 가며 짧게 끊어서 쓰면 안 됩니다.
  - 사회적인 내용이 담긴 주제에 대해 자신의 생각이나 주장을 정리해 보고 이를 논리적으로 구성하여 글로 완성하는 연습을 하는 것이 좋습니다.

01 다음을 참고하여 600~700자로 글을 쓰시오. 단, 문제를 그대로 옮겨 쓰지 마시오.

> 　최근 과학 기술의 발달이 인간의 예술 활동에도 많은 영향을 미치고 있다. 그 결과 인공지능이 인간의 개입 없이 직접 음악이나 미술 같은 예술 작품을 생산하기도 한다. 아래의 내용을 중심으로 '과학과 예술의 바람직한 관계'에 대한 자신의 생각을 쓰라.
>
> • 현재 과학이 예술 영역에 어떤 영향을 미치고 있는가?
> • 과학과 예술의 목표는 무엇인가?
> • 과학과 예술의 만남은 어떤 가치나 의미가 있는가?

📑 문제 풀이

이 문제는 과학과 예술의 관계에 대한 자신의 생각을 한 편의 글로 구성하는 것입니다.

글의 개요	• 도입: 최근 과학과 예술 사이의 영향 관계 ➜ • 전개: 과학과 예술 영역의 경계와 특징 ➜ ➜ • 마무리: 예술 작업에 과학 기술을 활용할 수 있는 방안 ➜
활용 어휘	가치　간주하다　감성　객관적　경계　과학　구현하다　기술 기여하다　넘나들다　논리적　대립적　미디어아트　발달　발명 부자연스럽다　불합리하다　삶　상상　시대　양상　영감　영역 원리　이성　인공지능　작품　정서적　제공하다　주관적　지식 창의력　창작　파악하다　표현　풍요롭다　힘입다
활용 문법과 표현	-거나　-기 때문이다　-기 어렵다　-아/어야 하다　-아/어지다 -았/었던　-(으)ㄴ/는 것이다　-(으)ㄴ/는 데(에)　-(으)ㄹ 것이다 -(으)ㄹ 수 있다　-(으)려고 하다　~을/를 통해　~일 것이다 ~(이)라고 간주하다　~(이)라면　~이어서/여서

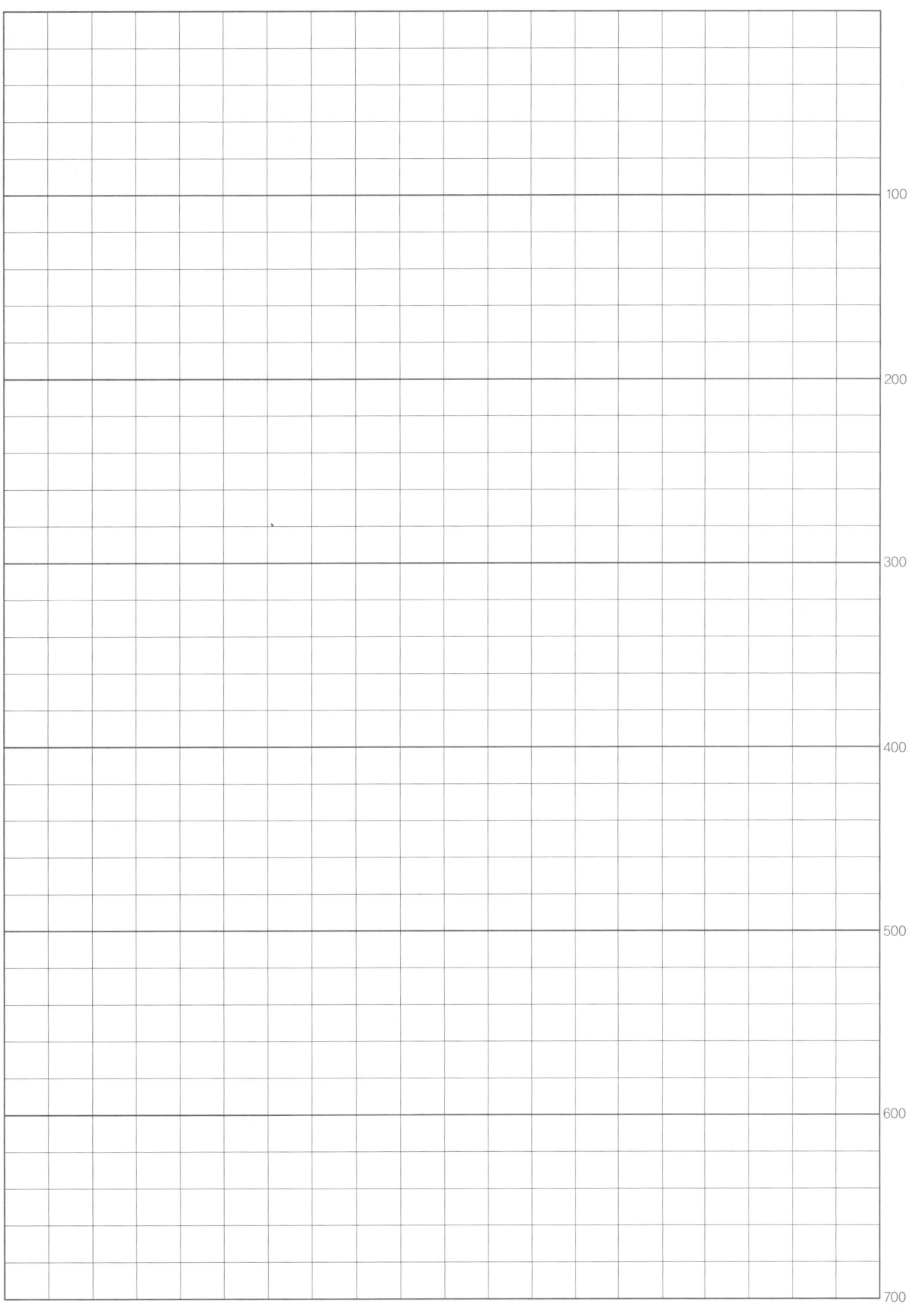

🔒 **모범 답안**

    현재 우리는 과학 기술의 발달에 힘입어 미디어아트 등의 새로운 예술 분야와 만나고 있고, 과거 상상 속에서만 가능했던 인공지능의 창작 활동이 가능한 시대를 맞이하고 있다. 이런 상황에서는 지금까지 대립적인 것으로만 파악해 왔던 과학과 예술의 관계를 다시 생각해 봐야 할 것이다.

    우리는 흔히 과학은 객관적이고 논리적이어서 이성과 관련되어 있고, 예술은 주관적이고 정서적이어서 감성과 관련된 것이라고 간주한다. 그러나 이처럼 과학과 예술이 전혀 별개의 영역이라면 현재 과학과 예술이 그 경계를 넘나들고 있는 양상은 설명하기 어려워진다. 이러한 양상을 보이는 것은 결국 두 영역의 활동이 모두 인간의 삶을 더욱 풍요롭고 아름답게 만드는 데에 그 목표가 있기 때문일 것이다.

    과학은 새로운 기술과 발명을 통해 인간의 문제를 해결하려고 하고 예술은 새로운 표현과 작품을 통해 인간의 가치와 의미를 전달하려고 한다. 이 두 분야는 서로 다른 방법으로 인간의 삶에 기여하고 있는 것이다.

    따라서 과학과 예술의 만남은 불합리하거나 부자연스러운 것이 아니다. 과학적인 지식과 원리를 예술적인 방식으로 표현할 수도 있고, 예술적인 감성과 창의력을 과학적인 방식으로 구현할 수도 있기 때문이다. 이처럼 과학과 예술은 서로에게 영감을 주고 인간의 삶에 더욱 다양한 경험과 가치를 제공할 수 있다는 점에서 각자 의미를 지닌다.

주제 관련 기사문 읽기

1. 인공지능(AI)이 만들고 부른 노래, 창작일까 저작권 침해일까

    가벼운 해프닝 정도로 여겨졌던 '인간 외 존재의 저작권'에 대한 질문이 최근 문화예술 종사자들 사이에서 묵직한 쟁점이 됐다. 이번엔 동물이 아닌 인공지능(AI)의 창작물이 문학, 미술, 음악 등 분야를 가리지 않고 쏟아져 나오면서다.

    K-pop 시장도 예외는 아니다. AI 작곡가의 노래를 가수가 불러 발매하고, 나아가 노래를 부를 가수 없이도 AI가 합성한 목소리로 새로운 노래가 탄생하기도 한다.

    이와 같은 신기술을 시장의 건강한 성장 동력으로 삼기 위해서는 AI 시대에 걸맞은 저작권의 개념을 재정립하고 관리 방침에 대한 논의가 필요하다는 지적이 나온다.

2. 인공지능 시대 예술의 경계는? … KAIST 19일 국제 심포지엄

    한국과학기술원(KAIST)은 인간이 인공지능 기술을 빌려 창작하고 인공지능도 스스로 창작이 가능해진 시대에 그 경계를 묻는 '인공지능과 예술(AI+ART)' 주제 국제 심포지엄을 오는 19일 대전 본원 대강당에서 연다고 13일 밝혔다.

    이번 심포지엄에는 관련 분야 세계적 석학과 연구자, 큐레이터, 비평가 등 10명이 초청돼 과학기술 발전으로 문화예술 분야가 직면한 새로운 과제를 탐구하고 미래 방향성을 모색한다.

    영국 서펜타인 갤러리의 캐이 왓슨 아트 테크놀로지 수석이 '예술이 미래의 기술을 형성할 수 있는가?'를 주제로 개회 기조 강연을 한다.

출처: 〈연합뉴스〉 2023.06.12./2023.10.13. 뉴스 기사 중 일부 발췌

원고지 답안

　　현재 우리는 과학 기술의 발달에 힘입어 미디어아트 등의 새로운 예술 분야와 만나고 있고, 과거 상상 속에서만 가능했던 인공지능의 창작 활동이 가능한 시대를 맞이하고 있다. 이런 상황에서는 지금까지 대립적인 것으로만 파악해 왔던 과학과 예술의 관계를 다시 생각해 봐야 할 것이다.

　　우리는 흔히 과학은 객관적이고 논리적이어서 이성과 관련되어 있고, 예술은 주관적이고 정서적이어서 감성과 관련된 것이라고 간주한다. 그러나 이처럼 과학과 예술이 전혀 별개의 영역이라면 현재 과학과 예술이 그 경계를 넘나들고 있는 양상은 설명하기 어려워진다. 이러한 양상을 보이는 것은 결국 두 영역의 활동이 모두 인간의 삶을 더욱 풍요롭고 아름답게 만드는 데에 그 목표가 있기 때문일 것이다.

　　과학은 새로운 기술과 발명을 통해 인간의 문제를 해결하려고 하고 예술은 새로운 표현과 작품을 통해 인간의 가치와 의미를 전달하려고 한다. 이 두 분야는 서로 다른 방법으로 인간의 삶에 기여하고 있는 것이다.

　　따라서 과학과 예술의 만남은 불합리하거나 부자연스러운 것이 아니다. 과학적인 지식과 원리를 예술적인 방식으로 표현할 수도 있고, 예술적인 감성과 창의력을 과학적인 방식으로 구현할 수도 있기 때문이다. 이처럼 과학과 예술은 서로에게 영감을 주고 인간의 삶에 더욱 다양한 경험과 가치를 제공할 수 있다는 점에서 각자 의미를 지닌다.

02 다음을 참고하여 600~700자로 글을 쓰시오. 단, 문제를 그대로 옮겨 쓰지 마시오.

요즘 아이들은 출입하지 못하도록 하는 식당이나 카페가 늘고 있다. 아이들이 이용할 경우 발생할 수 있는 피해를 고려한 매장 측의 조치인 것이다. 아래의 내용을 중심으로 '아동의 매장 출입을 금지하는 조치'에 대한 자신의 생각을 쓰라.

- 매장에서 아이들의 출입을 막게 된 이유는 무엇인가?
- 매장에서 아이들의 출입을 금지하는 것이 필요한가?
- 아동의 매장 출입 금지 조치로 인한 갈등을 해결할 수 있는 방안은 무엇인가?

문제 풀이

이 문제는 노키즈존(No Kids zone)에 대한 자신의 생각을 한 편의 글로 구성하는 것입니다.

글의 개요	• 도입: 아동의 매장 출입 금지 조치의 배경 → • 전개: 아동의 매장 출입 금지 조치의 필요성 → → • 마무리: 출입 금지 조치로 인한 갈등의 해결 방안 →
활용 어휘	개인　거치다　계기　고스란히　금지하다　동반하다　떠안다 떼(를) 쓰다　뛰어다니다　매장　모색　발생하다　배제하다 벗어나다　보호자　부당하다　손해　아동　연결되다　운영 원천적　입장　재산권　정당하다　제한　조치 주의를 기울이다　차별　출입　태도　판단　피해　행사 확산되다
활용 문법과 표현	-거나 -거나 하다　-게 하다　-기 때문이다　-기보다(는) -(ㄴ/는)다면　-도록　~로 인한　~에 따라서　~에 의해서 ~와/과 같은　-(으)ㄴ/는 만큼　-(으)ㄹ 수밖에 없다　-(으)ㅁ으로써

🔒 모범 답안

　식당이나 카페와 같은 일부 매장에서 아이들의 출입을 금지하게 된 계기는 몇몇 아동 손님들에 의해서 다수의 손님이 피해를 보고, 결과적으로 그것이 매장의 손해로 연결되었기 때문이다. 보호자의 손에서 벗어난 아이들이 매장 내에서 마음대로 뛰어다니거나 시끄럽게 떼를 쓰거나 하면서 여러 가지로 문제를 일으키게 된 것이다.

　이러한 상황에서 운영에 적지 않은 피해를 보게 된 매장 주인들이 각자의 판단에 따라서 '아동 출입 금지 조치'를 내린 것은 개인의 정당한 재산권 행사라고 할 수 있다. 만약 외부에서 차별 등을 이유로 이러한 재산권 행사를 못 하게 한다면 결국 그 피해는 고스란히 매장 주인들이 떠안을 수밖에 없다. 그러나 한편 아이들을 동반할 수밖에 없는 보호자로서는 금지 조치가 점점 확산됨으로써 생활과 활동에 제한을 받는 것이 매우 불편하고 부당하다고 느낄 것이다.

　따라서 누구나 아동기를 거치는 만큼 서로의 입장을 이해하고 피해를 줄일 수 있는 새로운 방안의 모색이 필요하다. 예를 들어 아동을 동반한 손님을 원천적으로 배제하기보다는 이용 시간이나 매장 내 공간의 제한을 두는 방법을 생각할 수 있다. 물론 아동을 동반한 보호자들이 자신의 아이들로 인한 피해가 발생하지 않도록 먼저 주의를 기울이는 태도가 필요할 것이다.

주제 관련 기사문 읽기

1. '마음 놓고 오세요' 노키즈 아닌 웰컴키즈존 음식점 눈길

　식당, 카페 등에 영유아 입장이 불가능한 '노키즈존(No Kids Zone)' 문제가 사회적 논란이 되는 가운데 부산 동래구가 '웰컴 키즈존' 음식점 9곳을 선정해 눈길을 끈다.

　동래구는 지역 내 휴게·일반음식점 4,043곳을 전수조사한 뒤 신청업소를 심사해 아이와 부모의 입장을 반기는 '웰컴 키즈존' 음식점 9곳을 지정하고 21일부터 본격 운영한다고 20일 밝혔다.

　구는 출산장려시책으로 어린이 편의시설이 있는 음식점 중 웰컴 키즈존을 전국에서 처음 지정했다고 말했다. 이 음식점은 어린이 놀이 시설은 물론 유아 식기, 유아 의자 등 편의시설과 청결도에서도 높은 점수를 받았다.

　구는 이 음식점 9곳이 내년 안심식당으로 지정되도록 지원할 계획이다.

2. '노○○존'은 합법?

　노키즈존은 언제부터 생겼을까. 매장에서 발생한 안전사고의 책임이 업주에게 있다는 2013년 법원의 판결 이후 2014년 무렵부터 노키즈존이 확산하기 시작했다. 부산의 한 음식점에서 뜨거운 물을 들고 가던 종업원과 10세 아동이 부딪혀 아동이 화상을 입은 사례였다. 이에 부산지법은 "종업원이 부주의했고 직원 안전 교육이 미흡했다"며 해당 자영업자에게 "4천100만원을 배상하라"고 판결했다.

　2012년 강원도 춘천의 한 음식점에서도 종업원이 찌개를 옮기던 중 유모차에 탄 아기에게 국물을 쏟아 아기가 화상을 입는 사건이 있었다. 2014년 의정부지법은 식당의 책임을 70%로, 부모의 책임을 30%로 판결했다. 비슷한 사고가 발생할 때마다 업주에게 배상 책임을 묻는 판결이 나오고 있다.

출처: 〈연합뉴스〉 2020.10.20./2023.11.06. 뉴스 기사 중 일부 발췌

원고지 답안

　　　　식당이나　카페와　같은　일부 매장에서 아이들의　출입을　금지하게 된 계기는 몇몇　아동 손님들에 의해 다수의 손님이 피해를　보고, 결과적으로　그것이 매장의　손해로　연결되었기　때문이다. 보호자의　손에서　벗어난　아이들이 매장 내에서　마음대로　뛰어다니거나　시끄럽게 떼를　쓰거나　하면서　여러 가지로 문제를　일으키게　된　것이다.

　　이러한　상황에서　운영에 적지 않은 피해를　보게　된　매장 주인들이 각자의 판단에　따라서　'아동 출입 금지 조치'를　내린　것은　개인의 정당한 재산권 행사라고　할　수　있다. 만약 외부에서 차별　등을　이유로　이러한 재산권 행사를　못　하게　한다면 결국 그 피해는 고스란히　매장 주인들이 떠안을 수밖에 없다.　그러나　한편 아이들을 동반할 수밖에　없는　보호자로서는 금지 조치가 점점　확산됨으로써　생활과 활동에 제한을　받는　것이 매우 불편하고 부당하다고　느낄　것이다.

　　따라서　누구나 아동기를 거치는 만큼 서로의　입장을 이해하고 피해를 줄일 수 있는　새로운 방안의 모색이 필요하다.　예를　들어 아동을 동반한 손님을 원천적으로　배제하기보다는 이용 시간이나　매장　내 공간의 제한을 두는 방법을　생각할 수 있다. 물론 아동을 동반한　보호자들이 자신의 아이들로 인한 피해가　발생하지 않도록 먼저 주의를 기울이는　태도가 필요할 것이다.

03   다음을 참고하여 600~700자로 글을 쓰시오. 단, 문제를 그대로 옮겨 쓰지 마시오.

> 반려동물 양육 인구가 증가하면서 동물 복지와 관련된 정부의 예산도 급증하고 있다. 이에 정부에서는 반려동물 보유세를 부과하는 방안을 검토하겠다고 밝혔다. 아래의 내용을 중심으로 '반려동물 보유세'에 대한 자신의 생각을 쓰라.
>
> • 정부가 반려동물 보유세를 도입하려는 이유는 무엇인가?
> • 보유세 부과의 긍정적인 측면과 부정적인 측면은 각각 무엇인가?
> • 보유세 부과에 대한 거부감을 줄일 수 있는 방안에는 어떤 것이 있는가?

문제 풀이

이 문제는 반려동물 보유세 부과에 대한 자신의 생각을 한 편의 글로 구성하는 것입니다.

글의 개요	• 도입: 정부의 반려동물 보유세 도입 이유 → • 전개: 보유세 부과의 긍정적인 측면과 부정적인 측면 → → • 마무리: 보유세 부과에 대한 거부감을 줄이는 방안 →
활용 어휘	가구 거래되다 거부감 거치다 검토 관리 급증하다 긍정적 납부 높이다 늘어나다 도입하다 반려동물 방지하다 보유하다 복지 부과하다 부정적 비용 세(금) 시민 양육 예산 유기 입양 정당하다 정부 줄이다 증가하다 지원하다 책임감 키우다 폭 피하다 협의
활용 문법과 표현	-기 때문이다 -(ㄴ/는)다는 -(ㄴ/는)다든지 -는 가운데 -더라도 -도록 하다 반면(에) ~에 대한 ~와/과 같은 ~와/과 함께 -(으)ㄴ/는 만큼 -(으)ㄹ 수는 없다 ~(이)나

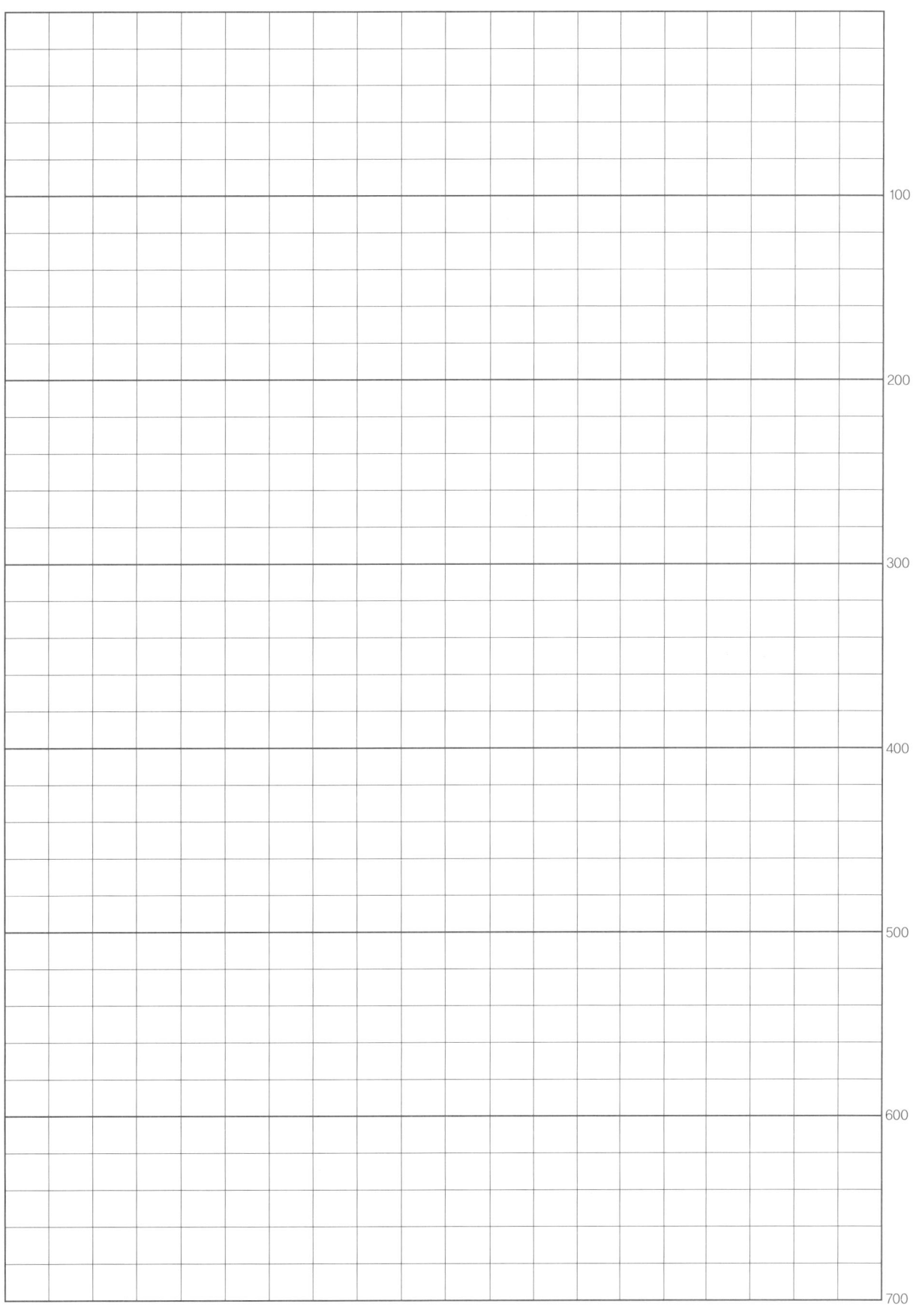

🔒 **모범 답안**

　개나 고양이와 같은 반려동물을 키우는 사람들이 큰 폭으로 증가하는 가운데 정부가 그러한 가구에 반려동물 보유세를 부과하는 방안을 검토하겠다고 밝혔다. 정부가 반려동물 보유세에 대한 검토를 시작하게 된 이유는 반려동물 양육 가구의 증가와 함께 동물복지 관련 예산이 급증하고 있기 때문이다.

　반려동물 보유세의 긍정적인 측면이라면, 세금을 부과함으로써 양육하는 보호자들의 책임감을 높여 동물 유기를 방지할 수 있다는 점을 들 수 있다. 반려동물 양육 가구가 늘어나는 만큼 유기되는 동물들도 늘어나고 있다. 그런데 반려동물을 키우지 않는 시민의 세금까지 유기 동물 관리에 쓰이고 있는 것을 보면 보유세 부과의 그러한 긍정적인 효과를 무시할 수는 없다. 반면 세금을 피할 목적으로 오히려 유기 동물이 늘어나거나 정당하지 않은 방법으로 거래되는 등의 부정적인 효과가 발생할 수도 있다.

　따라서 반려동물 보유세를 도입하더라도 시간을 두고 반려동물을 키우고 있는 사람들과 그렇지 않은 사람들의 협의를 거쳐 단계적으로 해야 한다. 또한 납부된 보유세로 유기 동물 입양 가구에 양육 비용을 지원해 준다든지 해서 보유세가 동물 복지에 활용되도록 한다면 보유세 부과에 대한 거부감을 줄일 수 있을 것이다.

주제 관련 기사문 읽기

1. 반려동물 등록 안 하면 공공시설 이용 제한 … '인수제' 도입

　앞으로 미등록된 반려동물의 공공시설 이용이 제한될 전망이다.

　반려동물을 키우다가 불가피한 사정이 생겼을 때 유기 방지를 위해 동물보호센터에 넘길 수 있도록 하는 '반려동물 인수제' 도입이 검토된다.

　김부겸 국무총리는 30일 국정현안점검조정회의를 주재하고 이 같은 '유기 반려동물 관리체계 개선방안'을 심의, 확정했다.

2. "사지 말고 입양하세요" 유기 동물 새 가족 찾아주기 나선 지자체

　주인에게 버려진 반려동물의 새 가족을 찾아주는 지자체 직영 입양센터가 잇따라 문을 열면서 시민들의 관심과 기대도 커지고 있다.

　작년 10월 문을 연 수원의 경기도 유기 동물 입양센터는 1년도 안 돼 100번째 입양을 마쳤고, 지난달 개소한 광명의 '반려동물복합센터'에도 입양을 위한 발길이 이어지고 있다.

　일반적으로 유기견들이 발견되면 시·군이 직접 또는 위탁 운영하는 동물보호소에서 구조한 뒤 일정 기간 보호한다. 주로 유기견 입양은 관심 있는 시민들이 동물보호소에 직접 방문해 이뤄지는데, 보호소가 모든 시군에 설치된 것이 아닌 데다가 주로 도심 외곽에 있어 접근성이 떨어진다는 불편함이 있었다.

　이에 경기도와 일부 기초지자체가 도심에 동물보호센터 조성을 추진했고, 작년 수원에 '경기도 반려동물 입양센터'가 첫선을 보인 데 이어 광명 '반함'도 개소한 것이다.

출처: 〈연합뉴스〉 2021.09.30./2021.10.10. 뉴스 기사 중 일부 발췌

원고지 답안

　개나 고양이와 같은 반려동물을 키우는데 사람들이 큰 폭으로 증가하는 가운데 정부가 그러한 가구에 반려동물 보유세를 부과하는 방안을 검토하겠다고 밝혔다. 정부가 반려동물 보유세에 대한 검토를 시작하게 된 이유는 반려동물 양육 가구의 증가와 함께 동물복지 관련 예산이 급증하고 있기 때문이다.

　반려동물 보유세의 긍정적인 측면이라면, 세금을 부과함으로써 양육하는 보호자들의 책임감을 높여 동물 유기를 방지할 수 있다는 점을 들 수 있다. 반려동물 양육 가구가 늘어나는 만큼 유기되는 동물들도 늘어나고 있다. 그런데 반려동물을 키우지 않는 시민의 세금까지 유기 동물 관리에 쓰이고 있는 것을 보면 보유세 부과의 그러한 긍정적인 효과를 무시할 수는 없다. 반면 세금을 피할 목적으로 오히려 유기동물이 늘어나거나 정당하지 않은 방법으로 거래되는 등의 부정적인 효과가 발생할 수도 있다.

　따라서 반려동물 보유세를 도입하더라도 시간을 두고 반려동물을 키우고 있는 사람들과 그렇지 않은 사람들의 협의를 거쳐 단계적으로 해야 한다. 또한 납부된 보유세로 유기동물 입양가구에 양육비용을 지원해 준다든지 해서 보유세가 동물 복지에 활용되도록 한다면 보유세 부과에 대한 거부감을 줄일 수 있을 것이다.

말하기 210쪽

04 다음을 참고하여 600~700자로 글을 쓰시오. 단, 문제를 그대로 옮겨 쓰지 마시오.

> 인터넷의 익명성으로 인해 생기는 피해 때문에 인터넷 실명제가 도입된 바 있다. 그러나 이후 실명제가 표현의 자유와 기본권을 제한한다는 이유로 위헌 결정이 나면서 논란이 계속되고 있다. 아래의 내용을 중심으로 '인터넷 실명제'에 대한 자신의 생각을 쓰라.
>
> - 익명성이 가지는 특징은 무엇인가?
> - 인터넷 실명제가 도입된 이유와 그 효과는 무엇인가?
> - 인터넷 실명제의 도입이 필요한가?

문제 풀이

이 문제는 인터넷 실명제 도입에 대한 자신의 생각을 한 편의 글로 구성하는 것입니다.

글의 개요	• 도입: 익명성의 특징 → • 전개: 정부의 인터넷 실명제 도입 배경 및 실명제의 효과 → → • 마무리: 인터넷 실명제 도입에 대한 입장 →
활용 어휘	가상공간　견해　네티즌　도입하다　드러내다　명예훼손 무분별하다　무책임하다　민감하다　사례　사생활 침해　선거 실명　아이디　악성댓글　악용하다　여론　의사　자유 정당　정당하다　정치적　제약　조작　지지하다　집단적 책임　토론　특정　표출　표현　폐해　피해　활동하다　후보
활용 문법과 표현	−게 되다　−게 하다　−기 때문에　−기 위해　−다고 생각하다 −도록　−도록 하다　~때문에　~에 대한　−(ㄴ/는)다면 −(으)ㄹ 때　−(으)ㄹ 수 있다　~(으)로 인한　−(으)므로 ~을/를 통해　~(이)나

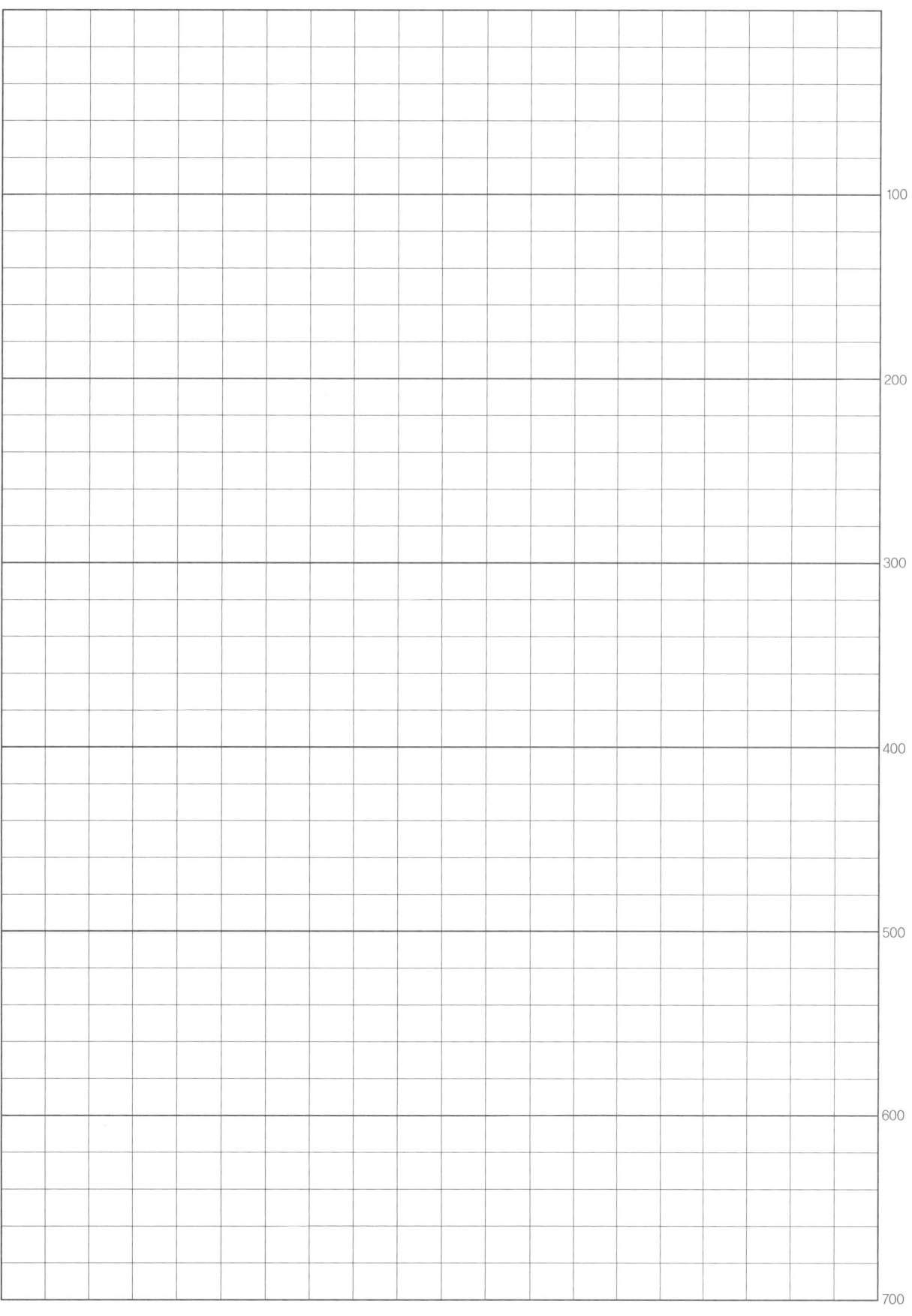

🅱 **모범 답안**

　　인터넷은 가상공간이기 때문에 누구나 제약을 받지 않고 활동을 할 수 있다. 또한 실명이 아닌 아이디로 활동을 하므로 자신을 드러내지 않을 수도 있다. 이 때문에 인터넷의 익명성은 표현의 자유를 허락해 주고 정치적인 견해 등 민감한 부분을 토론할 때에도 더 자유로운 의사 표출이 가능하게 해 준다.

　　하지만 인터넷의 익명성을 악용하는 사례도 많다. 명예훼손이나 사생활 침해 등이 대표적인 사례이다. 그러한 피해를 줄이기 위해 한국 정부가 인터넷 실명제를 도입하게 되었다. 인터넷 실명제란 인터넷으로 글이나 자료를 올릴 때 반드시 본인의 실명을 사용하도록 하는 것이다. 인터넷 실명제는 사용자들의 실명 확인을 통해 참여가 이루어지는 것이므로 자신이 쓰는 내용에 대한 책임이 따르게 될 것이다.

　　익명성으로 인한 피해를 막기 위해서는 인터넷 실명제가 필요하다고 생각한다. 전면적으로 실명제를 사용할 수는 없겠지만, 적어도 두 사람 이상이 대화를 나눌 수 있는 공간이라면 인터넷 실명제를 사용해야 할 것이다. 그렇게 되면 무분별하고 무책임한 악성댓글 등으로 인한 폐해를 줄일 수 있다. 비슷한 맥락에서 인터넷 실명제는 익명성을 악용한 여론 조작을 막을 수 있다. 선거나 중요한 정치 문제에서 특정 정당이나 후보를 지지하는 네티즌들은 그에 유리하도록 집단적인 활동을 할 수 있는데, 실명제를 도입한다면 그러한 움직임을 방지할 수 있다.

주제 관련 기사문 읽기

1. 외신 기자들이 본 악성 댓글과 혐오 표현

　　아리랑TV는 오는 29일 방송되는 외신 기자들의 토론 프로그램 '포린 코레스폰던츠(Foreign Correspondents)'에서 악성 댓글 규제와 혐오 표현 문제를 다룬다고 28일 밝혔다.

　　세계 각국에서 온 기자들은 혐오 표현이 비단 한국만의 문제는 아니라고 입을 모았다. 이들은 온라인 커뮤니티에서의 익명성 폐해와 소수 인종과 사회적 약자들에게 가해지는 혐오 표현 등을 토론한다.

　　악성 댓글 방지책으로 거론되는 '인터넷 실명제'를 두고서 프레데릭 오자르디아스 기자는 "인터넷 실명제가 표현의 자유를 저해한다고 생각하지 않는다"며 찬성 입장을 내보였지만, 사카베 데쓰오 기자는 "실효성이 적은 법률을 통해 강제로 끌어가기보다는 사람들 스스로 자체 규제를 할 수 있도록 해야 한다"며 반대한다는 입장을 밝혔다.

2. "쉽게 돈 벌래?" 청소년 꾀어 '성매매 덫' 옭아맨 20대들 실형

　　청소년들에게 쉽게 돈을 벌 수 있다고 꾀어 집요하게 성매매를 강요한 일당이 나란히 실형을 선고받았다.

　　춘천지법 원주지원 형사1부(신교식 부장판사)는 21일 아동·청소년의 성보호에 관한 법률상 알선 영업행위 등 혐의로 기소된 20대 9명에게 징역 3~10년을 선고했다.

　　이들은 모두 지역 친구나 선후배들로, 역할을 나눈 뒤 2~3명이 1개 조를 이뤄 전국 각지를 다니며 익명성이 있는 채팅앱을 통해 성매수남을 모집해 피해자들에게 성매매를 알선했다. 지난해 6월 경찰 수사가 시작되자 휴대전화를 바꾸거나 해지하는 등 추적 단서를 없애고, 타지로 도주했으나 결국 꼬리가 잡혔다.

출처: 〈연합뉴스〉 2019.10.28./2022.03.21. 뉴스 기사 중 일부 발췌

6 원고지 답안

　　인터넷은　가상공간이기　때문에　누구나 제약을　받지　않고　활동을　할　수　있다. 또한　실명이　아닌　아이디로　활동을　하 므로　자신을　드러내지　않을　수도　있다. 이　때문에　인터넷의　익명성은　표현의 자유를　허락해　주고　정치적인　견해　등 민감한　부분을　토론할　때에도　더　자유 로운　의사　표출이　가능하게　해　준다.

　　하지만　인터넷의　익명성을　악용하는 사례도　많다. 명예훼손이나　사생활　침해 등이　대표적인　사례이다. 그러한　피해를 줄이기　위해　한국　정부가　인터넷　실명 제를　도입하게　되었다. 인터넷　실명제란 인터넷으로　글이나　자료를　올릴　때　반 드시　본인의　실명을　사용하도록　하는 것이다. 인터넷　실명제는　사용자들의　실 명　확인을　통해　참여가　이루어지는　것 이므로　자신이　쓰는　내용에　대한　책임 이　따르게　될　것이다.

　　익명성으로　인한　피해를　막기　위해서 는　인터넷　실명제가　필요하다고　생각한 다. 전면적으로　실명제를　사용할　수는 없겠지만, 적어도　두　사람　이상이　대화 를　나눌　수　있는　공간이라면　인터넷 실명제를　사용해야　할　것이다. 그렇게 되면　무분별하고　무책임한　악성댓글　등 으로　인한　폐해를　줄일　수　있다. 비슷 한　맥락에서　인터넷　실명제는　익명성을 악용한　여론　조작을　막을　수　있다. 선 거나　중요한　정치　문제에서　특정　정당 이나　후보를　지지하는　네티즌들은　그에 유리하도록　집단적인　활동을　할　수　있 는데, 실명제를　도입한다면　그러한　움직 임을　방지할　수　있다.

05 다음을 참고하여 600~700자로 글을 쓰시오. 단, 문제를 그대로 옮겨 쓰지 마시오.

> 최근 영상 매체가 급격히 발전하면서 다양한 영상물이 쏟아지고 있다. 또한 그에 따른 심각한 부작용도 생겨나고 있는 상황이다. 아래의 내용을 중심으로 '영상 매체의 활용'에 대한 자신의 생각을 쓰라.
>
> - 영상 매체에는 어떠한 것들이 있는가?
> - 인쇄 매체와 비교했을 때 영상 매체는 어떤 특징을 가지는가?
> - 영상 매체를 활용하는 바람직한 방법은 무엇인가?

문제 풀이

이 문제는 영상 매체에 대한 자신의 생각을 한 편의 글로 구성하는 것입니다.

글의 개요	• 도입: 영상 매체의 종류 → • 전개: 인쇄 매체와 비교한 영상 매체의 특징 → → • 마무리: 영상 매체 활용 방법 →
활용 어휘	가치 감상 경제적 급속하다 기능 기록 기반 담당하다 매체 메시지 무분별하다 발달 보급 부작용 불확실하다 생산자 소비자 쌍방향 여부 여지 역할 염두에 두다 영상 유통 의사소통 이미지 인쇄 일상 재생산 전달 전통적 제공하다 즉각적 통신 포괄적 폭넓다 해석 확대되다 활용하다 효율적
활용 문법과 표현	-거나 -기 때문에 -기 위해서 -(ㄴ/는)다는 ~만 해도 ~뿐만 아니라 ~에 따라 ~에 비해 ~와/과(는) 달리 ~와/과 함께 ~(으)로 인해 -(으)므로 ~을/를 위한 ~을/를 통한 ~을/를 통해서

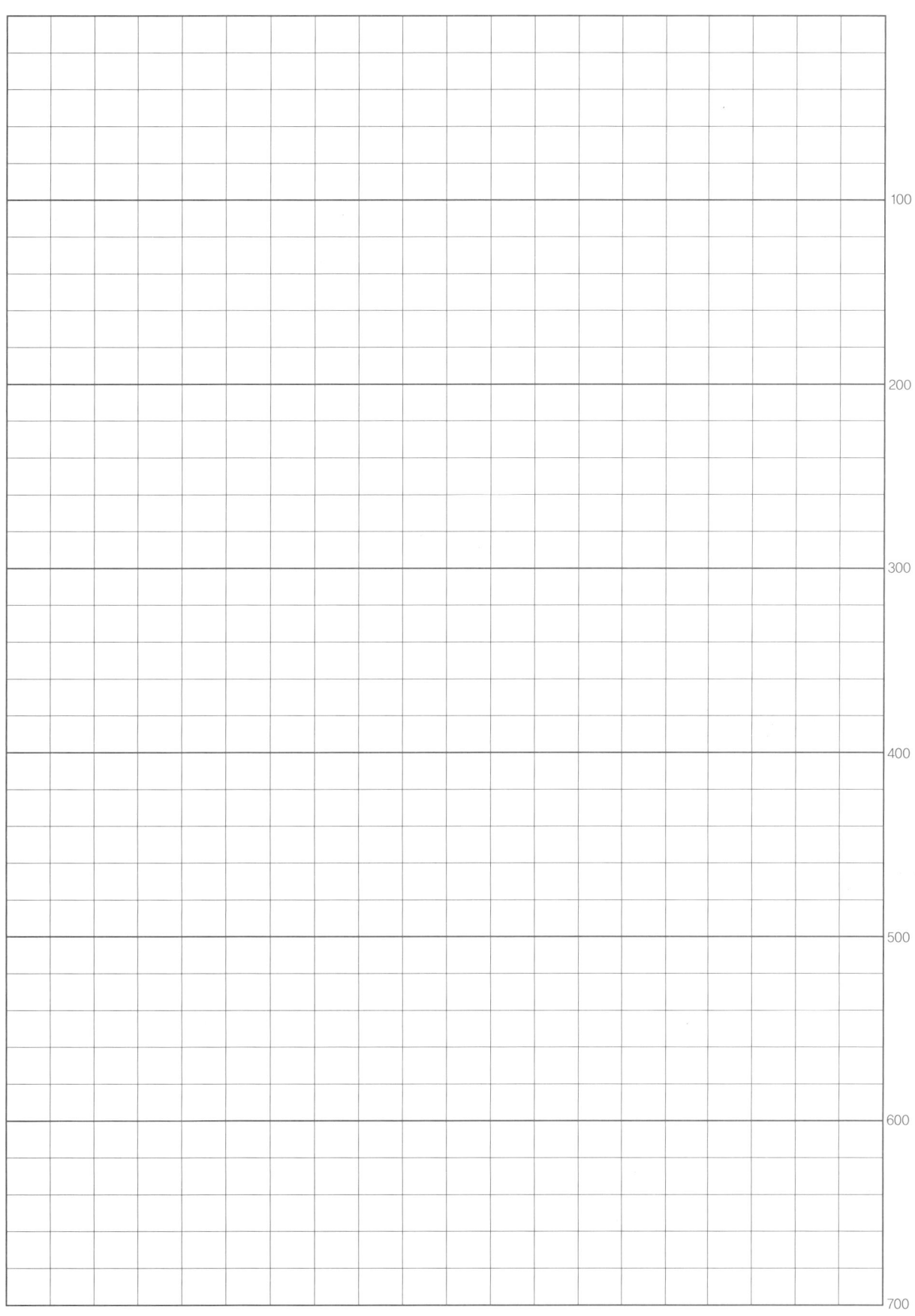

모범 답안

　영상 매체의 가장 대표적인 예로 텔레비전과 인터넷을 들 수 있다. 그중 텔레비전만 해도 최근에는 그 기능이 매우 다양해져 영상물 감상과 학습뿐만 아니라 쇼핑과 운동을 위한 기반까지 제공하는 등 우리의 일상과 더욱더 폭넓은 관계를 맺게 되었다.

　영상 매체는 컴퓨터 통신 매체의 급속한 발달과 함께 보급이 더욱 확대되고 있는데 전통적인 인쇄 매체에 비해 이미지 등을 통한 메시지 전달이 즉각적으로 이루어지므로 매우 경제적이라고 할 수 있다. 또한 최근의 영상 매체들은 쌍방향 의사소통이 가능하기 때문에 매체를 이용하는 사람들은 정보의 소비자뿐만 아니라 생산자의 역할도 담당할 수 있다. 그러나 영상 매체의 이러한 특성으로 인해 불확실하거나 잘못된 정보들이 무분별하게 재생산되고 유통되는 부작용도 나타나게 되었다.

　영상 매체를 보다 효율적으로 활용하기 위해서는 상대적으로 책이나 신문 등의 인쇄 매체를 통해서 얻을 수 있는 정보의 가치에 대해 이해해야 한다. 즉, 영상 매체와는 달리 인쇄 매체에 기록된 정보들은 시간을 두고 더욱 포괄적으로 해석될 여지가 있다는 점을 염두에 두고 정보의 성격이나 내용에 따라 영상 매체의 활용 여부를 결정하는 것이 바람직하다.

주제 관련 기사문 읽기

1. "네가 본 영상을 믿지 마라" … 가짜 뉴스 이어 '딥페이크' 비상

　'딥페이크'는 '딥러닝(Deep Learning)'과 '페이크(Fake, 가짜)'의 합성어로, 인공지능 기술을 활용해 합성한 영상을 가리킨다.

　딥페이크 기술이 발전해 가짜가 더욱 진짜처럼 보일수록 부작용 우려도 함께 커졌다. 감쪽같이 합성된 사진이나 진짜 언론 매체의 기사처럼 꾸민 가짜 뉴스를 넘어 이제 딥페이크 영상이 대중을 오도할 위험이 있는 수단으로 떠오른 것이다.

　미국 정치권이나 정보기관에서는 일찌감치 딥페이크의 위험성을 경계해왔다. 2016 대선을 앞두고 기승을 부린 가짜 뉴스처럼 2020 대선 국면에서 딥페이크가 유권자에 거짓 정보를 퍼뜨릴 수 있다는 것이다.

2. '감각의 교감, 오감으로 만나는 이응노' 전시 16일 개막

　이응노 미술관은 오는 16일 '감각의 교감, 오감으로 만나는 이응노 예술' 기획전을 개막한다고 9일 밝혔다. 고암 이응노의 대표적인 작품과 현대 미디어아트를 접목한 작품 50여 점이 전시된다. 미술관은 미디어아트 프로젝트팀과 협업해 관람객이 오감으로 작품과 교감하도록 전시를 꾸몄다.

　관람객의 몸짓을 감지해 반응하는 인터랙티브 사운드 영상 등 다양한 매체를 활용했다. 직접 타자기로 텍스트 작품을 완성하는 등 다양한 체험도 할 수 있다.

출처: 〈연합뉴스〉 2019.06.13./2019.07.09. 뉴스 기사 중 일부 발췌

6 원고지 답안

　　영상 매체의 가장 대표적인 예로 텔레비전과 인터넷을 들 수 있다. 그중 텔레비전만 해도 최근에는 그 기능이 매우 다양해져 영상물 감상과 학습뿐만 아니라 쇼핑과 운동을 위한 기반까지 제공하는 등 우리의 일상과 더욱더 폭넓은 관계를 맺게 되었다.

　　영상 매체는 컴퓨터 통신 매체의 급속한 발달과 함께 보급이 더욱 확대되고 있는데 전통적인 인쇄 매체에 비해 이미지 등을 통한 메시지 전달이 즉각적으로 이루어지므로 매우 경제적이라고 할 수 있다. 또한 최근의 영상 매체들은 쌍방향 의사소통이 가능하기 때문에 매체를 이용하는 사람들은 정보의 소비자뿐만 아니라 생산자의 역할도 담당할 수 있다. 그러나 영상 매체의 이러한 특성으로 인해 불확실하거나 잘못된 정보들이 무분별하게 재생산되고 유통되는 부작용도 나타나게 되었다.

　　영상 매체를 보다 효율적으로 활용하기 위해서는 상대적으로 책이나 신문 등의 인쇄 매체를 통해서 얻을 수 있는 정보의 가치에 대해 이해해야 한다. 즉, 영상 매체와는 달리 인쇄 매체에 기록된 정보들은 시간을 두고 더욱 포괄적으로 해석될 여지가 있다는 점을 염두에 두고 정보의 성격이나 내용에 따라 영상 매체의 활용 여부를 결정하는 것이 바람직하다.

말하기 212쪽

06 다음을 참고하여 600~700자로 글을 쓰시오. 단, 문제를 그대로 옮겨 쓰지 마시오.

> 요즘 인터넷을 비롯한 각종 매체에서 신조어나 유행어가 무절제하게 사용되고 있다. 이러한 언어들은 특히 젊은 사람들 사이에서 그들만의 문화를 만드는 데 사용된다고 한다. 아래의 내용을 중심으로 '신조어와 유행어 사용'에 대한 자신의 생각을 쓰라.
>
> • 신조어나 유행어를 사용하는 이유는 무엇인가?
> • 신조어와 유행어 사용의 문제점은 무엇인가?
> • 신조어와 유행어 사용에 대해 어떤 태도를 가져야 하는가?

문제 풀이

이 문제는 신조어나 유행어 사용에 대한 자신의 생각을 한 편의 글로 구성하는 것입니다.

글의 개요	• 도입: 신조어와 유행어의 탄생 배경 ➜ • 전개: 신조어와 유행어 사용의 문제점 ➜ ➜ • 마무리: 신조어와 유행어 사용에 있어 바람직한 태도 ➜
활용 어휘	겪다 공신력 과거 관심사 균형 논란 무분별하다 문화적 미디어 반대하다 반영하다 변화 분분하다 사용하다 사회적 생성 세대별 세분화 양상 어휘 언어파괴 자극적 전달하다 전파하다 존재하다 즉흥적 탄생 통신 매체 파생되다 현상 확산되다 환경 흐름
활용 문법과 표현	-기 때문에 -(ㄴ/는)다면 -는 데(에) 얼마/누구/무엇(이)/어디/어떻게든지 ~에 대해(서) -(으)ㄴ/는 것이다 -(으)ㄹ 수 있다/없다 ~(으)로서 -(으)ㅁ에 따라 -(으)면서 -(으)므로 ~을/를 기반으로 하다 -지 말고

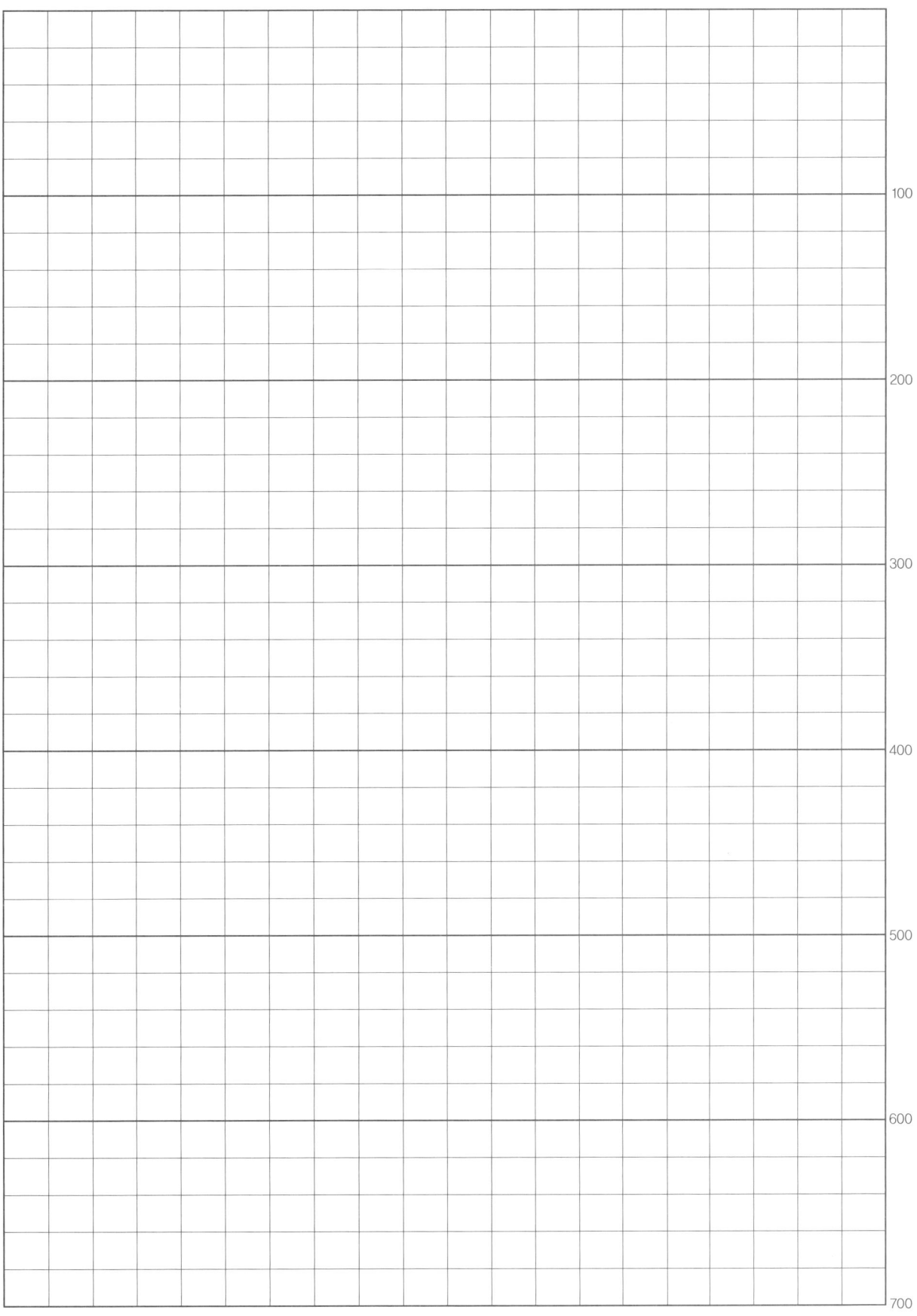

🔒 **모범 답안**

　사람들이 표준어 이외의 언어들을 사용하는 이유는 과거와 다른 사회적·문화적 변화를 겪고 있기 때문이다. 문화나 사회 현상이 과거와는 다른 양상을 보임에 따라 그에 맞는 신조어나 유행어 등이 생겨나는 것이다. 또한 최근에는 인터넷을 기반으로 하는 다양한 통신 매체의 발달로 일부 사람들에 의해 만들어진 신조어나 유행어도 빠른 속도로 전파되고 쉽게 확산되다 보니, 거기에서 파생되는 부수적인 말들까지 더해져 신조어나 유행어 등이 더욱 많이 생겨나고 있다.

　신조어나 유행어를 사용하는 데 대해서는 논란이 분분하다. 사용을 반대하는 입장에서는 세대별로 관심사가 달라지고 사용하는 어휘도 달라지면서 신조어와 유행어가 언어파괴의 주범이 된다는 주장까지 나오고 있다. 특히 공신력 있는 미디어 등에서 이런 언어를 사용하게 된다면 모든 세대에게 균형 있게 의사를 전달할 수 없기 때문에 심각한 상황으로 번질 수도 있다.

　물론 신조어나 유행어의 탄생은 어쩔 수 없는 흐름으로써, 언어는 환경에 따라 얼마든지 변하므로 그때그때 생겨나서 사용되는 언어가 존재할 수 있다고 생각한다. 그러나 문제는 신조어나 유행어의 무분별한 생성과 사용에 있다. 계속해서 자극적이고 즉흥적인 언어만을 새로 만들려고 하지 말고, 언어 사용에 있어 세대 간의 합의를 이룰 수 있는 범위 내에서 신조어나 유행어를 사용하는 게 바람직하다고 생각한다.

주제 관련 기사문 읽기

1. '언택트' 말고 '비대면' … 서울교육청 "우리말 사용 늘린다"

　서울시교육청이 '언택트' 대신 '비대면', '블렌디드 러닝' 대신 '온오프라인 연계 교육' 등 우리말 사용을 늘린다. 서울시교육청은 공공기관의 우리말 사용을 활성화하고자 '바르고 쉬운 행정용어 연구회'를 운영해 이같이 결정했다고 7일 밝혔다.

　연구회는 ▲ 간결하고 명료한 문장으로 작성한다 ▲ 행정 권위주의 등 위화감을 조성하는 어려운 용어를 사용하지 않는다 ▲ 외국어·유행어 등을 분별없이 사용하지 않는다 ▲ 평범한 시민이 기본적 언어 지식만으로 이해할 수 있도록 의미를 명확히 한다 등 행정 문서를 쓸 때 지켜야 할 원칙을 제시했다.

2. 핑프·삼귀다? … 생소한 10대 신조어 풀이에 학부모 진땀

　부산교육청이 학부모·교사가 자녀·학생과 함께 10대들의 신조어 문제를 푸는 동영상을 14일 공개해 눈길을 끈다.

　학부모·교사가 직접 자녀·제자와 함께 신조어 문제를 풀면서 세대 차이를 넘어 소통을 시도하는 것이 이번 동영상의 제작 의도라고 교육청은 밝혔다. 무엇보다 동영상의 재미는 신조어 뜻풀이에 있었다. '팩폭(팩트+폭행)', '머선129(무슨 일이고)', '갑분싸(갑자기 분위기 싸해짐)'처럼 시중에 알려진 단어도 있었지만 '핑프', '남아공', '무물보', '빠태' 등 단어는 출연자들의 고개를 갸웃하게 만들었다.

출처: 〈연합뉴스〉 2020.10.07./2022.04.14. 뉴스 기사 중 일부 발췌

6 원고지 답안

　　사람들이 표준어 이외의 언어들을 사용하는 이유는 과거와 다른 사회적·문화적 변화를 겪고 있기 때문이다. 문화나 사회 현상이 과거와는 다른 양상을 보임에 따라 그에 맞는 신조어나 유행어 등이 생겨나는 것이다. 또한 최근에는 인터넷을 기반으로 하는 다양한 통신 매체의 발달로 일부 사람들에 의해 만들어진 신조어나 유행어도 빠른 속도로 전파되고 쉽게 확산되다 보니, 거기에서 파생되는 부수적인 말들까지 더해져 신조어나 유행어 등이 더욱 많이 생겨나고 있다.

　　신조어나 유행어를 사용하는 데 대해서는 논란이 분분하다. 사용을 반대하는 입장에서는 세대별로 관심사가 달라지고 사용하는 어휘도 달라지면서 신조어와 유행어가 언어파괴의 주범이 된다는 주장까지 나오고 있다. 특히 공신력 있는 미디어 등에서 이런 언어를 사용하게 된다면 모든 세대에게 균형 있게 의사를 전달할 수 없기 때문에 심각한 상황으로 번질 수도 있다.

　　물론 신조어나 유행어의 탄생은 어쩔 수 없는 흐름으로써, 언어는 환경에 따라 얼마든지 변하므로 그때그때 생겨나서 사용되는 언어가 존재할 수 있다고 생각한다. 그러나 문제는 신조어나 유행어의 무분별한 생성과 사용에 있다. 계속해서 자극적이고 즉흥적인 언어만을 새로 만들려고 하지 말고, 언어 사용에 있어 세대 간의 합의를 이룰 수 있는 범위 내에서 신조어나 유행어를 사용하는 게 바람직하다고 생각한다.

07 다음을 참고하여 600~700자로 글을 쓰시오. 단, 문제를 그대로 옮겨 쓰지 마시오.

최근 대학 입학시험에서 첨단 기기를 이용하는 등의 부정행위가 발생해 사회적으로 문제가 되고 있다. 또한 이에 대해 학교 교육에서부터 해결책을 마련해야 한다는 지적이 있다. 아래의 내용을 중심으로 '시험의 부정행위 문제'에 대한 자신의 생각을 쓰라.

- 대학 입학시험에서 부정행위가 발생하는 원인은 무엇인가?
- 학교 교육에서는 어떠한 대책이 필요한가?
- 대학 입학 전형은 어떤 방향으로 변화되어야 하는가?

문제 풀이

이 문제는 대학 입학시험의 부정행위에 대한 자신의 생각을 한 편의 글로 구성하는 것입니다.

글의 개요	• 도입: 대학 입학시험 중 부정행위 발생의 원인 → • 전개: 학교 교육에서의 대책 마련 → → • 마무리: 대학 입학 전형의 변화 →
활용 어휘	가능성 가리다 가치 경쟁 경험 공든 탑이 무너지랴 교과 기기 기초하다 내몰다 노력 도덕 마련(하다) 맥락 발생하다 방법 벗어나다 병행 부정행위 분위기 사회인 선발하다 성장하다 성적 수단 수험생 실생활 실시 윤리 의지 이기다 인성 입시 입학 자리 잡다 재능 전형 점수 제도 지도하다 진학 추구 첨단 최우선 현실 확고하다
활용 문법과 표현	-기 위해서 -다고(도) 할 수 있다 -도록 -아/어야 하다 ~에 불과하다 ~와/과 같은 -(으)ㄴ/는 것이다 -(으)ㄹ 때 ~을/를 비롯한 ~을/를 위해서 ~이/가 아니라

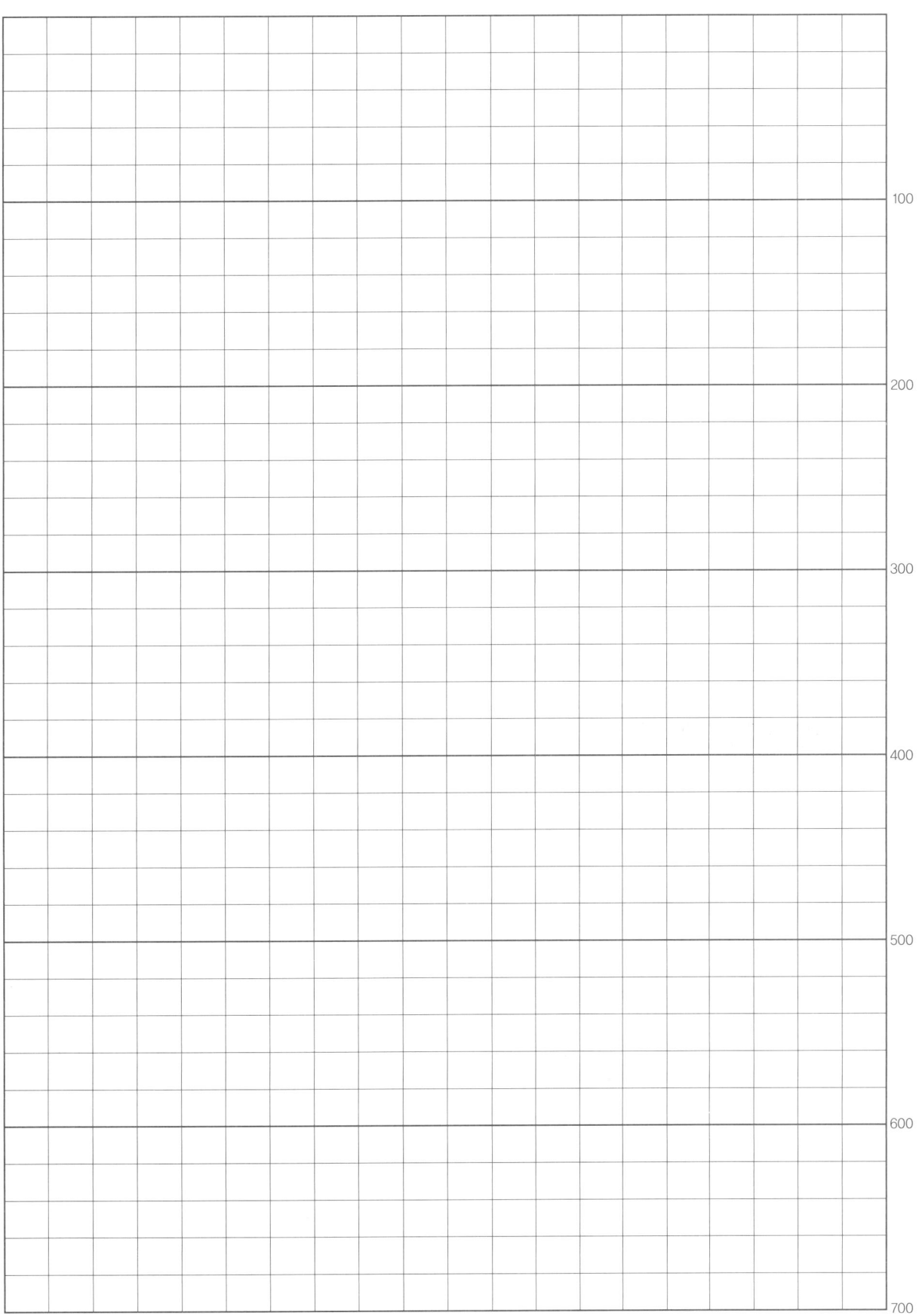

6 모범 답안

　대학 입학시험에서 휴대 전화와 같은 첨단 기기까지 사용한 부정행위가 발생하고 있는 원인은 무엇보다 대학 진학에 최우선의 가치를 두는 교육의 현실에 있다. 즉, 좋은 성적과 대학 진학을 위해서는 수단과 방법을 가리지 않게 하는 사회와 학교의 분위기가 수험생들을 그렇게 내몰았다고도 할 수 있다.

　인성에 기초하지 않은 교육은 무너지기 쉬운 공든 탑에 불과하다. 학교에서는 입시 위주의 교육이 아니라 실생활의 맥락 속에서 바람직한 도덕과 윤리가 자리 잡을 수 있도록 학생들을 지도해야 한다. 학교가 경쟁에서 이기는 방법만을 배우는 곳이 아니라 올바른 사회인으로 성장하는 과정을 배우는 곳이 되도록 해야 하는 것이다. 또한, 인성교육이 도덕이나 윤리라는 특정 교과에만 한정되어 실시되는 것이 아니라 전 교과과정에서 추구되어야 한다. 그리고 이러한 것들이 효과를 거두기 위해서는 무엇보다 교사와 학부모 모두의 확고한 의지와 노력이 필요하다.

　그러나 현실을 고려할 때 인성에 기초한 학교 교육이 제대로 실현되도록 하기 위해서는 대학 입학 전형의 변화도 함께 이루어져야 한다. 대학 입학시험을 비롯한 시험 점수만으로 학생을 선발하는 제도에서 벗어나 성적 외 학생들의 가치 있는 경험이나 재능, 가능성 등을 고려한 보다 다양한 제도의 마련이 병행되어야 한다.

주제 관련 기사문 읽기

1. 수능 부정 5년간 1천 명 넘어 … '4교시 응시 방법 위반' 최다

　지난 5년간 부정행위로 수능시험이 무효처리된 수험생은 매년 평균 200명이 넘는 것으로 나타났다. 13일 국회 교육위 소속 국민의힘 배준영 의원이 교육부로부터 제출받은 자료에 따르면 2016~2020학년도 수능시험 부정행위 적발 건수는 모두 1,173건으로 해당 수험생들은 모두 시험이 무효가 됐다.

　부정행위 유형별로는 한국사와 탐구영역 선택과목들을 함께 보는 4교시에 시간별 해당 과목이 아닌 다른 과목 문제지를 보는 경우 등 '4교시 응시 방법 위반'이 522명(44.5%)으로 가장 많았다. 휴대폰 등 전자기기 소지가 401명(34.2%)으로 그 다음이었고, 시험 종료 이후 답안을 작성했다가 적발된 수험생이 182명(15.5%)이었다.

2. 허위 성적서·부실 시험 적발하는 '신고조사센터' 개소

　허위 또는 부정한 방법으로 시험성적서를 발급하거나 이를 통해 인증을 내준 사업자에 대한 신고접수와 조사가 본격적으로 이뤄진다.

　산업통상자원부 국가기술표준원(국표원)은 한국제품안전관리원을 부정행위 조사 전문기관으로 지정하고, 내부에 전담 조직인 '시험인증 부정행위 신고조사센터'(신고조사센터)를 개소했다고 18일 밝혔다.

　이번 신고조사센터 개소는 시험인증 성적서 관련 부정행위를 방지하고 시험인증기관의 신뢰성을 높이기 위해 제정된 '적합성평가 관리 등에 관한 법률'(적합성평가관리법)이 지난달 8일 시행된 데 따른 조치다.

출처: 〈연합뉴스〉 2020.10.14./2021.5.18. 뉴스 기사 중 일부 발췌

원고지 답안

　　대학 입학시험에서 휴대 전화와 같은 첨단 기기까지 사용한 부정행위가 발생하고 있는 원인은 무엇보다 대학 진학에 최우선의 가치를 두는 교육의 현실에 있다. 즉, 좋은 성적과 대학 진학을 위해서는 수단과 방법을 가리지 않게 하는 사회와 학교의 분위기가 수험생들을 그렇게 내몰았다고도 할 수 있다.

　　인성에 기초하지 않은 교육은 무너지기 쉬운 공든 탑에 불과하다. 학교에서는 입시 위주의 교육이 아니라 실생활의 맥락 속에서 바람직한 도덕과 윤리가 자리 잡을 수 있도록 학생들을 지도해야 한다. 학교가 경쟁에서 이기는 방법만을 배우는 곳이 아니라 올바른 사회인으로 성장하는 과정을 배우는 곳이 되도록 해야 하는 것이다. 또한, 인성교육이 도덕이나 윤리라는 특정 교과에만 한정되어 실시되는 것이 아니라 전 교과과정에서 추구되어야 한다. 그리고 이러한 것들이 효과를 거두기 위해서는 무엇보다 교사와 학부모 모두의 확고한 의지와 노력이 필요하다.

　　그러나 현실을 고려할 때 인성에 기초한 학교 교육이 제대로 실현되도록 하기 위해서는 대학 입학 전형의 변화도 함께 이루어져야 한다. 대학 입학시험을 비롯한 시험 점수만으로 학생을 선발하는 제도에서 벗어나 성적 외 학생들의 가치 있는 경험이나 재능, 가능성 등을 고려한 보다 다양한 제도의 마련이 병행되어야 한다.

말하기 214쪽

08 다음을 참고하여 600~700자로 글을 쓰시오. 단, 문제를 그대로 옮겨 쓰지 마시오.

> 65세 이상의 노인 인구가 전체 인구 중 20%를 넘으면 초고령 사회라고 한다. 세계 여러 나라가 머지않아 초고령 사회에 진입할 것으로 예상됨에 따라 여러 대책을 마련하고 있다. 아래의 내용을 중심으로 '노인 복지 정책 시행'에 대한 자신의 생각을 쓰라.
>
> - 노인 문제에 대한 시각에는 어떤 변화가 있는가?
> - 노인 복지 정책의 문제점과 필요성은 무엇인가?
> - 노인 복지 정책의 효과적인 시행 방법은 무엇인가?

문제 풀이

이 문제는 노인 복지 정책 시행에 대한 자신의 생각을 한 편의 글로 구성하는 것입니다.

글의 개요	• 도입: 노인 문제에 대한 시각의 변화 ➔ • 전개: 노인 복지 정책의 문제점과 필요성 ➔ ➔ • 마무리: 노인 복지 정책의 시행 방법 ➔
활용 어휘	경제적　고령화　공청회　구직활동　국가적　극진히　기회 노후　당연시하다　뒷받침하다　마련　모시다　문화시설 복지　부담하다　사례　사회　생계　스스로　시급하다 시대　시행되다　실정　안타깝다　여유　욕구　접어들다 정책　제약　차원　책임지다　챙기다　충족　확대하다 확충하다　효과적
활용 문법과 표현	-기 때문이다　-는가 하면　-는 데　-아/어도　-아/어야 하다 -(으)ㄴ/는 것 같다　-(으)ㄹ 것이다　~이/가 되다 ~(이)라고 할 수 있다　~(이)라든지　~조차

모범 답안

오래전부터 사람들은 노인을 극진히 모시는 것을 당연시해 왔다. 그러나 시대가 달라져 노후를 스스로 챙기고 책임지는 시대가 되었으며, 국가적인 차원에서 이를 뒷받침할 정책 마련이 시급해졌다.

고령화 사회로 접어들면서 국가가 부담해야 할 노인 복지의 범위는 더욱 커지고 있다. 하지만 한국 사회의 경우 안타깝게도 아직 다양한 노인 복지 정책이 효과적으로 시행되고 있지 못한 것 같다. 여전히 생계 등의 목적으로 구직활동에 나서 봐도 기회조차 얻을 수 없는 노인들이 있는가 하면, 여유롭게 야외 활동이나 문화생활을 즐기려 해도 제약을 받는 노인들이 많기 때문이다. 즉, 노인들은 경제적인 여유에 상관없이 사회 활동을 하는 데 큰 어려움을 겪고 있다고 할 수 있다.

노인 복지 정책을 효과적으로 시행하려면 우리 생활의 전반적인 부분을 고려해야 한다. 경제적인 측면과 아울러 정신적, 육체적인 측면까지 고려하여 모든 생활에서의 욕구를 충족할 수 있어야 한다. 국가가 주체가 되어 선진국의 노인 복지 사례라든지, 노인 복지 관련 공청회나 국민의 건의와 제안에 귀를 기울여 보다 실제적인 안을 만들어야 한다. 노인들의 일자리를 확대하는 방안이나 문화시설을 확충하는 방법도 있을 것이다.

주제 관련 기사문 읽기

1. '3대가 한동네에' … 세대공존형 주택단지 은평혁신파크에 짓는다

노년의 부모가 기혼 자녀와 가까이 살 수 있게 하는 노인복지주택단지 '골드빌리지'(가칭)가 은평구 서울혁신파크와 강동구 고덕동 일대에 들어선다. 재건축을 앞둔 노원구 하계5단지에는 부모-자녀-손자녀가 '한 지붕 두 가족' 형태로 함께 사는 '3대 거주형 주택'을 짓는다.

골드빌리지는 주거·의료·편의시설이 갖춰진 공공형 주택이다. 자녀와 교류하며 편안한 노후생활을 할 수 있도록 아이를 키우는 부부가 많이 사는 아파트 단지 인근에 짓는다.

3대 거주형 주택은 한 집이지만 세대 분리 등을 통해 부모와 자녀가 각각 독립적인 생활을 유지하면서 함께 살아갈 수 있도록 특수한 주택평면을 적용한 거주 형태다.

2. "향후 한국 노인부양률 세계 최고 … 노인 연령 상향 조정 불가피"

저출산·고령화로 한국의 노인 부양률이 세계 최고 수준에 이를 것이라며 이에 대비해 노인 연령 기준 상향을 검토할 필요가 있다는 제언이 나왔다.

통계청에 따르면 한국의 노년부양비(생산연령인구 100명당 65세 이상 인구의 비율)는 올해 24.6명에서 2070년 100.6명으로 세계 최고 수준에 이를 것으로 예상되고 있다.

실제 관련 논의가 활발히 이뤄진 일본과 이탈리아에선 노인부양률이 높아지고 있으나 사회 보호 지출 비중 상승세가 둔화하고 있는 것으로 나타났다.

출처: 〈연합뉴스〉 2022.07.31./2022.09.06. 뉴스 기사 중 일부 발췌

원고지 답안

　　오래전부터 사람들은 노인을 극진히 모시는 것을 당연시해 왔다. 그러나 시대가 달라져 노후를 스스로 챙기고 책임지는 시대가 되었으며, 국가적인 차원에서 이를 뒷받침할 정책 마련이 시급해졌다.

　　고령화 사회로 접어들면서 국가가 부담해야 할 노인복지의 범위는 더욱 커지고 있다. 하지만 한국 사회의 경우 안타깝게도 아직 다양한 노인복지 정책이 효과적으로 시행되고 있지 못한 것 같다. 여전히 생계 등의 목적으로 구직 활동에 나서 봐도 기회조차 얻을 수 없는 노인들이 있는가 하면, 여유롭게 야외 활동이나 문화생활을 즐기려 해도 제약을 받는 노인들이 많기 때문이다. 즉, 노인들은 경제적인 여유에 상관없이 사회 활동을 하는 데 큰 어려움을 겪고 있다고 할 수 있다.

　　노인 복지 정책을 효과적으로 시행하려면 우리 생활의 전반적인 부분을 고려해야 한다. 경제적인 측면과 아울러 정신적, 육체적인 측면까지 고려하여 모든 생활에서의 욕구를 충족할 수 있어야 한다. 국가가 주체가 되어 선진국의 노인복지 사례라든지, 노인복지 관련 공청회나 국민의 건의와 제안에 귀를 기울여 보다 실제적인 안을 만들어야 한다. 노인들의 일자리를 확대하는 방안이나 문화시설을 확충하는 방법도 있을 것이다.

09 다음을 참고하여 600~700자로 글을 쓰시오. 단, 문제를 그대로 옮겨 쓰지 마시오.

직장마다 업무 성과를 기준으로 지급하는 다양한 성과급 제도를 운영하고 있다. 그런데 이 제도의 효과에 대해서는 서로 상반된 입장이 존재한다. 아래의 내용을 중심으로 '성과급 제도'에 대한 자신의 생각을 쓰라.

- 성과급 제도를 시행하는 이유는 무엇인가?
- 성과급 제도에 대한 상반된 두 입장은 무엇인가?
- 성과급 제도는 어떻게 운영되어야 하는가?

문제 풀이

이 문제는 성과급 제도 운영에 대한 자신의 생각을 한 편의 글로 구성하는 것입니다.

글의 개요	• 도입: 성과급 제도를 운영하는 이유 → • 전개: 성과급 제도에 대한 긍정적인 입장과 부정적인 입장 → → • 마무리: 성과급 제도의 효율적인 운영 방안 →
활용 어휘	검토하다 경쟁 공헌하다 극대화 긍정적 기업 대상 대안 도입 동기 목표 발생하다 보상 본질적 부여 부정적 성과급 시각 시행하다 업무 왜곡 위험 유발 이익 임금 장기적 저해되다 제도 증가하다 지급 직원 집단 집중하다 창출 채택하다 측정 풍성하다 해결하다 현상 협력적
활용 문법과 표현	-게 되다 -기 때문이다 -기 보다 -기 위한 -는 것에 있다 -도록 ~에 대해(서) -(ㄴ/는)다는 -(으)ㄴ/는 반면 -(으)ㄹ 때 -(으)ㄹ 수 있다 ~(으)로는 ~(으)로서 ~(으)로 인해 -(으)ㅁ에 따라 ~중 하나(이다)

모범 답안

　성과급 제도는 업무 결과를 직원들의 임금과 연관시키는 제도로서, 다양한 분야의 많은 기업에서 채택하고 있는 제도 중 하나이다. 성과급 제도를 시행하는 목적은 직원들의 업무가 좋은 성과로 이어지도록 하기 위한 동기 부여와 경쟁 유발, 그리고 기업과 개인의 이익을 극대화하는 것에 있다.

　성과급 제도에 대해서는 기업과 개인 모두가 공헌한 노력에 대해 풍성한 보상을 받을 수 있다는 점에서 긍정적으로 보는 입장도 있지만, 부정적인 입장도 적지 않다. 그 이유로는 다음의 두 가지를 들 수 있다. 먼저 첫 번째 이유는 성과급 제도로 인해 지나치게 각자 성과 창출에만 집중함에 따라 기업 내 협력적인 분위기가 저해될 위험이 있다는 것이다. 다음으로 두 번째 이유는 직원들이 본질적이고 장기적인 문제에 집중하기보다는 측정 가능하고 보상이 주어지는 업무에만 집중하게 되어 결국 기업의 목표가 왜곡되는 현상이 발생할 수 있다는 것이다.

　이러한 문제들을 해결하기 위한 대안으로는 기업의 이익이 증가했을 때 직원들 모두에게 성과급을 제공하는 집단성과급 제도의 도입을 검토할 수 있다. 성과급 제도에 대한 부정적인 시각에서 제기되고 있는 문제들은 대부분 성과급이 개인을 대상으로 지급되는 경우 발생할 가능성이 높기 때문이다.

주제 관련 기사문 읽기

1. 한국경영자총협회, '임금·HR연구' 발간 … "성과급은 성과창출의 간접 동기"

　성과급 제도는 성과 창출의 간접적인 동기에 불과하며 조직의 목적과 비전을 명확히 해 직접적인 동기를 강화해야 한다는 전문가의 조언이 나왔다. (중략)

　윤정구 이화여대 경영학부 교수는 최근 성과급을 둘러싼 갈등이 공정성에 대한 인식의 차이에서 발생했다고 진단했다. 그는 성과급과 같은 금전적인 보상은 성과 창출의 간접적인 동기일 뿐 직접적인 동기가 될 수 없다고 보고, 조직의 목적과 미래 비전을 명확히 제시해 성과에 대한 직접 동기를 강화해야 한다고 주장했다.

2. 공무원 평가, 연공서열 반영 줄이고 동료 평가 강화

　공무원에게 성과급을 지급할 때 연공서열 영향은 줄이고 '동료평가'를 반영하는 방안이 추진된다. 원격근무·자율근무 등 공무원 근무 형태 유연화도 시범 도입된다. 공직사회에 늘어나고 있는 20~30대 공무원의 근무 환경을 개선하고 조기 퇴직자 증가를 막겠다는 취지다. (중략)

　인사처는 승진 때 경력 평정은 줄이는 반면 성과급을 지급할 때 동료 평가를 반영해 평가의 공정성을 높이겠다고 밝혔다. 직급이나 경력이 많은 사람이 승진이나 성과급 수령에 유리했던 뿌리 깊은 관행을 개선하겠다는 취지다.

출처: 〈연합뉴스〉 2021.09.01./2022.08.17. 뉴스 기사 중 일부 발췌

성과급 제도는 업무 결과를 직원들의 임금과 연관시키는 제도로서, 다양한 분야의 많은 기업에서 채택하고 있는 제도 중 하나이다. 성과급 제도를 시행하는 목적은 직원들의 업무가 좋은 성과로 이어지도록 하기 위한 동기 부여와 경쟁 유발, 그리고 기업과 개인의 이익을 극대화하는 것에 있다.

　　성과급 제도에 대해서는 기업과 개인 모두가 공헌한 노력에 대해 풍성한 보상을 받을 수 있다는 점에서 긍정적으로 보는 입장도 있지만, 부정적인 입장도 적지 않다. 그 이유로는 다음의 두 가지를 들 수 있다. 먼저 첫 번째 이유는 성과급 제도로 인해 지나치게 각자 성과 창출에만 집중함에 따라 기업 내 협력적인 분위기가 저해될 위험이 있다는 것이다. 다음으로 두 번째 이유는 직원들이 본질적이고 장기적인 문제에 집중하기보다는 측정 가능하고 보상이 주어지는 업무에만 집중하게 되어 결국 기업의 목표가 왜곡되는 현상이 발생할 수 있다는 것이다.

　　이러한 문제들을 해결하기 위한 대안으로는 기업의 이익이 증가했을 때 직원들 모두에게 성과급을 제공하는 집단 성과급 제도의 도입을 검토할 수 있다. 성과급 제도에 대한 부정적인 시각에서 제기되고 있는 문제들은 대부분 성과급이 개인을 대상으로 지급되는 경우 발생할 가능성이 높기 때문이다.

10 다음을 참고하여 600~700자로 글을 쓰시오. 단, 문제를 그대로 옮겨 쓰지 마시오.

이제는 비대면 수업이나 재택근무 등의 상황에서 온라인으로 의사소통을 하는 것이 어색하지 않은 시대가 되었다. 또한 이러한 소통 방식의 변화가 인간관계에도 큰 영향을 미치고 있다. 아래의 내용을 중심으로 '온라인 의사소통'에 대한 자신의 생각을 쓰라.

- 온라인 의사소통의 확산 배경은 무엇인가?
- 온라인 의사소통은 인간관계에 어떠한 영향을 미치고 있는가?
- 온라인 의사소통의 적절한 활용 방안은 무엇인가?

문제 풀이

이 문제는 온라인 의사소통에 대한 자신의 생각을 한 편의 글로 구성하는 것입니다.

글의 개요	• 도입: 온라인 의사소통의 확산 배경 ➜ • 전개: 온라인 의사소통이 인간관계에 미치는 영향 ➜ ➜ • 마무리: 온라인 의사소통의 활용 방안 ➜
활용 어휘	가정 거치다 경험하다 관계 교육 기회 넘다 늘다 달성하다 대면 동료 동일하다 목적 방식 보편화 부작용 부정적 부족하다 비대면 비언어적 상호작용 성공하다 시행착오 업무 오프라인 온라인 요소 유대감 의사소통 의존하다 장애물 전달 전통적 제공 지식 직장 초기 충족시키다 편리성 포함하다 학습 현장 형성 활동
활용 문법과 표현	−기(가) 힘들다 −도록 하다 −되 ~뿐만 아니라 ~에 따라 −(으)ㄴ/는 것이다 −(ㄴ/는)다고 하더라도 −(으)ㄴ/는 데 −(으)ㄹ 수도 있다 ~을/를 통해 ~(이)나

🔒 **모범 답안**

    직장에서뿐만 아니라 학교와 가정에서도 비대면 방식의 상호작용을 통해 업무나 학습 활동을 하는 경우가 점점 늘고 있다. 특히 이러한 온라인 의사소통은 초기의 시행착오를 거쳐 이제는 교육 현장에서 온라인 수업 등의 형태로 이미 보편화되었다고 할 수 있을 정도이다.

    그러나 그에 따른 부작용도 만만치 않다. 온라인이라는 장애물을 넘어 의사소통을 하고 또 지식 전달과 학습에 어느 정도 성공한다고 하더라도, 전통적인 대면 혹은 오프라인 방식의 의사소통에서 경험할 수 있는 여러 요소를 충족시키는 데는 부족한 것이 사실이다. 예를 들어 교육에서는 비언어적 전달까지 포함하는 다양한 방식으로 서로 관계 형성을 연습하고 또 그것을 보다 깊게 발전시키는 기회의 제공이 지식 전달 못지않게 중요하다. 그런데 온라인으로만 소통하는 상황에서는 그러한 교육의 목적을 달성하기가 힘들어지는 것이다. 이것은 교육에서뿐만 아니라 직장 동료나 가족 간의 유대감 형성 과정에서도 동일하게 영향을 미치는 부분이다.

    따라서 학교에서나 직장에서나 학습과 업무 과정의 편리성만을 고려하여 온라인 의사소통에만 의존하는 것은 부정적인 결과를 가져올 수도 있다. 학습의 내용이나 업무의 성격 등에 따라 온라인 소통 방식을 적절히 활용하되, 대면 방식을 통한 소통의 기회도 충분히 경험할 수 있도록 해야 한다.

주제 관련 기사문 읽기

1. "'…'는 수동적 공격, '!'는 친절" … 온라인시대 생겨난 언어문화

    인터넷과 모바일 기기 대중화로 조성된 온라인 환경에서는 대개 말보다는 글이 핵심적인 의사소통 수단이다. 사람들은 이메일과 문자메시지에서 문장부호를 다르게 사용하기도 하고, 다양한 이모티콘과 이모지(그림문자)로 감정을 표현하기도 한다.

    캐나다 언어학자인 그레천 매컬러는 최근 번역 출간된 '인터넷 때문에'(어크로스)에서 30년이란 짧은 역사를 지닌 인터넷이 언어문화를 어떻게 바꿨는지 고찰하고 온라인 시대 다양한 의사소통 방식에 주목한다.

    저자는 말줄임표(…)가 기성세대에는 한 생각이 끝날 때마다 사용하는 '쉼'의 의미일 수 있지만, 젊은 세대는 말하지 않은 무언가가 담긴 수동적 공격으로 받아들일 수 있다고 주장한다. '느낌표(!)'는 흥분만을 나타내기보다는 따뜻함이나 진정성을 표현하는 경우가 더 많다고 설명한다.

2. AI 시대의 교육은 어떤 모습이어야 할까?

    먼저 인간만의 고유한 능력을 키우는 교육이 더욱 중요해질 것이다. AI가 데이터를 기반으로 학습하고 결과를 도출해 내지만, 인간은 창의성, 감성, 직관, 윤리적 판단 능력 등 AI가 쉽게 모방할 수 없는 능력을 갖추고 있다. 따라서 먼저 이러한 능력을 키우는 교육이 필요하다.

    또한 감성 지능과 의사소통 능력을 키우는 교육도 중요하다. AI가 아무리 발전해도 인간의 감정을 완벽하게 이해하고 공감하기는 어려울 것이다. 따라서 타인의 감정을 이해하고 효과적으로 소통하는 인간의 능력은 AI 시대에 더욱 중요해질 것이다.

출처: 〈연합뉴스〉 2022.06.21./2024.09.25. 뉴스 기사 중 일부 발췌

원고지 답안

　　직장에서뿐만 아니라 학교와 가정에서도 비대면 방식의 상호작용을 통해 업무나 학습 활동을 하는 경우가 점점 늘고 있다. 특히 이러한 온라인 의사소통은 초기의 시행착오를 거쳐 이제는 교육 현장에서 온라인 수업 등의 형태로 이미 보편화되었다고 할 수 있을 정도이다.

　　그러나 그에 따른 부작용도 만만치 않다. 온라인이라는 장애물을 넘어 의사소통을 하고 또 지식 전달과 학습에 어느 정도 성공한다고 하더라도, 전통적인 대면 혹은 오프라인 방식의 의사소통에서 경험할 수 있는 여러 요소를 충족시키는 데는 부족한 것이 사실이다. 예를 들어 교육에서는 비언어적 전달까지 포함하는 다양한 방식으로 서로 관계 형성을 연습하고 또 그것을 보다 깊게 발전시키는 기회의 제공이 지식 전달 못지않게 중요하다. 그런데 온라인으로만 소통하는 상황에서는 그러한 교육의 목적을 달성하기가 힘들어지는 것이다. 이것은 교육에서뿐만 아니라 직장 동료나 가족 간의 유대감 형성 과정에서도 동일하게 영향을 미치는 부분이다.

　　따라서 학교에서나 직장에서나 학습과 업무 과정의 편리성만을 고려하여 온라인 의사소통에만 의존하는 것은 부정적인 결과를 가져올 수도 있다. 학습의 내용이나 업무의 성격 등에 따라 온라인 소통 방식을 적절히 활용하되, 대면 방식을 통한 소통의 기회도 충분히 경험할 수 있도록 해야 한다.

말하기 216쪽

11 다음을 참고하여 600~700자로 글을 쓰시오. 단, 문제를 그대로 옮겨 쓰지 마시오.

> 한국의 대중문화가 세계로 진출해 성과를 거두면서 '한류'라는 말이 등장한지도 오래되었다. 이후 한류는 가요나 드라마를 넘어 다양한 분야로 확산되고 있다. 아래의 내용을 중심으로 '한류의 현황과 미래'에 대한 자신의 생각을 쓰라.
>
> - 한류는 출발 배경은 무엇인가?
> - 한류 열풍이 한국 사회에 어떤 영향을 미쳤는가?
> - 한류를 지속시킬 수 있는 효과적인 방안은 무엇인가?

문제 풀이

이 문제는 한류 현상에 대한 자신의 생각을 한 편의 글로 구성하는 것입니다.

글의 개요	• 도입: → • 전개: → → • 마무리: →
활용 어휘	
활용 문법과 표현	

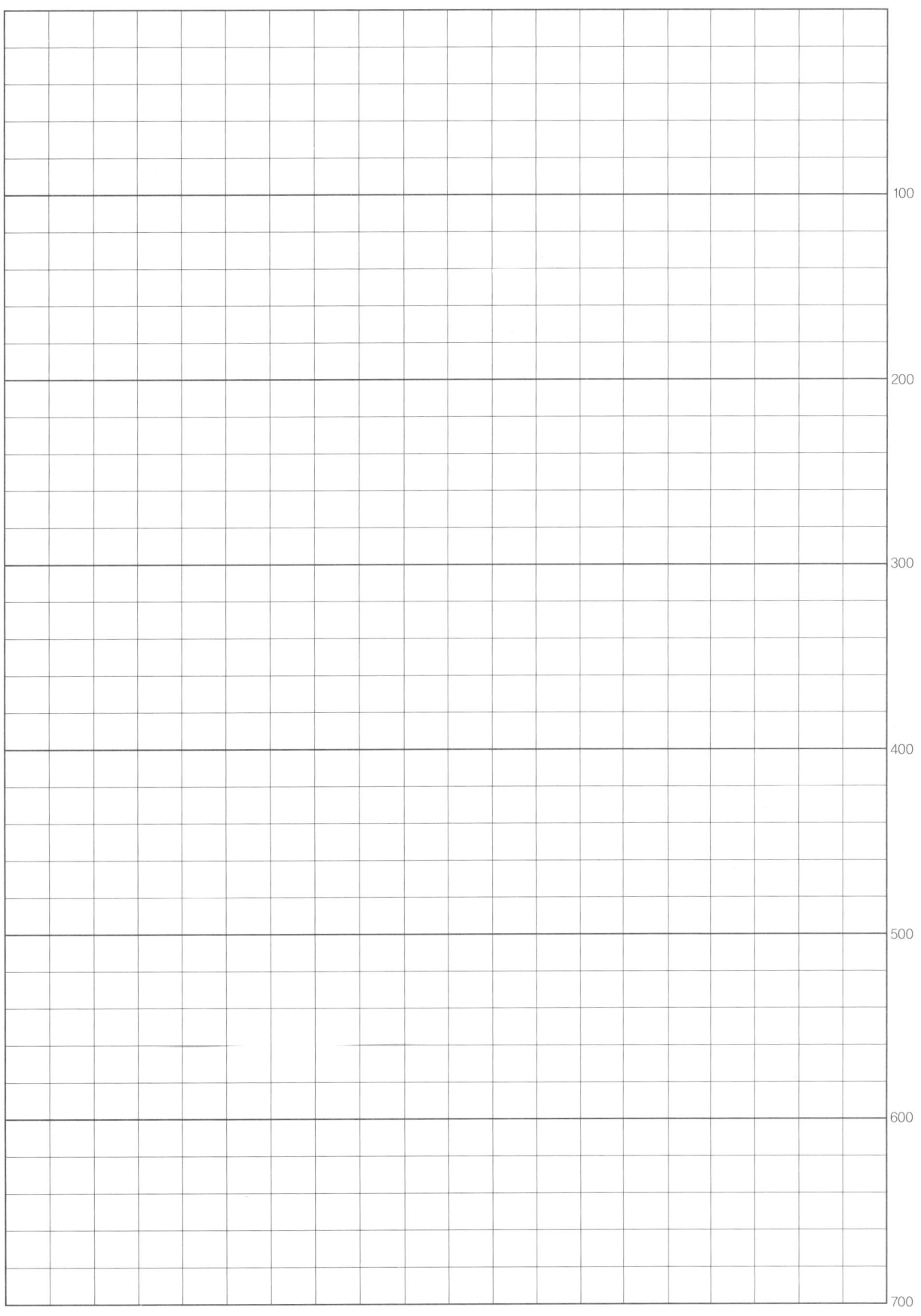

🔓 **모범 답안**

　아시아가 급격한 경제 성장을 이루면서 TV의 보급과 인터넷 사용의 확대 등이 이루어졌다. 그래서 사람들은 새로운 문화를 원했고, 한류라는 문화에 눈을 뜨게 되었다.

　드라마에서 출발한 한류의 열기는 2002 월드컵을 거치면서 아시아 전역으로 퍼져 나갔다. 그리고 드라마에 한정되었던 한류는 K-pop, 패션, 음식, 의료 서비스에 이르기까지 수많은 분야로 범위가 넓어져 한류 열풍이라 불릴 정도로 확대되었다. 이러한 한류 열풍으로 인해 관광 수익의 증가, 판권으로 인한 외화 획득, 지역 경제 활성화에 따른 고용의 증가 등 긍정적 외부효과가 발생하기도 했다. 또한 한국의 국가 이미지 상승, 한국인에 대한 친밀감 상승 등으로 사회 문화적 전반에 긍정적인 영향을 미쳤다고 할 수 있다.

　하지만 앞으로도 한류 열풍이 계속될지에 대해선 부정적인 시각들이 많다고 한다. 한류와 관련된 적절한 문화상품이 뒷받침되지 못하는 상황을 고려해 보면 한류 열풍이 일시적인 현상으로 끝날 가능성도 없지 않다. 한류 열풍을 지속시키려면 다른 나라에 일방적으로 문화상품을 판매하는 데 만족할 것이 아니라, 그들의 다양한 문화상품도 들여오는 등 적극적인 상호 문화 교류가 이루어져야 할 것이다. 이러한 노력은 정부 차원에서만 가능한 것은 아니다. 각계각층에서 한류를 지속시키려는 노력을 기울여야 할 것이다.

주제 관련 기사문 읽기

1. "한류 확산하려면 소비국과 쌍방향 문화교류 필요"

　한류를 단순한 양적 성장에서 벗어나 안정적인 글로벌 문화 현상으로 심화하고 정착시키려면 한류 소비국들에 대한 더욱 체계적인 분석과 접근이 필요하다는 연구 결과가 나왔다.

　19일 문화체육관광부와 한국콘텐츠진흥원이 공개한 '한류의 패러다임 전환과 신한류 확산 전략 연구' 보고서는 "소비국 현지에 친화적인 한류를 확산하기 위해선 소비국별 맞춤형 협업과 쌍방향 문화교류가 요구된다"고 분석했다.

　이 보고서는 한류와 밀접한 해외 주요 7개국 전문가 심층 인터뷰와 한류 소비자 대상 온라인 설문을 바탕으로 도출한 4가지 시사점을 중점적으로 다뤘다.

2. 오스트리아 '한식 한류' 선도하는 김준 다스김치 대표

　"현지인 입맛을 고려한 퓨전으로 가지 않고 우직하게 정통 한식을 고집하면서 고급화한 것이 주효했습니다."

　오스트리아 빈에서 파인다이닝 한식당인 '요리'와 캐주얼 레스토랑인 '다스김치'로 한식 인기몰이를 하는 김준(56) 다스김치 대표는 28일 '제28차 세계한인경제인대회 & 한국상품박람회' 참가를 계기로 공동 주최사인 연합뉴스와 한 인터뷰에서 "한국에서 먹는 것과 똑같은 음식을 내놓는 식당을 지향하고 있다"며 이같이 말했다.

　김 대표 식당은 빈에서 제대로 된 한식을 맛볼 수 있어서 한인보다 현지인 고객이 더 많은 곳으로 유명하다.

출처: 〈연합뉴스〉 2019.03.19./2024.10.28. 뉴스 기사 중 일부 발췌

아시아가 급격한 경제 성장을 이루면서 TV의 보급과 인터넷 사용의 확대 등이 이루어졌다. 그래서 사람들은 새로운 문화를 원했고, 한류라는 문화에 눈을 뜨게 되었다.

2002 드라마에서 출발한 한류의 열기는 2002 월드컵을 거치면서 아시아 전역으로 퍼져 나갔다. 그리고 드라마에 한정되었던 한류는 K-pop, 패션, 음식, 의료 서비스에 이르기까지 수많은 분야로 범위가 넓어져 한류 열풍이라 불릴 정도로 확대되었다. 이러한 한류 열풍으로 인해 관광 수익의 증가, 판권으로 인한 외화 획득, 지역 경제 활성화에 따른 고용의 증가 등 긍정적 외부효과가 발생하기도 했다. 또한 한국의 국가 이미지 상승, 한국인에 대한 친밀감 상승 등으로 사회문화적 전반에 긍정적인 영향을 미쳤다고 할 수 있다.

하지만 앞으로도 한류 열풍이 계속될지에 대해선 부정적인 시각들이 많다고 한다. 한류와 관련된 적절한 문화상품이 뒷받침되지 못하는 상황을 고려해보면 한류 열풍이 일시적인 현상으로 끝날 가능성도 없지 않다. 한류 열풍을 지속시키려면 다른 나라에 일방적으로 문화상품을 판매하는데 만족할 것이 아니라, 그들의 다양한 문화상품도 들여오는 등 적극적인 상호문화교류가 이루어져야 할 것이다. 이러한 노력은 정부 차원에서만 가능한 것은 아니다. 각계각층에서 한류를 지속시키려는 노력을 기울여야 할 것이다.

12 다음을 참고하여 600~700자로 글을 쓰시오. 단, 문제를 그대로 옮겨 쓰지 마시오.

'개발제한구역(Greenbelt)'은 도시의 무질서한 개발을 방지하고 환경을 보전하기 위해서 설정된 것이다. 그러나 이로 인해 생활의 여러 측면에서 제약을 받고 있다고 생각하는 사람들도 있다. 아래의 내용을 중심으로 '개발제한구역 설정'에 대한 자신의 생각을 쓰라.

- 개발제한구역 설정의 효과는 무엇인가?
- 개발제한구역 설정에 대해 찬성 혹은 반대하는 근거는 무엇인가?
- 개발제한구역 설정의 필요성에 대해 어떻게 생각하는가?

문제 풀이
이 문제는 개발제한구역 설정에 대한 자신의 생각을 한 편의 글로 구성하는 것입니다.

글의 개요	• 도입: → • 전개: → → • 마무리: →
활용 어휘	
활용 문법과 표현	

🔒 **모범 답안**

　개발제한구역은 오랫동안 국토의 무분별한 개발을 막고 자연을 보호하는 역할을 충실히 수행해 왔다. 하지만 요즘은 개발제한구역의 보존과 해제를 놓고 환경보호 운동가와 일반 국민의 의견, 지역 주민들 간의 의견들이 팽팽히 맞서고 있다.

　개발제한구역 보존과 해제는 동전의 양면 같은 속성이 있다. 개발은 긍정적인 면과 부정적인 면을 동시에 가지고 있기 때문이다. 개발제한구역을 해제하자는 이유는 단순하다. 개발제한구역을 풀어 주택을 늘리면 주택가격을 안정시키고 경기도 활성화할 수 있다는 것이다. 하지만 서울 근교에 대규모 주거단지를 만들 경우 교통문제와 인구과잉이라는 부작용을 낳는다는 반대 주장도 설득력이 있다.

　시대적인 요구를 고려한다면 개발제한구역을 해제해야 한다고 생각한다. 그 이유는 개발제한구역을 처음 설정했을 때와 지금은 경제 상황, 생활 방식 등 많은 것이 변화했기 때문이다. 따라서 그 지역의 환경, 주민 생활 등을 고려해 개발제한구역을 다시 설정할 필요가 있다고 생각한다. 하지만 개발제한구역을 무분별하게 완화할 경우, 난개발로 인한 후유증 또한 무시할 수 없을 것이다. 따라서 개발제한구역을 점차 부분적으로 해제해 나가되, 개발제한구역이 현재 우리의 재산일 뿐만 아니라 후손들의 재산임을 잊지 말고 해제 이후 생길 후유증을 최소화할 수 있는 정책 마련에 최선을 다해야 한다.

주제 관련 기사문 읽기

1. 그린벨트 내 생활공원 7곳 만든다 … 50억 원 지원

　국토교통부는 내년 개발제한구역(그린벨트) 내 생활공원 조성사업 지원 대상으로 서울 구로구 개웅산 자락길 등 7곳을 선정했다고 9일 밝혔다.

　국토부는 지자체별 재정자립도, 사업 규모 등을 고려해 최소 4억 원에서 최대 10억 원까지, 1개 공원당 평균 7억2천만 원씩 모두 50억 원을 지원할 예정이다.

　국토부 관계자는 "앞으로 개발제한구역 내 주민 지원사업으로서 공원을 지속해서 조성, 주민 편익을 늘리고 장기 미집행 공원 부지도 줄여나갈 것"이라고 밝혔다.

2. 도시농부는 느는데 도시텃밭은 감소세 … 택지개발 영향 등 추정

　경기 성남시가 분양한 주말농장에서 텃밭을 가꾸는 김 모(53·회사원) 씨 부부는 주말마다 농부로 변신한다. 경기지역 도시 외곽 자투리땅을 활용한 도시농업에 관한 관심이 높아지면서 김 씨 부부 같은 도시농부들이 늘고 있다.

　그러나 수도권 주택 공급 확대 정책에 따라 택지개발이 지속되면서 도시텃밭은 갈수록 줄어드는 추세다. 도시농업 인구 증가율이 2배 이상 늘어난 것과 비교하면 도시농업 면적은 늘지 않고 오히려 4년 전부터 감소세를 보인다.

　이는 경기지역에 집중되는 택지개발 영향이 큰 것으로 추정된다. 도심 텃밭으로 일부 활용되는 개발제한구역(그린벨트) 면적만 보더라도, 각종 개발사업으로 2013년 11만7천500㏊에서 11만3천200㏊로 분당신도시 2개 이상 넓이인 4천300㏊가 사라졌다.

출처: 〈연합뉴스〉 2019.07.09./2022.09.09. 뉴스 기사 중 일부 발췌

원고지 답안

　개발제한구역은 오랫동안 국토의 무분별한 개발을 막고 자연을 보호하는 역할을 충실히 수행해 왔다. 하지만 요즘은 개발제한구역의 보존과 해제를 놓고 환경보호 운동가와 일반 국민의 의견, 지역 주민들 간의 의견들이 팽팽히 맞서고 있다.

　개발제한구역 보존과 해제는 동전의 양면 같은 속성이 있다. 개발은 긍정적인 면과 부정적인 면을 동시에 가지고 있기 때문이다. 개발제한구역을 해제하자는 이유는 단순하다. 개발제한구역을 풀어 주택을 늘리면 주택가격을 안정시키고 경기도 활성화할 수 있다는 것이다. 하지만 서울 근교에 대규모 주거단지를 만들 경우 교통문제와 인구과잉이라는 부작용을 낳는다는 반대 주장도 설득력이 있다.

　시대적인 요구를 감안한다면 개발제한구역을 해제해야 한다고 생각한다. 그 이유는 개발제한구역을 처음 설정했을 때와 지금은 경제 상황, 생활방식 등 많은 것이 변화했기 때문이다. 따라서 그 지역의 환경, 주민생활 등을 고려해 개발제한구역을 다시 설정할 필요가 있다고 생각한다. 하지만 개발제한구역을 무분별하게 완화할 경우, 난개발로 인한 후유증 또한 무시할 수 없을 것이다. 따라서 개발제한구역을 점차 부분적으로 해제해 나가되, 개발제한구역이 현재 우리의 재산일 뿐만 아니라 후손들의 재산임을 잊지 말고 해제 이후 생길 후유증을 최소화할 수 있는 정책 마련에 최선을 다해야 한다.

말하기 218쪽

13 다음을 참고하여 600~700자로 글을 쓰시오. 단, 문제를 그대로 옮겨 쓰지 마시오.

> 환경 문제는 현대 사회가 당면한 가장 중요한 과제라고 할 수 있다. 따라서 기술적인 해결뿐만 아니라 환경과 인간의 관계에 대한 보다 정확한 인식이 필요한 때가 되었다. 아래의 내용을 중심으로 '환경 문제'에 대한 자신의 생각을 쓰라.
>
> • 환경 문제의 원인은 무엇인가?
> • 환경과 인간의 관계를 어떻게 인식해야 하는가?
> • 환경에 대한 올바른 인식을 위해 어떤 노력이 필요한가?

문제 풀이

이 문제는 환경 문제에 대한 자신의 생각을 한 편의 글로 구성하는 것입니다.

글의 개요	• 도입: → • 전개: → → • 마무리: →
활용 어휘	
활용 문법과 표현	

모범 답안

환경 문제는 무엇보다 인간 생활의 편의를 위해 자연을 무분별하게 개발해 온 데에서 비롯되었다. 당장의 이익만을 위해 자연을 공존이 아닌 이용과 정복의 대상으로 인식했기 때문에, 그 결과 파괴된 환경이 역으로 인간의 생존을 위협하게 된 것이다.

환경 문제 해결을 위한 국가적 차원의 노력은 보통 과학적 접근에 한정된 경향이 있다. 기후변화나 에너지 문제, 먹거리 문제도 과학적으로 그 해결책을 찾을 수 있다고 보는 것이다. 그것도 물론 환경 문제의 해결을 위해 꼭 필요한 노력과 접근이라고 할 수 있다. 그러나 그처럼 눈에 보이는 노력 못지않게 중요한 것이 바로 인식의 전환이다. 환경은 사람처럼 생명을 가진 대상이며 또 환경 문제는 자연에서 벌어지는 일인 동시에 사람들이 모여 이룬 사회에서 벌어지는 일이다. 그러므로 환경이 파괴된다는 것은 사람과 사회가 파괴된다는 것이고, 바꾸어 말하면 환경을 살리는 것은 사람과 사회를 살리는 일이라는 것을 명심해야 한다.

환경에 대한 올바른 인식이 자리 잡도록 하기 위해서는 어릴 때부터 가정이나 학교의 교육을 통해 자연과 공존하는 방법을 배울 수 있도록 해야 한다. 또한 환경 보호가 일상의 아주 작은 관심과 노력에서부터 시작된다는 점도 경험을 통해 깨달을 수 있도록 하는 것이 중요하다.

주제 관련 기사문 읽기

1. '기부' 유소연 "호주 산불은 환경 문제 … 함께 노력해요"

미국여자프로골프(LPGA) 투어 상금을 호주 산불 피해 복구에 쾌척한 유소연(30)이 환경을 지키는 데 동참해 달라고 호소했다.

그는 자신의 팀에 호주인들이 많아 "호주는 저에게 늘 특별한 나라였다"면서 "산불 피해에 대해 알게 되면서 꼭 돕고 싶은 마음에 호주에서 경기하며 받는 상금의 절반을 기부하기로 했다"고 설명했다.

이어 "이번 산불 피해는 비단 호주만의 문제가 아니라 생각한다"며 "우리가 힘을 모아 조금 더 환경을 생각하는 계기가 되기를 바랐다"고 덧붙였다. 유소연은 "일회용품을 자제하는 것부터 같이 시작해 보면 어떨까요?"라고 제안하며 작은 변화가 환경에 큰 도움이 될 것이라고 기대했다.

2. 차 폐기물이 의류로 … 현대차, 새활용 기획 '리스타일 2021' 공개

현대자동차가 패션 편집숍 분더샵, 레클레어와 손잡고 자동차 소재를 새활용(업사이클링)한 의류를 선보인다. 현대차는 '다시 사용하고, 다시 생각하는, 새로운 스타일'이라는 주제로 '리스타일(Re:Style) 2021' 프로젝트를 실시한다고 14일 밝혔다.

최근 지속 가능성이라는 가치가 부상하고 있는 가운데 자동차와 패션의 협업을 통해 업사이클링 트렌드를 알리기 위해 프로젝트를 기획했다고 현대차는 설명했다.

현대차 고객경험본부장 토마스 쉬미에라 부사장은 "이번 프로젝트는 자동차와 패션의 공통 이슈인 폐기물 문제를 다룬다"면서 "환경문제에 관심이 많은 MZ 세대(1980~2000년대 출생)와 지속 가능성에 대해 소통할 수 있길 기대한다"고 말했다.

출처: 〈연합뉴스〉 2020.02.11./2021.10.14. 뉴스 기사 중 일부 발췌

환경 문제는 무엇보다 인간 생활의 편의를 위해 자연을 무분별하게 개발해 온 데에서 비롯되었다. 당장의 이익만을 위해 자연을 공존이 아닌 이용과 정복의 대상으로 인식했기 때문에, 그 결과 파괴된 환경이 역으로 인간의 생존을 위협하게 된 것이다.

　　환경 문제 해결을 위한 국가적 차원의 노력은 보통 과학적 접근에 한정된 경향이 있다. 기후변화나 에너지 문제, 먹거리 문제도 과학적으로 그 해결책을 찾을 수 있다고 보는 것이다. 그것도 물론 환경 문제의 해결을 위해 꼭 필요한 노력과 접근이라고 할 수 있다. 그러나 그처럼 눈에 보이는 노력 못지않게 중요한 것이 바로 인식의 전환이다. 환경은 사람처럼 생명을 가진 대상이며 또 환경 문제는 자연에서 벌어지는 일인 동시에 사람들이 모여 이룬 사회에서 벌어지는 일이다. 그러므로 환경이 파괴된다는 것은 사람과 사회가 파괴된다는 것이고, 바꾸어 말하면 환경을 살리는 것은 사람과 사회를 살리는 일이라는 것을 명심해야 한다.

　　환경에 대한 올바른 인식이 자리 잡도록 하기 위해서는 어릴 때부터 가정이나 학교의 교육을 통해 자연과 공존하는 방법을 배울 수 있도록 해야 한다. 또한 환경 보호가 일상의 아주 작은 관심과 노력에서부터 시작된다는 점도 경험을 통해 깨달을 수 있도록 하는 것이 중요하다.

14 다음을 참고하여 600~700자로 글을 쓰시오. 단, 문제를 그대로 옮겨 쓰지 마시오.

요즘 학교에서는 음악이나 미술과 같은 예술 교육이 점점 강화되고 있다. 그러나 이러한 예술 교육 대신 수학이나 외국어 등의 교육을 더 많이 해야 한다고 주장하는 학부모들도 있다. 아래의 내용을 중심으로 '예술 교육 강화'에 대한 자신의 생각을 쓰라.

- 예술 교육에 대한 관점이 어떻게 바뀌고 있는가?
- 예술 교육 강화로 얻을 수 있는 효과는 무엇인가?
- 예술 교육의 필요성에 대해 어떻게 생각하는가?

📝 문제 풀이

이 문제는 학교의 예술 교육 강화에 대한 자신의 생각을 한 편의 글로 구성하는 것입니다.

글의 개요	• 도입: 　➡ • 전개: 　➡ 　➡ • 마무리: 　➡
활용 어휘	
활용 문법과 표현	

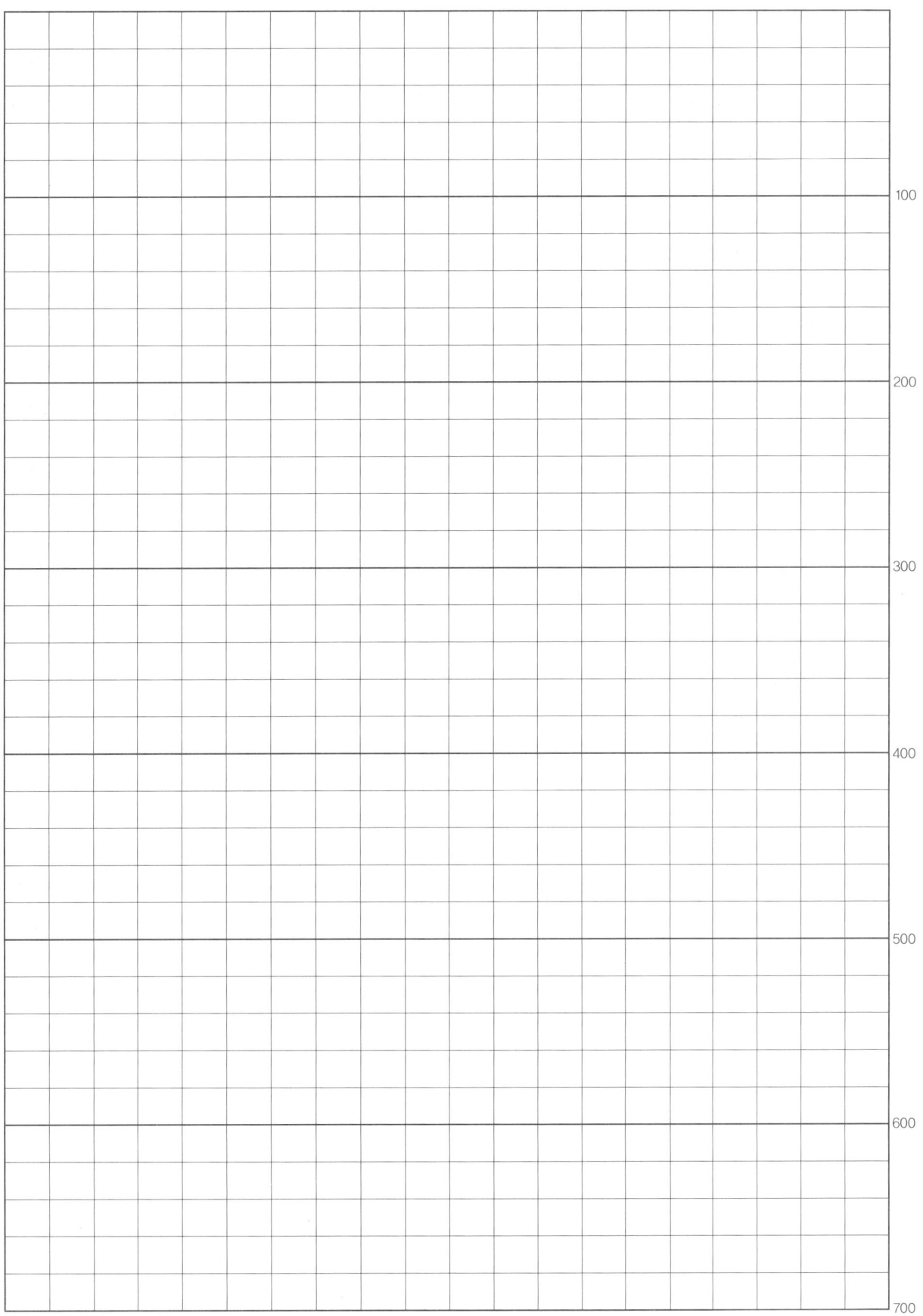

🔒 **모범 답안**

　지금까지 한국의 학교들은 대부분 국어, 수학, 영어 등 대학교 입시에서 비중이 높은 과목을 중심으로 교육과정을 만들어 운영해 왔으나, 최근 사회적으로 예술 교육의 가치에 대한 관심이 증가하면서 학교에서도 예술 교육을 강화하는 움직임을 보이고 있다.

　예술 교육은 음악이나 그림 작품을 감상하거나 직접 창작하는 과정에서 정서를 풍부하게 만드는 것을 목적으로 하는 것으로서, 이러한 예술 교육의 효과는 개인적인 측면과 사회적인 측면으로 나누어 살펴볼 수 있다. 먼저 개인적인 측면에서는 예술적 감각을 배우고 표현 능력을 키울 수 있다는 점을 꼽을 수 있다. 다양한 모양과 질감의 재료를 활용한 미술 표현 교육, 노래와 악기를 활용한 음악 감상 교육 등을 통해 학생들은 자기 생각을 자유롭게 표현하게 된다.

　다음으로 사회적인 측면을 살펴보면 타인에 대한 배려심과 책임감 등을 기를 수 있다. 다른 과목의 수업은 혼자 하는 활동이 많지만, 예술 수업은 여러 명이 그룹을 만들어 하는 활동이 많다. 이처럼 공동 작업을 해 가는 과정에서 서로의 생각을 공유하고 의견을 조율하며 이해심과 책임감 등을 배우게 되는 것이다.

　따라서 학교에서의 예술 교육은 지적 능력의 향상과 더불어 정서 발달에도 매우 긍정적인 영향을 미친다는 점에서 그 가치와 중요성이 크다고 할 수 있다.

주제 관련 기사문 읽기

1. '중학생 문화예술 관람비 지원' 대전교육청 예술 교육 강화

　대전시교육청은 예술적 감수성과 조화로운 인성을 갖춘 창의융합인재를 양성하고자 올해 학교 예술 교육 활성화를 적극 추진한다고 25일 밝혔다.

　이를 위해 학교 예술 교육 교육과정 내실화와 학생 예술 체험 기회 확대, 교원의 예술 교육 역량 강화, 학교가 중심이 되는 지역연계 활성화 등을 실현해 나가기로 했다. 체험과 실기 중심의 학교 예술 교육을 확산해 1교 1예술동아리(307교), 학생예술심화동아리(51교), 예술특성화교육과정(11교) 등 학생들에게 다양한 분야를 체험하고 협력적 예술 활동 기회를 제공한다.

　올해 전체 중학생과 같은 나이대의 학교 밖 청소년 포함 5만여 명에게 문화예술 관람비 2만 원(포인트)을 지급해 체험 중심의 예술 교육을 적극 지원할 방침이다.

2. 발레로 청소년 창의력 키우자 … 전북대 '꿈의 무용단' 운영

　전북대학교는 16일 무용학과가 한국문화예술교육진흥원(아르떼) 지원을 받아 '꿈의 무용단' 프로그램을 운영한다고 밝혔다.

　사업은 발레를 통해 청소년과 아이들의 창의력을 키우고 주체적인 삶을 영위하도록 돕는 문화예술 프로그램이다. 중학생들은 연극, 미술, 무용 분야 예술가와 협업해 발레 공연을 기획, 제작, 출연하는 '쁘띠 예술가' 프로그램에 참여한다.

　고현정 무용학과 교수는 "청소년들이 다양한 예술을 경험하고 기획, 제작, 참여하면서 창의성을 키우는 기회가 될 것"이라며 "대학이 가진 우수한 인적 자원과 물적 인프라를 적극적으로 지원하겠다"고 말했다.

출처: 〈연합뉴스〉 2021.05.25./2022.05.16. 뉴스 기사 중 일부 발췌

🔒 **원고지 답안**

　　지금까지 한국의 학교들은 대부분 국어, 수학, 영어 등 대학교 입시에서 비중이 높은 과목을 중심으로 교육과정을 만들어 운영해 왔으나, 최근 사회적으로 예술 교육의 가치에 대한 관심이 증가하면서 학교에서도 예술 교육을 강화하는 움직임을 보이고 있다.

　　예술 교육은 음악이나 그림 작품을 감상하거나 직접 창작하는 과정에서 정서를 풍부하게 만드는 것을 목적으로 하는 것으로서, 이러한 예술 교육의 효과는 개인적인 측면과 사회적인 측면으로 나누어 살펴볼 수 있다. 먼저 개인적인 측면에서는 예술적 감각을 배우고 표현 능력을 키울 수 있다는 점을 꼽을 수 있다. 다양한 모양과 질감의 재료를 활용한 미술 표현 교육, 노래와 악기를 활용한 음악 감상 교육 등을 통해 학생들은 자기 생각을 자유롭게 표현하게 된다.

　　다음으로 사회적인 측면을 살펴보면 타인에 대한 배려심과 책임감 등을 기를 수 있다. 다른 과목의 수업은 혼자 하는 활동이 많지만 예술 수업은 여러 명이 그룹을 만들어 하는 활동이 많다. 이처럼 공동 작업을 해 가는 과정에서 서로의 생각을 공유하고 의견을 조율하며 이해심과 책임감 등을 배우게 되는 것이다.

　　따라서 학교에서의 예술 교육은 지적 능력의 향상과 더불어 정서 발달에도 매우 긍정적인 영향을 미친다는 점에서 그 가치와 중요성이 크다고 할 수 있다.

15 다음을 참고하여 600~700자로 글을 쓰시오. 단, 문제를 그대로 옮겨 쓰지 마시오.

현대인들은 모두 '성공'을 좇아 살아간다고 한다. 그렇기 때문에 성공을 위해서 인생의 다른 부분들은 포기해도 좋다고 생각하는 사람들도 많이 있다. 아래의 내용을 중심으로 '성공의 의미'에 대한 자신의 생각을 쓰라.

- 성공이란 무엇인가?
- 성공의 중요한 목표는 무엇인가?
- 성공하기 위해서는 어떠한 조건이 필요한가?

문제 풀이
이 문제는 성공의 의미와 조건에 대한 자신의 생각을 한 편의 글로 구성하는 것입니다.

글의 개요	• 도입: → • 전개: → → • 마무리: →
활용 어휘	
활용 문법과 표현	

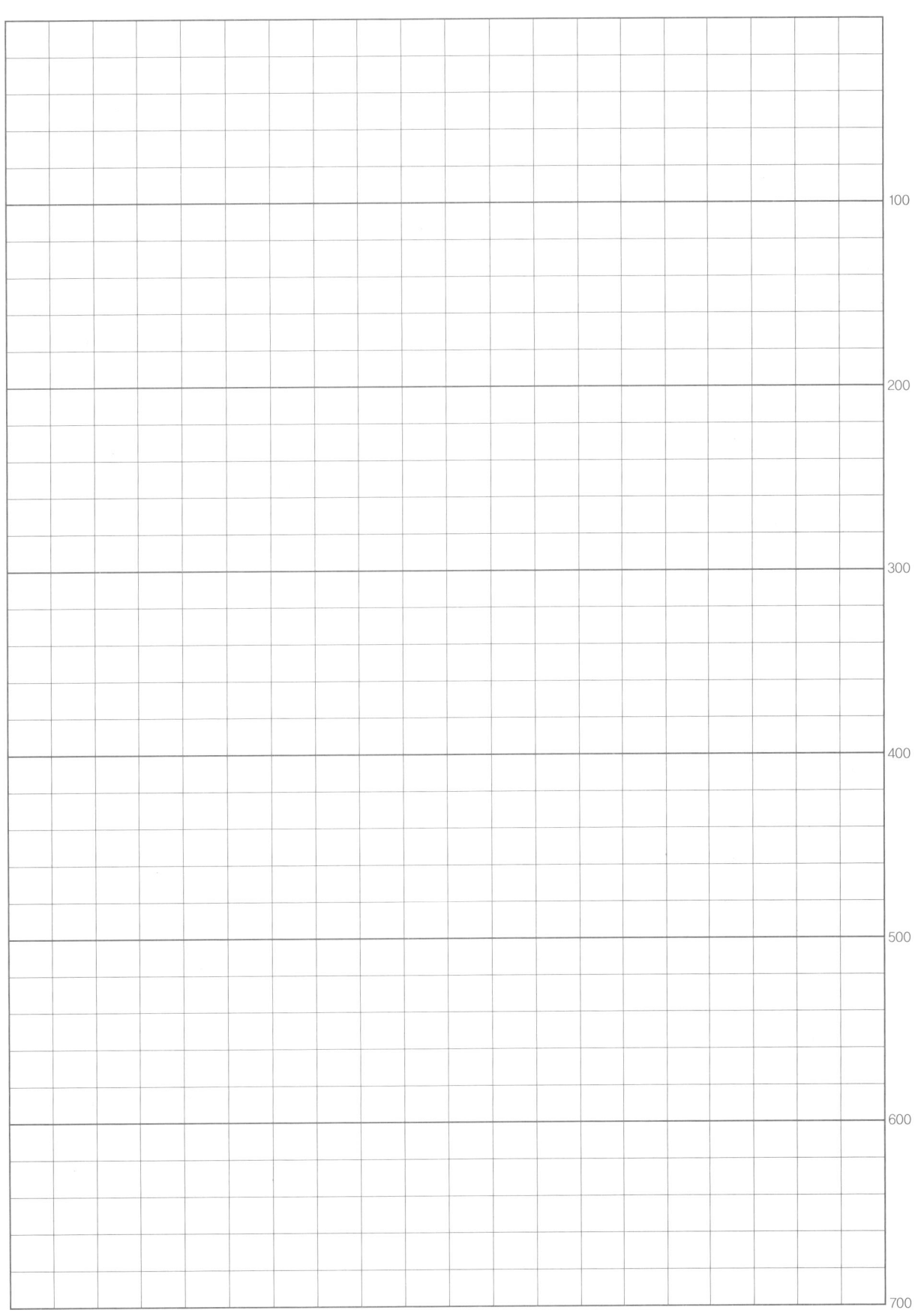

모범 답안

　우리는 누구나 성공을 추구하며 살아간다. 그러나 성공의 의미에 대해서는 사람마다 생각이 다를 것이다. 큰 부를 축적하는 것이 성공이라고 생각하는 사람도 있고, 높은 사회적 지위나 명예를 얻는 것이 성공이라고 생각하는 사람도 있다.

　그러나 이처럼 부와 명예, 사회적 지위와 같은 것만을 성공의 기준으로 삼게 되면 그것을 이루기 위한 과정은 아무런 가치가 없는 것이 될 수도 있다. 비록 자신이 목표로 한 만큼의 부나 명예 등을 얻지 못하더라도 삶의 의미를 찾고 행복을 느끼기 위해서는, 그 과정에서 목표를 향해 노력하는 자신의 모습에 성공의 의미를 두어야 할 것이다.

　따라서 진정 성공하고자 한다면 그 결과물을 얻는 데에만 몰두해서는 안 된다. 그것을 이루기 위해 노력하는 과정 자체를 즐길 수 있어야 하며, 나중에 되돌아봤을 때 후회가 남지 않을 정도로 그 과정에 최선을 다해야 하는 것이다. 이러한 사실은 실제로 자신의 분야에서 크게 성공한 인물들을 살펴봐도 쉽게 알 수 있다. 그들이 그렇게 성공할 수 있었던 것은 자신의 삶의 과정들을 충분히 즐기면서 한 단계 한 단계 착실히 목표를 향해 나아갔기 때문이다. 이처럼 성공을 꿈꾸고 있다면 그것이 무엇이든지 간에 거기까지 가는 과정을 즐기며 하루하루를 성실히 살아가야 한다.

주제 관련 기사문 읽기

1. '욜로', '소확행' … 행복을 팝니다

　한국은 지난 수십 년간 정치, 경제, 문화 등 거의 전 영역에 거쳐서 숨 가쁘게 진화해 왔습니다. 사회 구성원의 피로는 누적될 수밖에 없었습니다.

　이제 그런 삶에 변화의 조짐이 감지되고 있습니다. 사회적 성공보다는 일상 속 작은 행복을 중시하고, 일과 삶의 균형을 생각하는 방향으로 진화하고 있는 것이죠.

　한 번뿐인 인생을 의미하는 '욜로(YOLO)', 소소하지만 확실한 행복을 의미하는 '소확행', 일과 삶의 균형을 중시하는 '워라밸(Work and Life Balance)', 소박하고 균형 잡힌 생활과 공동체와의 조화를 중시하는 '라곰'….

2. "흔들리지 않고 꾸준히 해나가면 운도 따라온다"

　1955년 67세를 맞은 엠마 게이트우드는 애팰래치아 트레일(trail) 코스에 도전했다. 길이만 3천 500km에 이르고, 종주자가 6명에 불과한 난코스였다. 트레일 관리자는 집에 돌아가라고 권유했으나 게이트우드는 종주에 대한 의지를 꺾지 않았다. 그는 매일 27km를 걸으며 결국 종주에 성공했다. (중략)

　인생 후반부에 걷기로 성공한 그의 인생은 생각만큼 순탄치 않았다. 아니 배배 꼬인 것에 가까웠다. 그는 19세에 담배 농장주와 결혼해 11명의 자녀를 낳았지만, 상습적인 구타에 시달렸다. (중략)

　그는 이를 악물며 결혼생활을 견뎌야 했다. 보수적인 미국 사회에서 이혼하는 건 쉽지 않았기 때문이다. 그는 54세가 된 1941년에야 비로소 이혼하고, 양육권도 지킬 수 있었으며 걷기를 통해 명성도 얻게 됐다.

출처: 〈연합뉴스〉 2018.12.31./2024.10.23. 뉴스 기사 중 일부 발췌

원고지 답안

　우리는 누구나 성공을 추구하며 살아간다. 그러나 성공의 의미에 대해서는 사람마다 생각이 다를 것이다. 큰 부를 축적하는 것이 성공이라고 생각하는 사람도 있고, 높은 사회적 지위나 명예를 얻는 것이 성공이라고 생각하는 사람도 있다.

　그러나 이처럼 부와 명예, 사회적 지위와 같은 것만을 성공의 기준으로 삼게 되면 그것을 이루기 위한 과정은 아무런 가치가 없는 것이 될 수도 있다. 비록 자신이 목표로 한 만큼의 부나 명예 등을 얻지 못하더라도 삶의 의미를 찾고 행복을 느끼기 위해서는, 그 과정에서 목표를 향해 노력하는 자신의 모습에 성공의 의미를 두어야 할 것이다.

　따라서 진정 성공하고자 한다면 그 결과물을 얻는 데에만 몰두해서는 안 된다. 그것을 이루기 위해 노력하는 과정 자체를 즐길 수 있어야 하며, 나중에 되돌아봤을 때 후회가 남지 않을 정도로 그 과정에 최선을 다해야 하는 것이다. 이러한 사실은 실제로 자신의 분야에서 크게 성공한 인물들을 살펴봐도 쉽게 알 수 있다. 그들이 그렇게 성공할 수 있었던 것은 자신의 삶의 과정들을 충분히 즐기면서 한 단계 한 단계 착실히 목표를 향해 나아갔기 때문이다. 이처럼 성공을 꿈꾸고 있다면 그것이 무엇이든지 간에 거기까지 가는 과정을 즐기며 하루하루를 성실히 살아가야 한다.

기품을 지키되 사치하지 말 것이며
지성을 갖추되 자랑하지 말라.

- 신사임당 -

PART 03
기출 적용

 혼자 TOPIK 공부를 하기 힘들다면?
www.youtube.com ➔ TOPIK STUDY 구독 ➔ TOPIK2 한 번에 통과하기/쓰기 클릭!
www.youtube.com ➔ 시대에듀 구독 ➔ TOPIK 한국어능력시험 학습 특강 클릭!

01 최신 기출 분석

📋 유형별 출제 포인트

1. 빈칸에 알맞은 말 쓰기

유형 분석	[51번] 실용문(문자, 이메일, 공고문 등) [52번] 짧은 설명문 • 빈칸 채우기: 과거에는 접속사에 이어서 완성된 하나의 문장을 써 내는 경우가 많았습니다. 최근에는 빈칸의 앞뒤에 주어나 목적어 등의 길잡이 말이 있고 이에 맞추어 문장을 완성하는 문제가 많아졌습니다.
답안 작성 요령	• 내용: 앞뒤 문장들을 살펴보고 자연스럽게 이어지는 내용을 떠올립니다. 이때, 불필요한 내용을 추가하거나 원래의 의미를 해치지 않도록 주의합니다. 특히, 빈칸 앞뒤에 있는 말을 답안에 중복해서 쓰지 않도록 합니다. • 형식: 문장의 끝이 '-습니다'로 끝났다면 '습니다'로, '-요'로 끝났다면 '-요'로 통일하여 완성해야 합니다. 또한 빈칸이 포함된 문장의 다른 문장 성분들과 어울리는 문법적 표현을 사용해야 합니다.

★ 문제를 푸는 시간과 난이도에 비하여 배점이 높은 편입니다. 빈칸 앞뒤의 말을 활용해서 답을 쓸 수도 있으니 절대 포기하지 마세요!

2. 자료를 설명하는 글 쓰기

유형 분석	[53번] 설문 조사, 현황, 통계 등 시각자료 • 제시된 정보 쓰기(200~300자): 과거에는 제시문이 줄글 형식으로 주어지는 경우가 많았습니다. 최근에는 도표나 그래프를 보고 정보를 스스로 분석해야 하는 문제가 많아졌습니다.
답안 작성 요령	• 제시된 정보만을 정확히 분석해야 합니다. 주어진 자료를 잘못 해석하거나 불필요한 개인의 의견이 들어가면, 아무리 훌륭한 글을 써도 좋은 점수를 받을 수 없습니다. • '반면, 그러나' 등의 접속사나 '첫째, 둘째, 셋째' 등의 순서를 나타내는 어휘를 활용하면 좋습니다. 중급 이상의 어휘와 문법을 쓰는 것이 좋습니다. 문장의 끝은 '-습니다'나 '-요' 대신 '-다'로 끝맺도록 합니다.

★ 다양한 도표나 도식을 보고 정보를 비교·분석하는 연습을 해 두세요.

3. 주제에 대해 글 쓰기

유형 분석	[54번] 줄글과 요구 과제 • 자신의 의견 쓰기(600~700자): 사회적 분위기를 반영하는 문제입니다. 최근 이슈에 대한 수험자의 생각을 묻는 문제가 많습니다.
답안 작성 요령	• 주어진 과제를 모두 적어야 합니다. 먼저 문제에서 요구하는 과제가 무엇인지 정확히 확인하도록 합시다. • 글의 내용 전개나 분량은 '처음-가운데-끝'의 단락별로 잘 나누어 써야 합니다. 글을 쓰기 전 먼저 쓸 내용을 간단히 개요로 정리하면 써야 하는 내용을 빠뜨리지 않고 체계적인 글을 쓸 수 있습니다.

★ 평소 뉴스나 신문을 보면서 각종 사회 문제에 대하여 자신의 생각을 정리해 두세요. 같거나 비슷한 주제가 문제로 나왔을 때 도움이 될 거예요!

02 실제 기출문제

📋 제91회 기출문제

※ [51~52] 다음 글의 ㉠과 ㉡에 알맞은 말을 각각 쓰시오. (각 10점)

51

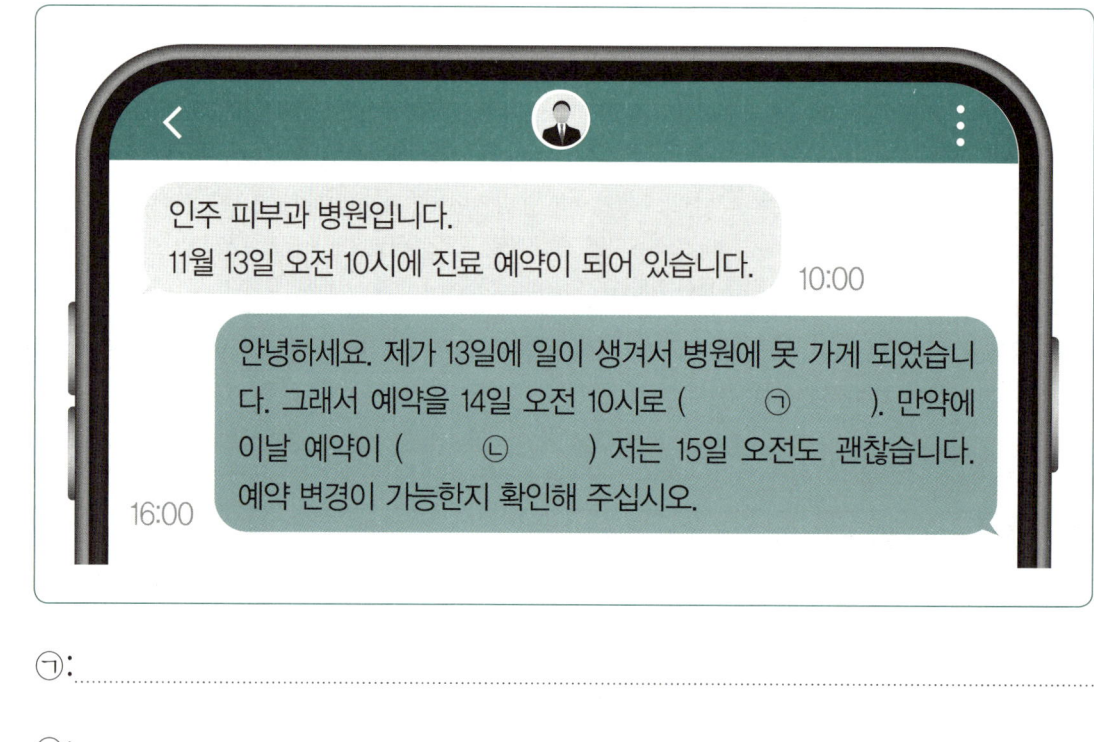

㉠: ....

㉡: ....

52

스트레스를 받았을 때 사탕이나 과자와 같이 단 음식을 먹으면 기분이 좋아진다. 단 음식으로 인해 뇌에서 기분을 좋게 만드는 호르몬이 나오기 때문이다. 그런데 전문가들은 사람들이 술이나 담배에 중독되는 것처럼 단맛에도 (㉠   ). 따라서 평소에 단 음식을 지나치게 많이 (㉡   ) 주의할 필요가 있다.

㉠: ....

㉡: ....

53 다음은 '편의점 매출액 변화'에 대한 자료이다. 이 내용을 200~300자의 글로 쓰시오. 단, 글의 제목은 쓰지 마시오. (30점)

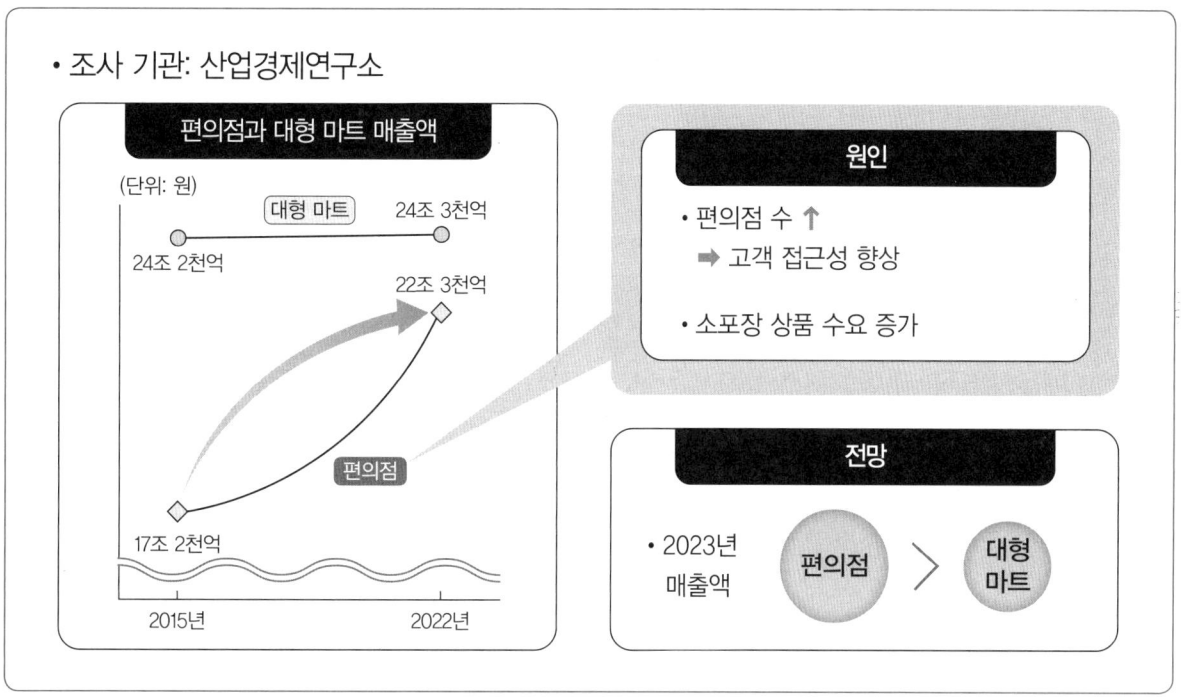

54 다음을 참고하여 600~700자로 글을 쓰시오. 단, 문제를 그대로 옮겨 쓰지 마시오. (50점)

> 오늘날 우리는 정보 통신 기술의 발달로 누구나 쉽게 정보를 생산하고 대중에게 전달할 수 있다. 그런데 정보의 생산과 유통을 통해 개인과 집단이 이익을 얻을 수도 있게 되면서 사실과 다른 가짜 뉴스가 늘어나고 있다. 아래의 내용을 중심으로 '가짜 뉴스의 등장이 사회에 미치는 영향'에 대한 자신의 생각을 쓰라.
>
> • 가짜 뉴스가 생겨나는 사회적 배경은 무엇인가?
> • 가짜 뉴스로 인해 어떤 문제가 생길 수 있는가?
> • 이런 문제들을 해결하기 위해서 어떤 방안이 필요한가?

※ 원고지 쓰기의 예

	스	트	레	스	를		받	았	을		때		사	탕	이	나		과	자
와		같	이		단		음	식	을		먹	으	면		기	분	이		좋

제83회 기출문제

※ [51~52] 다음 글의 ㉠과 ㉡에 알맞은 말을 각각 쓰시오. (각 10점)

51

> 자유게시판   인주시청
>
> 축제 관련 문의
>
> 지난 주말 '인주시 별빛 축제'에 갔던 외국인입니다.
> 지금까지 살면서 이렇게 많은 별을 (㉠) 한 번도 없었습니다.
> 이번 축제에서 별도 보고 공연도 볼 수 있어서 정말 좋았습니다.
> 혹시 축제가 언제 또 있습니까?
> 있다면 이런 멋진 경험을 다시 (㉡).

㉠:

㉡:

52

> 식물은 다양한 방법으로 자신을 보호한다. 덩굴성 야자나무는 빈 줄기를 개미에게 집으로 제공한다. 이 나무에 다른 동물이 다가오면 줄기 속에 있던 개미들은 밖으로 나온다. 이때 개미들의 움직임으로 소리가 생긴다. 이 소리는 동물을 깜짝 (㉠). 결국 놀란 동물은 나뭇잎을 먹지 못하고 달아나 버린다. 식물학자들은 이것이 바로 이 나무가 자신을 보호하는 (㉡).

㉠:

㉡:

53 다음은 '인주시의 가구 수 변화'에 대한 자료이다. 이 내용을 200~300자의 글로 쓰시오. 단, 글의 제목은 쓰지 마시오. (30점)

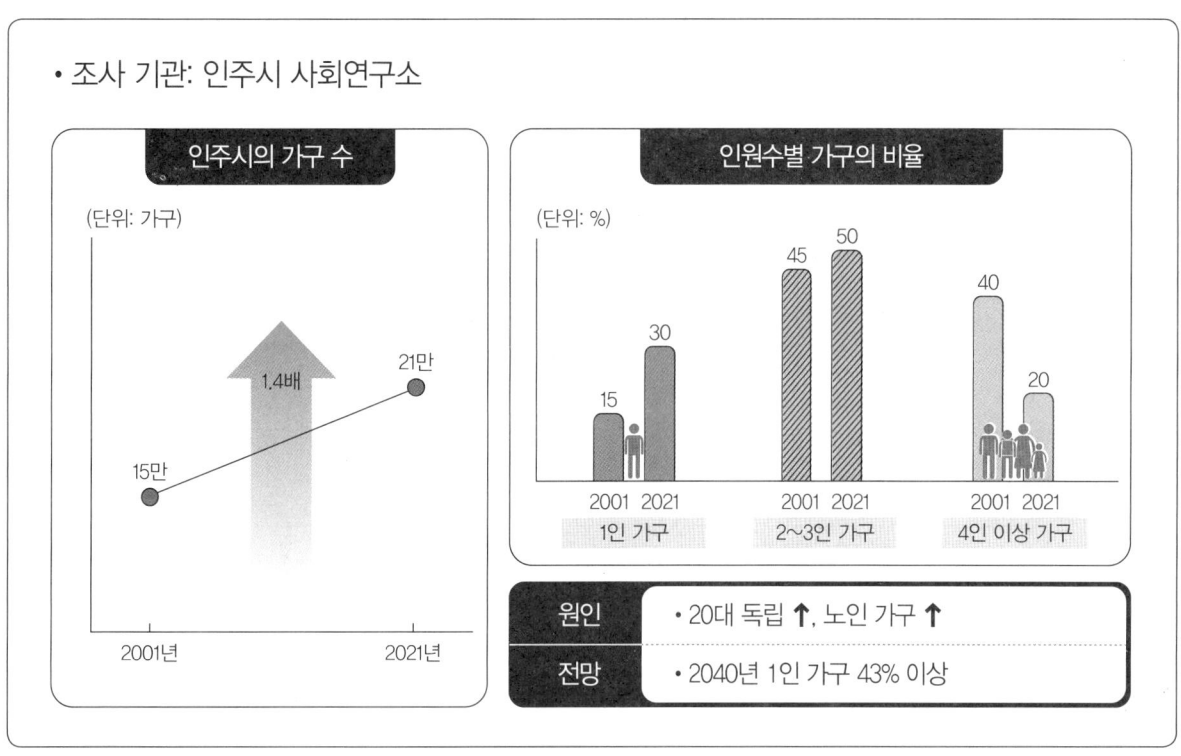

54 다음을 참고하여 600~700자로 글을 쓰시오. 단, 문제를 그대로 옮겨 쓰지 마시오. (50점)

> 창의력은 새로운 것을 생각해 내는 능력이다. 현대 사회는 개인에게 창의력을 더 많이 요구하고 있다. 아래의 내용을 중심으로 '창의력의 필요성과 이를 기르기 위한 노력'에 대한 자신의 생각을 쓰라.
>
> • 창의력이 필요한 이유는 무엇인가?
> • 창의력을 발휘했을 때 얻을 수 있는 성과는 무엇인가?
> • 창의력을 기르기 위해서 어떠한 노력을 할 수 있는가?

※ 원고지 쓰기의 예

	식	물	은		다	양	한		방	법	으	로		자	신	을		보	호
한	다	.		덩	굴	성		야	자	나	무	는		빈		줄	기	를		개

제64회 기출문제

※ [51~52] 다음을 읽고 ㉠과 ㉡에 들어갈 알맞은 말을 각각 한 문장으로 쓰시오. (각 10점)

51

수미 씨, 그동안 고마웠습니다.
저는 다음 달이면 홍콩으로 일을 (㉠).
제가 원하는 회사에 취직을 해서 기쁘지만 수미 씨를 자주 못 볼 것 같아 아쉽습니다.
선물을 준비했는데 선물이 수미 씨 마음에 (㉡).

㉠:

㉡:

52

별은 지구에서 멀리 떨어져 있다. 그래서 별빛이 지구까지 오는 데 많은 시간이 걸린다. 지구와 가장 가까운 별의 빛도 지구까지 오는 데 4억 년이 걸린다. 만약 우리가 이 별을 본다면 우리는 이 별의 현재 모습이 아니라 4억 년 전의 (㉠). 이처럼 별빛은 오랜 시간이 지나야 지구에 도달한다. 그래서 어떤 별이 사라져도 우리는 그 사실을 바로 알지 못하고 오랜 시간이 (㉡).

㉠:

㉡:

53 다음을 참고하여 '온라인 쇼핑 시장의 변화'에 대한 글을 200~300자로 쓰시오. 단, 글의 제목을 쓰지 마시오. (30점)

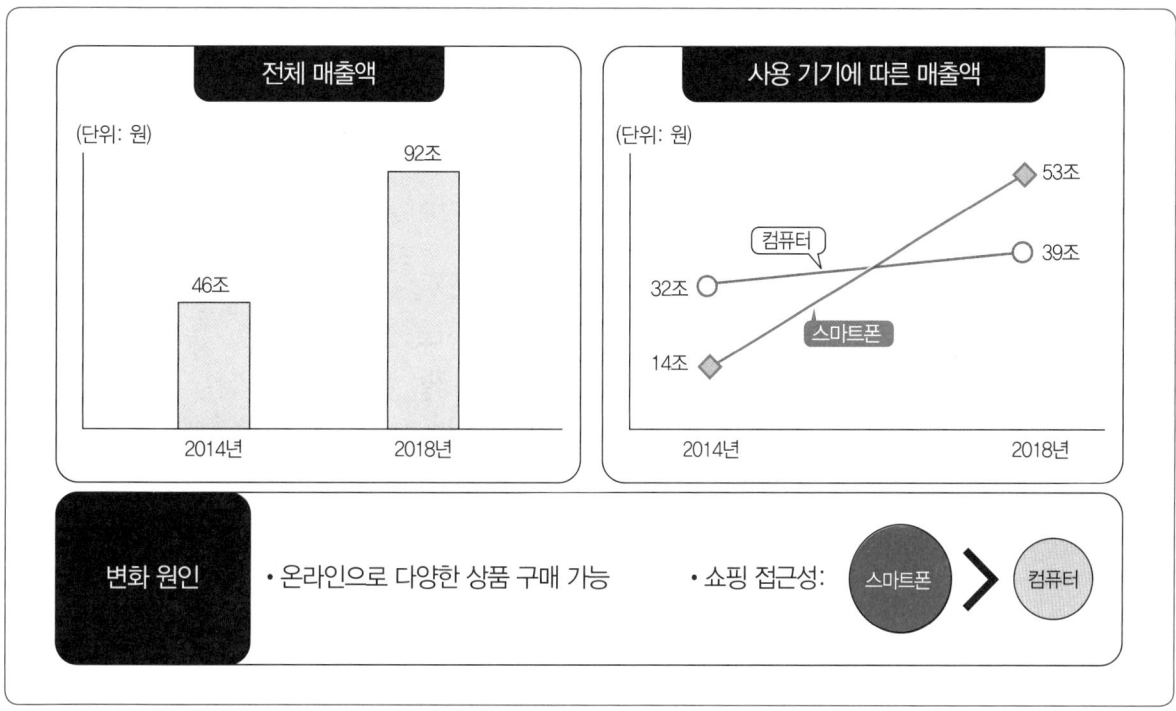

54 다음을 주제로 하여 자신의 생각을 600~700자로 글을 쓰시오. 단, 문제를 그대로 옮겨 쓰지 마시오. (50점)

사람은 누구나 청소년기를 거쳐 어른이 된다. 아동에서 어른으로 넘어가는 이 시기에 많은 청소년들은 혼란과 방황을 겪으며 성장한다. 아래의 내용을 중심으로 '청소년기의 중요성'에 대한 자신의 생각을 쓰라.

- 청소년기가 중요한 이유는 무엇인가?
- 청소년들은 이 시기에 주로 어떤 특징을 보이는가?
- 청소년의 올바른 성장을 돕기 위해 어떤 노력이 필요한가?

※ 원고지 쓰기의 예

	별	은		지	구	에	서		멀	리		떨	어	져		있	다	.		그
래	서		별	빛	이		지	구	까	지		오	는		데		많	은		

제60회 기출문제

※ [51~52] 다음을 읽고 ㉠과 ㉡에 들어갈 알맞은 말을 각각 한 문장으로 쓰시오. (각 10점)

51

> **Q&A**
>
> 게시판
>
> 제목: 도서관을 이용하고 싶습니다.   작성자: 타넷(2018-10-20)
>
> 한국대학교를 졸업한 학생인데 도서관을 이용하고 싶습니다.
> 선배에게 물어보니 졸업생이 도서관을 이용하려면 출입증이 (㉠).
> 출입증을 만들려면 (㉡)? 방법을 알려 주시면 감사하겠습니다.

㉠:

㉡:

52

> 사람들은 음악 치료를 할 때 환자에게 주로 밝은 분위기의 음악을 들려줄 것이라고 생각한다. 그러나 환자에게 항상 밝은 분위기의 음악을 (㉠). 치료 초기에는 환자가 편안한 감정을 느끼는 것이 중요하다. 그래서 환자의 심리 상태와 비슷한 분위기의 음악을 들려준다. 그 이후에는 환자에게 다양한 분위기의 음악을 들려줌으로써 환자가 다양한 감정을 (㉡).

㉠:

㉡:

53 다음을 참고하여 '인주시의 자전거 이용자 변화'에 대한 글을 200~300자로 쓰시오. 단, 글의 제목을 쓰지 마시오. (30점)

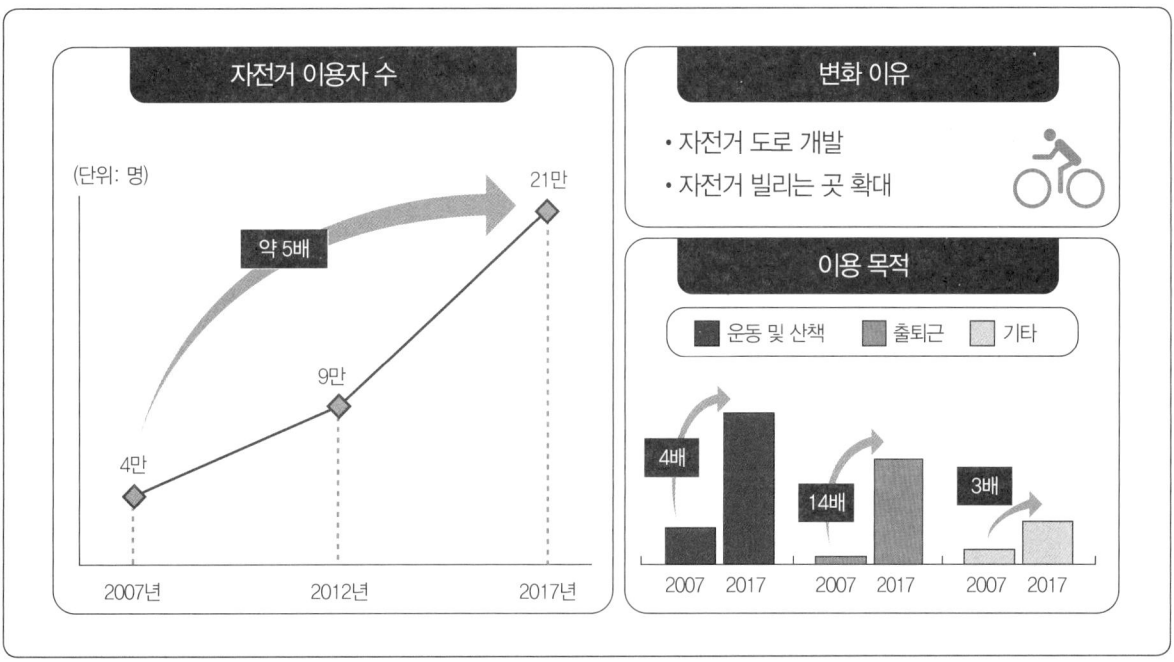

54 다음을 주제로 하여 자신의 생각을 600~700자로 글을 쓰시오. 단, 문제를 그대로 옮겨 쓰지 마시오. (50점)

> 요즘은 아이가 학교에 들어가기 전 어릴 때부터 악기나 외국어 등 여러 가지를 교육하는 경우가 많다. 이러한 조기 교육은 좋은 점도 있지만 문제점도 있다. 아래의 내용을 중심으로 '조기 교육의 장점과 문제점'에 대해 자신의 의견을 쓰라.
>
> • 조기 교육의 장점은 무엇인가?
> • 조기 교육의 문제점은 무엇인가?
> • 조기 교육에 찬성하는가, 반대하는가? 근거를 들어 자신의 의견을 쓰라.

※ 원고지 쓰기의 예

	사	람	들	은		음	악		치	료	를		할		때		환	자	에
게		주	로		밝	은		분	위	기	의		음	악	을		들	려	줄

📋 제91회 모범 답안 및 평가 기준

51

🔒 모범 답안

㉠: 변경하고 싶습니다 / 바꾸고 싶습니다

㉡: 불가능하면 / 어려우면

🔒 평가 기준

㉠	내용	'예약을'과 호응하는 '변경하다' 또는 '바꾸다' 어휘 사용
	형식	소망이나 바람을 나타내는 '-고 싶다' 표현 사용
㉡	내용	'예약 변경이 가능한지'라는 뒤 문장과 대응되는 '불가능하다' 또는 '어렵다' 어휘 사용
	형식	'만약'과 호응하여 가정을 나타내는 '-면' 표현 사용

52

🔒 모범 답안

㉠: 중독된다고 한다

㉡: 먹지 않도록

🔒 평가 기준

㉠	내용	'단맛에도'와 호응하는 '중독되다' 어휘 사용
	형식	'전문가들은'과 호응하는 간접화법 '-다고 하다' 표현 사용
㉡	내용	'음식을'과 호응하는 '먹다' 어휘 사용
	형식	앞말이 나타내는 행위나 상태를 부정하는 '-지 않다' 표현 사용

53

모범 답안

　산업경제연구소의 조사에 따르면 대형 마트의 매출액은 2015년에 24조 2천억 원이었던 것이 2022년에 24조 3천억 원으로 큰 변화가 없었다. 그에 비해 편의점 매출액은 2015년에 17조 2천억 원이었던 것이 2022년에 22조 3천억 원으로 크게 증가한 것을 알 수 있었다. 이렇게 편의점 매출액이 크게 증가한 원인은 첫째, 편의점 수가 증가하여 고객 접근성이 향상되고, 둘째, 소포장 상품의 수요가 증가했기 때문이다. 이런 추세로 볼 때 2023년에는 편의점의 매출액이 대형 마트를 넘어설 것으로 전망된다.

평가 기준

과제 1	두 판매처의 매출액 변화 그래프 읽기	• 그래프에 표시된 모든 정보 제시: 두 판매처의 매출액 변화 비교 　– 대형 마트: 2015년(24조 2천억 원), 2022년(24조 3천억 원) → 비슷 　– 편의점: 2015년(17조 2천억 원), 2022년(22조 3천억 원) → 크게 증가
과제 2	편의점 매출액 증가의 원인 밝히기	• 편의점 수 증가로 인한 고객 접근성 향상 • 소포장 상품 수요 증가
과제 3	두 판매처의 매출액 전망 밝히기	• 2023년 매출액 전망 비교 　– 편의점 매출액이 대형 마트 매출액을 넘어설 것으로 전망

54

모범 답안

　정보 통신 기술의 발달과 소셜 미디어의 대중화로 인해 이 시대에는 누구나 쉽게 정보를 생산하고 불특정 다수와 공유할 수 있게 되었다. 이는 정보를 생산하고 유통하는 매체가 신문이나 방송과 같은 전통적 미디어에서 디지털 미디어 플랫폼으로 확장되면서 가능해진 것이다. 나아가 그 과정에서 경제적 가치를 창출하는 것 역시 가능해지면서 다양한 문제가 양산되고 있다. 사람들의 이목을 끌기 위한 가짜 뉴스의 등장도 그 문제 중 하나이다.

　가짜 뉴스는 정보 수용자로 하여금 잘못된 지식과 선입견, 편협한 사고를 형성하게 한다. 가짜 뉴스의 소재가 되는 개인이나 기업, 단체의 경우 이미지 타격과 경제적 피해는 물론이고 사회적으로 재기가 어려울 정도로 명예가 훼손되기도 한다. 또한 가짜 뉴스는 혐오를 확산하고 사회적 불안을 야기하며 사회 구성원들의 통합을 방해한다. 나아가 정치 및 외교적 문제로 심화될 가능성도 있기 때문에 심각한 사회 문제라 말할 수 있다.

　가짜 뉴스를 근절하기 위해서는 우선 제도적으로 가짜 뉴스의 생산과 유통이 불법적 행위임을 규정하고, 가짜 뉴스 단속을 위한 기구를 만들어 가짜 뉴스가 확산되지 않도록 규제를 강화해야 한다. 또한 각종 캠페인이나 교육을 통해 가짜 뉴스의 위험성과 위법성을 알리는 것 역시 필요하다. 나아가 정보의 진위를 판단하는 기술을 개발해 가짜 뉴스가 정보 수용자에게 전달되는 것을 방지하는 것도 좋은 방법일 것이다.

평가 기준

과제 1	[처음] 가짜 뉴스가 생겨나는 사회적 배경	• 정보 통신 기술의 발달과 소셜 미디어의 대중화로 정보의 생산과 공유가 쉬워짐 • 전통적 미디어에서 디지털 미디어 플랫폼으로 매체가 확장되면서 가능해진 것 • 경제적 가치 창출도 가능해지면서 다양한 문제가 발생함(가짜 뉴스의 등장도 그중 하나)
과제 2	[중간] 가짜 뉴스로 인해 생기는 문제점	• 수용자: 잘못된 지식, 선입견, 편협한 사고 형성 유도 • 대상자: 이미지 타격, 경제적 피해, 명예 훼손 • 사회적: 혐오 확산, 사회적 불안 야기, 구성원들의 통합 방해, 정치 및 외교적 문제로 심화
과제 3	[끝] 가짜 뉴스 근절을 위한 방안	• 제도적으로 가짜 뉴스의 생산과 유통이 불법적 행위임을 규정하고 가짜 뉴스가 확산되지 않도록 규제를 강화해야 함 • 캠페인이나 교육을 통해 가짜 뉴스의 위험성과 위법성을 알리고 정보 진위 판단 기술을 개발해 가짜 뉴스가 전달되는 것을 방지하는 것도 좋음

제83회 모범 답안 및 평가 기준

51

모범 답안

㉠: 본 적이
㉡: 하고 싶습니다

평가 기준

㉠	내용	'별을'과 호응하는 '보다' 어휘 사용
	형식	경험을 나타내는 '-(으)ㄴ/는 적이 있다/없다' 표현 사용
㉡	내용	'경험을'과 호응하는 '하다' 어휘 사용
	형식	소망이나 바람을 나타내는 '-고 싶다' 표현 사용

52

모범 답안

㉠: 놀라게 한다
㉡: 방법이라고 한다

평가 기준

㉠	내용	'깜짝'과 호응하는 '놀라다' 어휘 사용
	형식	'이 소리는 동물을 깜짝'과 호응하는 '-게 하다' 표현 사용
㉡	내용	'식물은 다양한 방법으로 자신을 보호한다'라는 첫 문장과 호응하는 '방법' 어휘 사용
	형식	'식물학자들은'과 호응하는 간접화법 '~(이)라고 하다' 표현 사용

53

모범 답안

　인주시 사회연구소에서는 인주시의 가구 수 변화를 조사하였다. 조사 결과 인주시의 가구 수는 2001년에 15만 가구에서 2021년에는 21만 가구로 1.4배 증가하였다. 이는 인원수별 가구의 비율이 1인 가구는 2001년에 15%에서 2021년에는 30%로 크게 증가하였고 2~3인 가구는 45%에서 50%로 증가한 반면, 4인 이상 가구는 40%에서 20%로 큰 폭으로 감소하였기 때문이다. 이러한 변화는 독립한 20대와 노인 가구 증가의 결과로 보인다. 2040년에는 1인 가구가 43% 이상이 될 전망이다.

평가 기준

과제 1	가구 수 변화 그래프 읽기	• 그래프에 표시된 모든 정보 제시: 연도별 가구 수, 증가폭 　- 2001년(15만 가구), 2021년(21만 가구) → 1.4배 증가
과제 2	인원수별 가구의 비율 그래프 읽기	• 그래프에 표시된 모든 정보 제시: 인원수별 가구의 비율 비교 　- 1인 가구: 2001년(15%), 2021년(30%) → 크게/대폭 증가 　- 2~3인 가구: 2001년(45%), 2021년(50%) → 조금/소폭 증가 　- 4인 이상 가구: 2001년(40%), 2021년(20%) → 크게/대폭 감소
과제 3	가구 수 증가 원인과 전망 밝히기	• 독립한 20대와 노인 가구 증가의 결과 • 2040년에는 1인 가구가 43% 이상이 될 전망

54

🔒 모범 답안

　변화와 발전을 끊임없이 요구하는 현대 사회에서 창의력은 꼭 필요하다. 먼저 창의력은 새로운 관점을 가져온다. 정보가 넘쳐나는 오늘날 새로운 관점이 있으면 차별화된 시각으로 정보를 통합하고 활용할 수 있다. 또한 우리 사회는 새로운 시도 없이는 발전하기 어려운데 창의력은 기존 사고에 머무르지 않고 변화를 시도할 수 있게 돕는다. 나아가 창의력은 기존의 사고만으로는 해결하기 어려운 문제를 해결하는 데에 중요한 역할을 한다.

　이와 같이 창의력은 새로운 사고를 할 수 있게 하므로 창의력을 발휘했을 때 우리는 다양한 성과를 얻을 수 있다. 창의력을 발휘하면 자신의 업무 분야에서 뛰어난 업무 성과를 보일 수 있다. 또한 예술과 문화의 영역에서 음악이나 영화 등 새로운 콘텐츠를 만들어 냄으로써 사람들에게 신선한 감동을 줄 수도 있다. 뿐만 아니라 획기적인 사고를 바탕으로 삶의 질을 높여주는 새로운 상품이나 기술을 발명하여 사회에 기여할 수 있다.

　창의력을 기르기 위해서는 먼저 독서 및 다양한 경험을 통해 사고의 폭을 넓혀야 한다. 또한 눈에 보이는 현상에만 집중하는 것이 아니라 현상 뒤에 숨겨진 원인을 탐색하고 새로운 관점으로 문제에 접근하는 태도를 가져야 한다. 마지막으로 기존의 정답에만 머무는 것이 아니라 비판적 사고를 바탕으로 새로운 해결 방안이 없는지를 모색하는 노력을 기울여야 한다.

🔒 평가 기준

과제 1	[처음] 창의력이 필요한 이유	• 새로운 관점을 가져와 차별화된 시각으로 정보를 통합하고 활용할 수 있음 • 기존 사고에 머무르지 않고 변화를 시도할 수 있게 도움 • 기존의 사고만으로는 해결하기 어려운 문제를 해결하는 데 중요한 역할을 함
과제 2	[가운데] 창의력을 발휘했을 때의 성과	• 자신의 업무 분야에서 뛰어난 업무 성과를 보일 수 있음 • 예술과 문화의 영역에서 새로운 콘텐츠를 만들어 낼 수 있음 • 획기적인 사고로 새로운 상품이나 기술을 발명할 수 있음
과제 3	[끝] 창의력을 기르기 위한 방법	• 독서 및 다양한 경험으로 사고의 폭을 넓혀야 함 • 눈에 보이는 현상 뒤에 숨겨진 원인을 탐색하고 새로운 관점으로 문제에 접근하는 태도를 가져야 함 • 비판적 사고를 바탕으로 새로운 해결 방안이 없는지 모색하는 노력을 기울여야 함

제64회 모범 답안 및 평가 기준

51

모범 답안

㉠: 하러 갑니다
㉡: 들면 좋겠습니다 / 들었으면 좋겠습니다

평가 기준

㉠	내용	'일을'과 호응하는 '하다'와 '홍콩으로'와 호응하는 '가다' 어휘 사용
	형식	동작의 목적을 나타내는 '-러' 표현 사용
㉡	내용	'마음에'와 호응하는 '들다' 어휘 사용
	형식	소망이나 바람을 나타내는 '-면 좋겠다' 표현 사용

52

모범 답안

㉠: 모습을 보는 것이다
㉡: 지나야 알 수 있다 / 지난 후에야 알 수 있다

평가 기준

㉠	내용	'모습이 아니라'와 대응되는 '모습을 보다' 어휘 사용
	형식	'만약 -(ㄴ/는)다면'과 호응하는 '-는 것이다' 표현 사용
㉡	내용	'시간이'와 호응하는 '지나다'와 '알지 못하고'와 대응되는 '알다' 어휘 사용
	형식	시간의 선후 관계를 나타내는 '-아야' 또는 '-(으)ㄴ 후에야' 표현 사용

53

🔒 모범 답안

　온라인 쇼핑 시장의 변화에 대해 조사한 결과, 온라인 쇼핑 시장의 전체 매출액은 2014년에 46조 원, 2018년에 92조 원으로 4년 만에 크게 증가한 것으로 나타났다. 사용 기기에 따른 매출액은 컴퓨터의 경우 2014년에 32조 원, 2018년에 39조 원으로 소폭 증가한 반면 스마트폰은 2014년에 14조 원, 2018년에 53조 원으로 매출액이 큰 폭으로 증가하였다. 이와 같이 온라인 쇼핑 시장이 변화한 원인은 온라인으로 다양한 상품 구매가 가능해졌고 스마트폰이 컴퓨터에 비해 쇼핑 접근성이 높아졌기 때문이다.

🔒 평가 기준

과제 1	전체 매출액 그래프 읽기	• 그래프에 표시된 모든 정보 제시: 연도별 매출액, 증가폭 − 2014년(46조 원), 2018년(92조 원) → 4년, 증가
과제 2	사용 기기에 따른 매출액 그래프 읽기	• 그래프에 표시된 모든 정보 제시: 기기에 따른 연도별 매출액 비교 − 컴퓨터: 2014년(32조 원), 2018년(39조 원) → 소폭/조금 증가 − 스마트폰: 2014년(14조 원), 2018년(53조 원) → 대폭/크게 증가
과제 3	온라인 시장의 변화 원인 밝히기	• 온라인으로 다양한 상품 구매 가능 • 스마트폰이 컴퓨터보다 쇼핑 접근성이 높음

54

🔒 모범 답안

 청소년기는 자아 정체성을 찾아가는 과도기라는 점에서 사람의 생애 중 중요한 시기이다. 청소년기에 형성된 자아 정체성은 진로나 인간관계뿐만 아니라 삶의 전 영역에 지속적인 영향을 미친다. 또한 이 시기는 청소년이 올바른 사회 구성원이 되기 위해 준비하는 시기이기도 하다.

 그러나 청소년은 아직 자아가 형성되지 않았기 때문에 심리적으로 불안정해지기 쉽다. 특히 가치관의 혼란, 타인의 평가, 또래 집단 내의 압박감 등은 청소년들이 불안정함을 느끼게 되는 주된 요인이다. 또한 청소년은 기존의 제도에 저항하거나 자신을 억압하는 어른에 대해 강한 반항심을 보이기도 한다. 뿐만 아니라 청소년은 아직 옳고 그름의 기준이 정립되지 않았기 때문에 주변 환경의 영향을 받기 쉽다. 이러한 특성으로 어떤 청소년은 일탈이나 돌발적인 행동을 하며 극단적인 경우 자신과 사회에 해를 끼치는 행동을 하기도 한다.

 청소년이 건강하게 청소년기를 보내고 미래의 인재로 성장하도록 돕기 위해서는 가정과 사회의 다각적인 노력이 필요하다. 가정에서는 청소년의 특성을 성장을 위한 하나의 과정으로 이해하고 청소년이 건강한 자아 정체성을 형성할 수 있도록 정서적으로 지원할 필요가 있다. 사회에서는 청소년 심리 상담 센터나 방황하는 청소년을 위한 위탁 시설을 운영하는 등의 제도적 지원을 통해 청소년의 올바른 성장을 도울 수 있을 것이다.

🔒 평가 기준

과제 1	[처음] 청소년기가 중요한 이유	• 청소년기는 자아 정체성을 찾아가는 과도기임 • 청소년기에 형성된 자아 정체성은 삶의 전 영역에 영향을 미침 • 청소년기는 청소년이 올바른 사회 구성원이 되기 위해 준비하는 시기임
과제 2	[가운데] 청소년기의 특징	• 청소년은 심리적으로 불안정해지기 쉬움 • 청소년은 기존 제도에 저항하거나 어른에 대해 반항심을 보이기도 함 • 청소년은 주변 환경의 영향을 받기 쉬움
과제 3	[끝] 청소년의 올바른 성장을 돕기 위한 노력	• 가정에서는 청소년의 특성을 성장을 위한 과정으로 이해하고 정서적으로 지원해 주어야 함 • 사회에서는 청소년 심리 상담 센터나 위탁 시설 등의 제도적 지원을 해 주어야 함

제60회 모범 답안 및 평가 기준

51

🔒 **모범 답안**

㉠: 필요하다고 합니다 / 있어야 한다고 합니다
㉡: 어떻게 해야 합니까 / 어떻게 해야 됩니까

🔒 **평가 기준**

㉠	내용	'출입증이'와 호응하는 '필요하다' 또는 '있어야 하다' 어휘 사용
	형식	'선배에게 물어보니'와 호응하는 간접화법 '-(ㄴ/는)다고 하다/듣다' 표현 사용
㉡	내용	'어떻게 하다' 어휘 사용 ('무엇을 하다' 또는 '어디로 가다'와 같은 의미도 정답으로 처리)
	형식	'만들려면'과 호응하는 '-아/어/여야 하다' 표현 사용

52

🔒 **모범 답안**

㉠: 들려주는 것은 아니다 / 사용하는 것은 아니다
㉡: 느끼도록 한다 / 느끼게 한다

🔒 **평가 기준**

㉠	내용	'환자에게' 및 '음악을'과 호응하는 '들려주다' 또는 '사용하다', '틀어주다' 어휘 사용
	형식	'항상'과 호응하는 '-는 것은 아니다' 표현 사용 ('-지 않다'는 '항상' 때문에 문장의 의미가 완전 부정으로 바뀌게 되므로 수행에서 제외할 것)
㉡	내용	'감정을'과 호응하는 '느끼다' 어휘 사용
	형식	'음악을 들려줌으로써 환자가 다양한 감정을'과 호응하는 '-도록 하다' 또는 '-게 하다' 표현 사용

53

모범 답안

　인주시의 자전거 이용자 변화를 살펴보면, 자전거 이용자 수는 2007년 4만 명에서 2012년에는 9만 명, 2017년에는 21만 명으로, 지난 10년간 약 5배 증가하였다. 특히 2012년부터 2017년까지 자전거 이용자 수가 급증한 것으로 나타났다. 이와 같이 자전거 이용자 수가 증가한 이유는 자전거 도로가 개발되고 자전거 빌리는 곳이 확대되었기 때문인 것으로 보인다. 자전거 이용 목적을 보면, 10년간 운동 및 산책은 4배, 출퇴근은 14배, 기타는 3배 늘어난 것으로 나타났으며, 출퇴근 시 이용이 가장 높은 증가율을 보였다.

평가 기준

과제 1	자전거 이용자 수 그래프 읽기	• 그래프에 표시된 모든 정보 제시: 연도별 이용자 수 및 증가폭 • 자전거 이용자 수의 변화 읽기 　- 2007년에서 2012년까지의 자전거 이용자 수의 변화: 증가하다/많아지다/늘어나다 　- 2012년에서 2017년까지의 자전거 이용자 수의 변화: 급격하게 증가하다
과제 2	자전거 이용자 수의 변화 이유 밝히기	• 자전거 도로 개발 • 자전거 빌리는 곳 확대
과제 3	이용 목적 그래프 읽기	• 그래프에 표시된 모든 정보 제시: 이용 목적, 증가폭 　- 이용 목적별 변화 읽기 　- 이용 목적별 증가폭 비교: 10년간 출퇴근 시 이용 목적이 큰 폭으로 증가함

54

🔒 모범 답안

　요즘은 학교에 들어가지 않은 아이들에게 다양한 교육을 실시하는 경우가 많다. 어릴 때부터 이루어지는 조기 교육은 좋은 점도 있지만 문제점도 있다.

　먼저 조기 교육의 가장 큰 장점은 아이의 재능을 일찍 발견하고 아이가 가진 잠재력을 극대화할 수 있다는 점이다. 예를 들어 예체능계의 유명인 중에는 어릴 때부터 체계적인 교육을 받은 경우가 많다. 또 다른 조기 교육의 장점은 아이의 학업 경쟁력을 높일 수 있다는 점이다. 이 외에도 조기 교육에서의 다양한 경험은 아이의 세계관을 넓히는 데 도움이 된다.

　그러나 조기 교육은 부모의 강요에 의해 이루어질 수 있다는 문제점이 있다. 이로 인해 아이는 스트레스를 받거나, 억압적인 학습 경험의 반발로 학업에 흥미를 느끼지 못할 수 있다. 또한 조기 교육이 과도하게 이루어질 경우, 아이들의 정서 발달에 부정적인 영향을 미칠 수 있다.

　조기 교육의 장점에도 불구하고 위의 문제점을 고려하였을 때 조기 교육을 실시하는 것이 적절하지 않다고 생각한다. 진정한 교육이란 학습자의 자발성과 내적 동기를 전제로 이루어진다고 생각하기 때문이다. 아이는 발달 중에 있고 경험이 적기 때문에 자신이 무엇을 배우고 싶은지 명확히 인지하지 못할 가능성이 크다. 이는 아이의 동기보다 보호자의 바람이 조기 교육에 더 큰 영향을 미치게 되는 이유이기도 하다. 이러한 이유로 조기 교육을 실시하는 것에 반대한다.

🔒 평가 기준

과제 1	[처음] 조기 교육의 장점	• 재능을 일찍 발견함으로써 잠재력을 극대화할 수 있음 • 조기 교육을 통해 학업 경쟁력을 높일 수 있음 • 조기 교육에서의 다양한 경험을 통해 아이의 세계관을 넓힐 수 있음
과제 2	[중간] 조기 교육의 문제점	• 부모의 강요에 의해 이루어질 수 있음 • 과도한 부담감 및 스트레스로 인하여 학업에 흥미를 느끼지 못할 수 있음 • 지나친 조기 교육은 아이의 정서 발달에 좋지 않음
과제 3	[끝] 조기 교육에 대한 나의 생각	• 교육의 진정한 의미는 자발성과 내적 동기에 있음 • 어릴 때는 자신이 원하는 것을 인식하지 못할 가능성이 큼 • 조기 교육의 특성상 아이의 자발성보다는 보호자의 뜻이 더 중요하게 작용할 수밖에 없으므로 조기 교육은 진정한 교육이 아니라고 생각함(장단점에 기술된 내용을 '과제 3'에서 반복할 경우 수행에서 제외할 것)

죽는 날까지 하늘을 우러러 한 점 부끄럼이 없기를

– 윤동주의 '서시' 중 –

PART 04
말하기 평가

 혼자 TOPIK 공부를 하기 힘들다면?
www.youtube.com ➜ TOPIK STUDY 구독 ➜ TOPIK2 한 번에 통과하기/쓰기 클릭!
www.youtube.com ➜ 시대에듀 구독 ➜ TOPIK 한국어능력시험 학습 특강 클릭!

01 시험 소개

실제 시험은 시행 국가 및 시험 당일 고사장 사정에 따라 다를 수 있습니다.

1. 시험 시간표

구분	입실 완료 시간	본인 확인 및 유의 사항 안내	시험 시작	시험 종료
토픽 말하기 평가	16:20	16:20~17:00	17:00	17:30

2. 등급 체계

등급	등급 기술	점수
6급	• 사회적 화제나 추상적 화제에 대해 논리적이고 설득력 있게 말할 수 있다. • 오류가 거의 없으며 매우 다양한 어휘와 문법을 담화 상황에 맞게 사용할 수 있다. • 발음과 억양, 속도가 자연스러워 발화 전달력이 우수하다.	160~200점
5급	• 사회적 화제나 일부 추상적 화제에 대해 비교적 논리적이고 일관되게 말할 수 있다. • 오류가 간혹 나타나나 다양한 어휘와 표현을 담화 상황에 맞게 사용할 수 있다. • 발음과 억양, 속도가 대체로 자연스러워 발화 전달력이 양호하다.	130~159점
4급	• 일부 사회적 화제에 대해 대체로 구체적이고 조리 있게 말할 수 있다. • 오류가 때때로 나타나나 다양한 어휘와 표현을 대체로 담화 상황에 맞게 사용할 수 있다. • 발음과 억양, 속도가 비교적 자연스러워 의미 전달에 문제가 거의 없다.	110~129점
3급	• 친숙한 사회적 화제에 대해 비교적 구체적으로 말할 수 있다. • 오류가 때때로 나타나나 어느 정도 다양한 어휘와 표현을 비교적 담화 상황에 맞게 사용할 수 있다. • 발음과 억양, 속도가 다소 부자연스러우나 의미 전달에 큰 문제가 없다.	90~109점
2급	• 자주 접하는 사회적 상황에서 일상적 화제에 대해 묻거나 답할 수 있다. • 언어 사용이 제한적이며 담화 상황에 맞지 않는 경우가 있고 오류가 잦다. • 발음과 억양, 속도가 부자연스러워 의미 전달에 다소 문제가 있다.	50~89점
1급	• 친숙한 일상적 화제에 대해 질문을 듣고 간단하게 답할 수 있다. • 언어 사용이 매우 제한적이며 오류가 빈번하다. • 발음과 억양, 속도가 매우 부자연스러워 의미 전달에 문제가 있다.	20~49점
불합격	–	0~19점

3. 문항 구성

문항	문항 유형	준비 시간	응답 시간
1번	질문에 대답하기	20초	30초
2번	그림 보고 역할 수행하기	30초	40초
3번	그림 보고 이야기하기	40초	60초
4번	대화 완성하기	40초	60초
5번	자료 해석하기	70초	80초
6번	의견 제시하기	70초	80초

※ 말하기 5번, 6번은 쓰기 53번, 54번과 비슷한 유형이므로 함께 공부하면 좋습니다.

02 문항 소개

※ 다음은 '문단 구성하기' 유형과 함께 공부하기에 좋은 말하기 문제입니다.

01 주제: 신용 카드 사용 (50쪽)

| 연관 주제 |

주제 1 신용 카드의 사용 혜택 `실전 연습`
신용 카드 사용 시 받을 수 있는 각종 할인 혜택 중 교통 요금의 할인을 원하는 사람들이 가장 많다고 한다.

주제 2 신용 카드의 포인트 사용
국내에서 사용되지 않고 소멸되는 신용 카드의 포인트는 연간 천억 원에 달한다.

주제 3 재래시장과 신용 카드
재래시장에서도 신용 카드 등 다양한 결제 수단을 이용할 수 있게 되면서 재래시장을 찾는 사람들이 계속 증가하고 있다.

💬 실전 연습

🔊 자료를 설명하고 의견을 제시하십시오. 70초 동안 준비하십시오. '삐' 소리가 끝나면 80초 동안 말하십시오.

여자: 뉴스를 듣고 자료에 제시된 사회 현상을 설명하십시오. 그리고 이러한 현상이 사회에 미치는 영향에 대해 말하십시오.

남자: 다음 뉴스입니다. 요즘 결제 수단으로 신용 카드를 사용하는 사람들이 많은데요. 조사 결과 카드 사용자들은 다양한 분야에서 카드 사용의 혜택을 원하고 있었습니다. 혜택을 원하는 분야에는 대학생과 직장인 사이에 차이가 있는 것으로 나타났습니다.

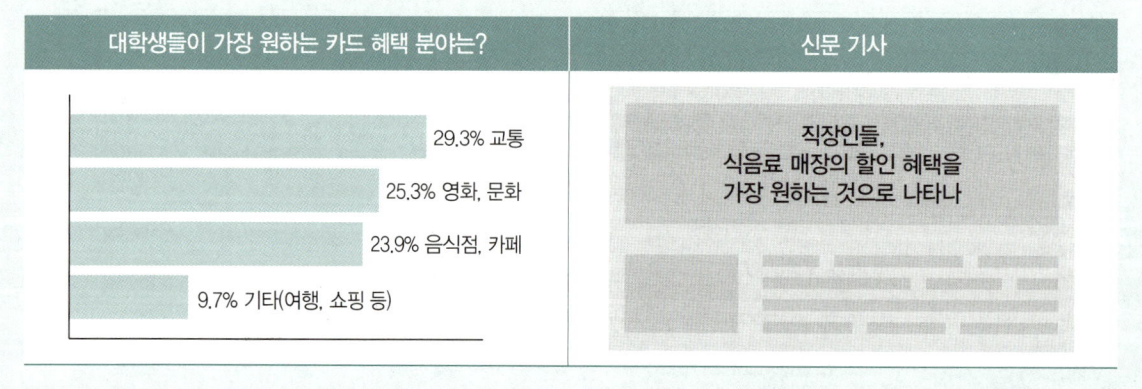

🔒 모범 답안

자료에 따르면 <u>대학생들을</u> 대상으로 한 조사에서 가장 <u>원하는</u> 신용 카드의 혜택 분야로 <u>응답자의</u> 29.3%가
　　　　　　[대학쌩드를]　　　　　　　　　　　　　　　　　[원하는]　　　　　　　　　　　　　[응답짜]

교통 할인을 꼽았습니다. 이어서 영화 등의 문화 분야에서 <u>할인을</u> <u>원한다는</u> 응답이 25.3%, <u>음식점</u>과 카페
　　　　　　　[하리늘]　　　　　　　　　　　　　　　[하리늘]　[원한다는]　　　　　　　[음식쩜]

<u>할인이</u> 23.9%로 나타났습니다. <u>그밖에</u> 여행이나 쇼핑 등의 분야도 있었지만 3위와 4위의 차이가 17% 이상
[하리니]　　　　　　　　　　　[그바께]

<u>벌어질</u> 정도로 <u>컸습니다</u>.
[버러질]　　　　 [컫쏨니다]

이러한 조사 결과에 대해서는 <u>대학생들의</u> 지출이 교통과 영화 관람 <u>등의</u> 문화생활, 그리고 <u>식음료</u> 매장 이용
　　　　　　　　　　　　　　　[대학쌩드레]　　　　　　　　　　　[등에]　　　　　　　　　[시금뇨]

에 <u>집중되어</u> <u>있다는</u> 해석이 가능합니다. 이와는 달리 <u>직장인들의</u> 경우에는 <u>음식점</u>이나 카페 이용 시 가장 할
　　[집쭝되어] [읻따는]　　　　　　　　　　　　　　[직짱인드레]　　　　　　[음식쩜]

인 혜택을 <u>원하는</u> <u>것으로</u> 나타났는데요. 이러한 차이를 통해 <u>앞으로</u> 사용자의 소비 성향에 맞춘 다양한 카드
　　　　　　[원하는] [거스로]　　　　　　　　　　　　　　[아프로]

가 <u>출시될</u> <u>것이라는</u> 점도 예상해 <u>볼</u> 수 <u>있습니다</u>.
　　[출씨될] [거시라는]　　　　　　　[뽈]　 [읻씀니다]

받침 19개 중 발음될 수 있는 것은 7개뿐! [ㄱ], [ㄴ], [ㄷ], [ㄹ], [ㅁ], [ㅂ], [ㅇ]

1. [ㅂ] 예 집[집], 앞[압]
2. [ㄷ] 예 걷다[걷따], 묻[묻], 옷[옫], 샀고[삳꼬], 잊재[읻째], 윷[윧], 좋소[졷쏘]
3. [ㄱ] 예 국[국], 밖[박], 부엌[부억]

★ 앞에[아페], 옷은[오슨], 밖으로[바끄로]

04 주제: 직장 생활 (59쪽)

| 연관 주제 |

주제 1 유연 근무제의 도입 실전 연습
삶과 일의 균형을 중요시하는 문화가 점점 확산되면서 일정 범위에서 근로자가 근로 장소와 시간을 자율적으로 결정할 수 있는 제도가 도입되었다.

주제 2 직장 내 세대 차이
직장은 다양한 구성원이 모여 있는 곳이기 때문에 서로의 생각을 이해하고 세대별 갈등을 해결하는 것이 더욱 중요하다.

주제 3 직장의 의미와 일의 가치
요즘 젊은 층에서는 주식투자 등으로 빨리 큰돈을 벌어 직장을 조기에 퇴직하겠다는 생각이 유행처럼 퍼지고 있다.

실전 연습

🔊 자료를 설명하고 의견을 제시하십시오. 70초 동안 준비하십시오. '삐' 소리가 끝나면 80초 동안 말하십시오.

여자: 뉴스를 듣고 자료에 제시된 사회 현상을 설명하십시오. 그리고 이러한 현상이 사회에 미치는 영향에 대해 말하십시오.

남자: 다음 뉴스입니다. 최근 많은 기업들이 시차출근이나 재택근무 등의 유연 근무제를 도입하고 있는데요. 조사 결과 이러한 근무 제도의 도입은 업무 효율성을 높이기 위한 목적이 가장 큰 것으로 나타났습니다. 기업들은 유연 근무제 도입 이후의 변화 중 하나로 근로 시간의 투명한 관리가 가능해졌다는 점을 꼽았습니다.

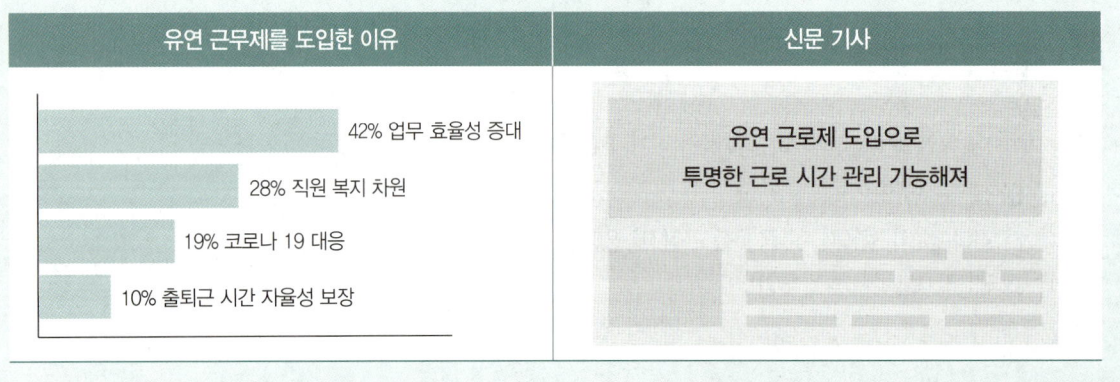

🔓 모범 답안

자료에 따르면 기업들은 무엇보다 업무의 효율성 증대를 위해서 다양한 형태의 유연 근무제를 도입하고
[기업뜨른]   [효율썽]   [다양한]   [도이파고]
있었습니다. 시차출근이나 재택근무 등의 도입에는 그 밖에 직원 복지 차원이나 코로나 19에 대한 대응 등의
[이써씀니다]   [재택끈무][등에]   [바께]   [복찌]   [등에]
이유도 있었습니다. 기업들은 이러한 근무 제도의 도입이 가져온 변화 중 하나로 근로 시간의 관리가 좀 더
        [이써씀니다] [기업뜨른]   [글로][시가네][괄리]
투명해졌다는 점을 꼽고 있습니다.
[투명해젿따는]   [꼽꼬]

다양한 형태의 유연 근무제 도입에는 삶의 질에 대한 인식의 변화가 큰 영향을 미쳤다고 할 수 있습니다. 개
[다양한]   [인시게]   [미쳗따고]
인의 행복을 위해 삶과 일의 균형을 맞추는 일이 매우 중요해진 것입니다. 물론 아직은 현실적인 도입이 어려
              [삼과][이레][균형을]   [현실쩌긴]
운 기업들도 있지만, 경영 및 근로 환경의 변화에 발맞추어 앞으로 이러한 유연 근무제의 도입은 빠른 속도로
  [기업뜰도][읻찌만] [민][글로][환경에]   [아프로]   [속또로]
확산될 것으로 전망됩니다.
[확싼될]

발음 포인트 2

ㄴ이 ㄹ 앞뒤에 오면 같아지려고 해요! [ㄴ] → [ㄹ]

1. [ㄹ] + [ㄴ] 예 설날[설랄], 실내[실래], 별난 사람[별란 사람]
2. [ㄴ] + [ㄹ] 예 원래[월래], 분리해서[불리해서], 핀란드[필란드]

★ '벌 + 네요 → 버네요[버네요]', '살 + 노라면 → 사노라면[사노라면]'처럼 용언의 경우에는 'ㄹ'이 없어집니다.

08 주제: 기부 문화 (71쪽)

| 연관 주제 |

주제 1 기부 문화의 활성화 실전 연습
개인의 기부에 대한 경험이 갈수록 줄고 있는 것은, 기부에 대한 부정적 시각이 확산되고 있기 때문이다.

주제 2 청소년들의 기부 문화
어려운 이웃을 돕는 모금 행사 등에서 고학년일수록 기부금이 줄고 있어 나눔 문화에 대한 학교 현장의 지속적인 교육이 필요할 것으로 보인다.

주제 3 재능 기부 현황
돈을 내는 금전적 기부에 비해 재능 기부는 개인의 전문성과 지식을 바탕으로 지속적으로 할 수 있는 형태라는 점에서 주목을 받고 있다.

실전 연습

🔊 자료를 설명하고 의견을 제시하십시오. 70초 동안 준비하십시오. '삐' 소리가 끝나면 80초 동안 말하십시오.

여자: 뉴스를 듣고 자료에 제시된 사회 현상을 설명하십시오. 그리고 이러한 현상이 사회에 미치는 영향에 대해 말하십시오.
남자: 다음 뉴스입니다. 기부를 하는 사람들이 점점 줄고 있는데요. 조사 결과 2017년부터 2021년까지 기부 경험자 수에 변화가 있었습니다. 이러한 현상은 기부에 대한 인식의 변화와 관계가 있는 것으로 나타났습니다.

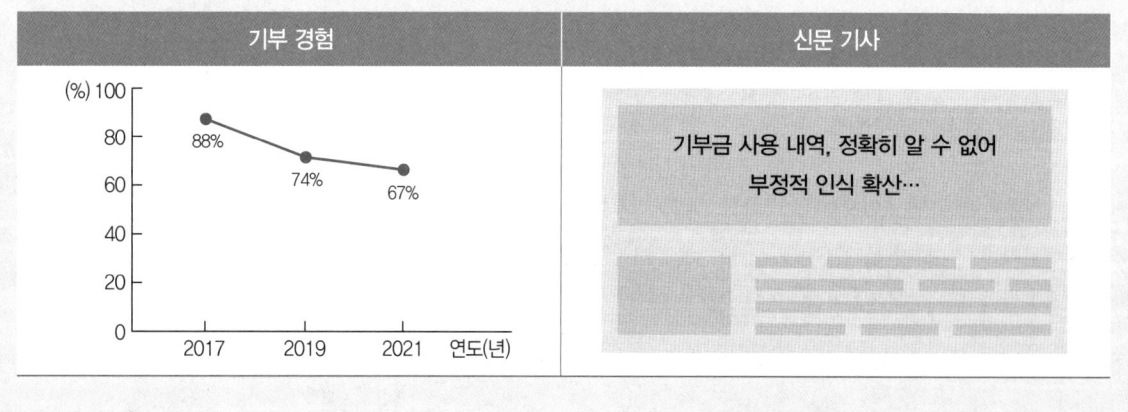

🔒 모범 답안

자료에 따르면 2017년부터 2021년까지 4년 동안 기부 경험자의 비율이 88%에서 67%까지 감소했습니다. 이
                                        [똥안]   [비유리]

러한 변화에 영향을 미친 것 중 하나는 기부에 대한 부정적 시각의 확산으로 분석됐습니다. 자신이 낸 기부금의
     [변화에] [영향을]   [시가게] [확싸느로]   [기부그메]

사용 내역이 정확히 공개되지 않으므로 해서, 기부를 하는 데에 불신이 생기게 된 것입니다.
          [정화키]   [아느므로]   [불씨니]

이러한 현상이 확대되면 기부 문화가 더욱 위축될 수 있습니다. 기부 행위는 타인에 대한 공감과 믿음에서
         [확때되면] [문화가]   [쑤]   [행위는]

비롯되는 것인데, 만약 기부금 사용 내역이 제대로 밝혀지지 않는다면 기부 행위는 지속되기 힘들 것입니다.
[비롣뙤는]   [발켜지지]   [지속뙤기] [꺼심니다]

따라서 기부를 받는 개인이나 기관에서는 기부금의 사용 내역을 제대로 공개해야 하고, 시민들도 그에 대한
         [반는] [기과네서는]   [기부그메]

관리나 감시를 소홀히 해서는 안 될 것입니다.
[괄리나] [소홀히]   [꺼심니다]

🗣 발음 포인트 3

비음(ㅁ, ㄴ, ㅇ) 앞뒤 소리가 비음으로 변신!

[ㅂ], [ㄷ], [ㄱ] → [ㅁ], [ㄴ], [ㅇ]

[ㄹ] → [ㄴ]

1. [ㅂ] 예 밥만[밤만], 갚는[감는]
2. [ㄷ] 예 얻는[언는], 컸네요[컨네요], 꽃말[꼰말]
3. [ㄱ] 예 국물[궁물], 섞는[성는], 부엌문[부엉문]
4. [ㄹ] 예 염려[염녀], 판단력[판단녁], 상류[상뉴]
          진입로 → 진입노 → [지님노], 학력 → 학녁 → [항녁]

★ 'ㄹ'의 비음화는 한자어와 외래어에서만 일어납니다.

13 주제: 독서와 생활 (86쪽)

| 연관 주제 |

주제 1 디지털 독서 활동 실전 연습
최근 인터넷 소설이나 잡지와 같이 디지털 매체를 활용한 독서 활동이 급속도로 증가하고 있다.

주제 2 독서량 감소에 따른 문제점
전반적인 독서량의 감소에 따라 글을 읽고 내용을 이해하는 능력인 문해력도 떨어졌다는 지적이 나오고 있다.

주제 3 대학생 독서 실태
대학생들이 가장 즐겨 읽는 책 분야는 소설, 자기계발서 순이며, 그에 비해 인문학과 역사에 대한 관심은 낮았다.

실전 연습

🔊 자료를 설명하고 의견을 제시하십시오. 70초 동안 준비하십시오. '삐' 소리가 끝나면 80초 동안 말하십시오.

여자: 뉴스를 듣고 자료에 제시된 사회 현상을 설명하십시오. 그리고 이러한 현상이 사회에 미치는 영향에 대해 말하십시오.

남자: 다음 뉴스입니다. 디지털 매체를 이용해 독서를 하는 사람들이 늘고 있는데요. 조사 결과 10년간 디지털 독서량에 큰 변화가 있었습니다. 반면 같은 기간 종이책 독서량은 감소한 것으로 나타났습니다.

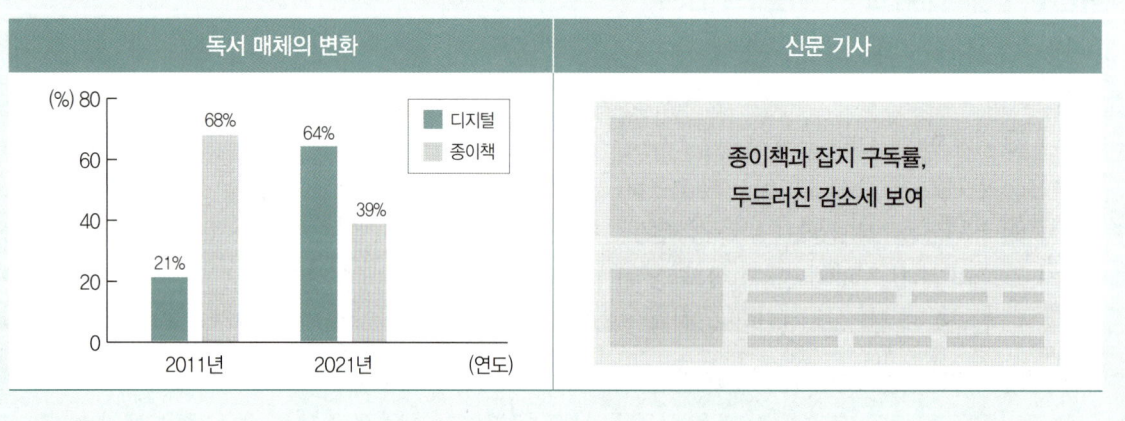

🔓 모범 답안

자료에 따르면 2011년부터 2021년까지 10년간 디지털 매체를 이용한 독서의 비율은 21%에서 64%까지 증가한 반면 종이책을 읽는 사람들은 크게 감소했습니다. 이러한 변화가 나타난 이유는 스마트폰과 같은 전자 기기를 통해 필요한 책을 바로바로 찾아 읽을 수 있는 환경이 조성되었기 때문입니다. 과거에는 직접 서점에 가야만 책의 내용을 확인하고 원하는 책을 구입할 수 있었지만 지금은 책의 전문을 인터넷으로 읽을 수 있게 되다 보니, 종이책 구입의 필요성이 줄어들게 된 것입니다.

이러한 현상이 사회에 미치는 영향은 긍정적 측면과 부정적 측면에서 살펴볼 수 있습니다. 책을 읽는 것뿐만 아니라 그와 관련된 모임이나 교류 등도 비대면 상황에서 활발하게 이루어질 수 있다는 점은 긍정적인 측면이 될 것입니다. 그러나 종이책 판매의 감소와 함께 서점 수도 줄어들게 되면서, 디지털 매체를 잘 다루지 못하는 사람들에게는 부정적인 영향을 미칠 것이라 예상해 볼 수 있습니다.

 발음 포인트 4

이럴 때에는 강하게 발음해 주세요!

1. [ㅂ], [ㄷ], [ㄱ] + [ㅂ], [ㄷ], [ㄱ], [ㅈ], [ㅅ] → [ㅃ], [ㄸ], [ㄲ], [ㅉ], [ㅆ]
   예 갚도록[갑또록], 싶다[십따], 믿고[믿꼬], 잡지[잡찌], 독서[독써]
2. [ㅁ], [ㄴ] + [ㄷ], [ㄱ], [ㅈ] → [ㄸ], [ㄲ], [ㅉ]
   예 신던[신떤], 넘고[넘꼬], 감지 말고[감찌 말고]
3. '-(으)ㄹ' + [ㅂ], [ㄷ], [ㄱ], [ㅈ], [ㅅ] → [ㅃ], [ㄸ], [ㄲ], [ㅉ], [ㅆ]
   예 올 법[올 뻡], 갈 데[갈 떼], 먹을 것[먹을 껃], 이사할 집[이사할 찝], 만날 사람[만날 싸람]

16 주제: 명절의 의미 (95쪽)

| 연관 주제 |

주제 1 새로운 명절 문화 실전 연습
젊은층에서는 명절이 전통문화를 챙겨야 하는 때가 아닌, 오랜만에 휴식을 취할 수 있는 '연휴'로만 생각하는 경향이 강하다.

주제 2 명절 스트레스
성인남녀 10명 중 6명은 명절이 다가오면 스트레스를 느끼고 있으며, 특히 기혼 여성의 스트레스가 심하다고 한다.

주제 3 명절 때 겪는 성차별
남녀 모두 명절 성차별 사례 1위로 여성에게만 상차림 등을 시키는 '가사 전담'을 꼽았다.

실전 연습

🔊 자료를 설명하고 의견을 제시하십시오. 70초 동안 준비하십시오. '삐' 소리가 끝나면 80초 동안 말하십시오.

여자: 뉴스를 듣고 자료에 제시된 사회 현상을 설명하십시오. 그리고 이러한 현상이 사회에 미치는 영향에 대해 말하십시오.

남자: 다음 뉴스입니다. 요즘 특히 2030세대 보면 명절에 귀성 대신 여행을 선택하는 사람들이 많은데요. 조사 결과 명절에 대한 이들의 생각은 기성세대와는 많이 달랐습니다. 이들은 명절을 오랜만에 푹 쉴 수 있는 연휴로 생각하는 경우가 많은 것으로 나타났습니다.

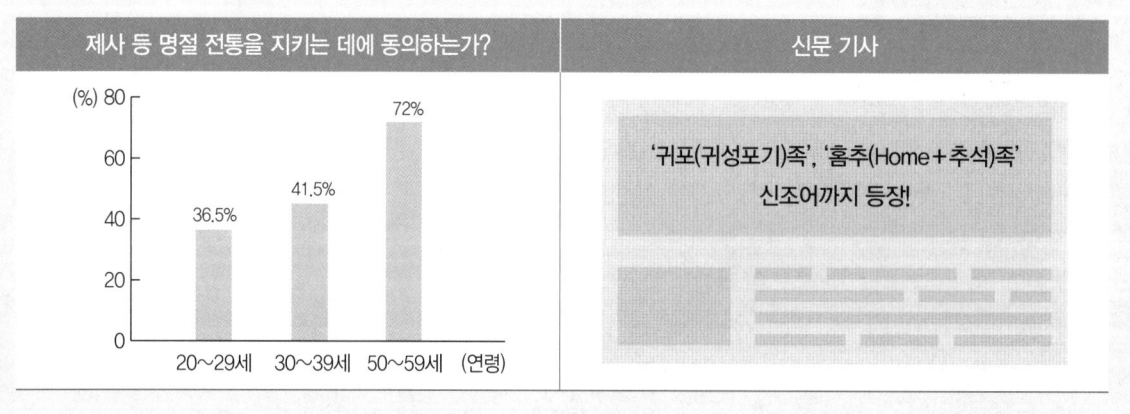

🔒 **모범 답안**

자료에 따르면 2030세대의 경우 과반수 이상이 제사 등의 명절 전통을 지키는 데에 동의하지 않는 것으로 나타났습니다. '귀포(귀성포기)족'이나 '홈추(Home+추석)족' 등 신조어의 등장이 이러한 세태 변화를 그대로 반영하고 있습니다. 이들은 명절을 오랜만에 휴식을 취할 수 있는 '연휴'로만 생각하는 경향이 강하다는 것을 알 수 있습니다.

이러한 현상은 명절뿐만 아니라 전통문화에 대한 젊은층의 인식 변화가 뚜렷하다는 것을 말해 줍니다. 기성세대에 비해 제사를 지내야 한다거나 웃어른들을 돌봐야 한다거나 하는 의무감이 약해지고 있는 것입니다. 시간이 갈수록 점점 더 명절 귀성객을 찾아보기는 힘들어질 것이라고 예상할 수 있습니다.

 **발음 포인트 5**

앞뒤 소리를 거센 소리로 바꾸는 'ㅎ' [ㄱ], [ㄷ], [ㅂ], [ㅈ] → [ㅋ], [ㅌ], [ㅍ], [ㅊ]

1. [ㅎ] + [ㄱ], [ㄷ], [ㅈ] 예 놓고[노코], 닿도록[다토록], 앓지[알치]
2. [ㄱ], [ㄷ], [ㅂ] + [ㅎ] 예 가족한테[가조칸테], 옷하고[오타고], 답답해서[답따패서]

★ '여덟하고'는 '[여덜파고]'가 아닌 '[여덜하고]'로 발음됩니다.
  '여덟'의 받침이 먼저 '[여덜]'로 단순화된 후에 '하고'를 만나기 때문입니다.

※ 다음은 '글 구성하기' 유형과 함께 공부하기에 좋은 말하기 문제입니다.

04 주제: 인터넷 윤리 (124쪽)

| 연관 주제 |

주제 1 인터넷 윤리 교육의 필요성 실전 연습
조사 결과에 따르면 대다수의 교사와 학부모가 인터넷을 통해 쉽게 접하게 되는 욕설과 비방, 자극적인 표현이 학생과 자녀에게 부정적인 영향을 준다고 응답했다.

주제 2 인터넷 투표 및 설문 조사
인터넷상에서 이루어지는 투표나 설문 조사의 결과를 전적으로 신뢰하기는 어렵다는 지적이 나오고 있다.

주제 3 익명성 악용하는 사이버 범죄
자신을 숨길 수 있는 익명의 인터넷 매체를 이용해 정보를 유출하거나 불법적인 물건 등을 거래하거나 하는 범죄가 급증하고 있다.

실전 연습

🔊 질문을 듣고 의견을 제시하십시오. 70초 동안 준비하십시오. '삐' 소리가 끝나면 80초 동안 말하십시오.

인터넷 윤리는 인터넷 사용자들이 지켜야 하는 윤리입니다. 인터넷에 올라온 정보나 대화 등은 짧은 시간에 많은 사람들에게 큰 영향을 미칩니다. 인터넷상에서 준수해야 하는 윤리에는 어떤 것이 있다고 생각합니까? 꼭 필요한 윤리 두 가지와 그 이유를 말하십시오.

※ 인터넷 윤리: 인터넷상에서 준수해야 할 윤리

🔒 모범 답안

인터넷에서는 서로 얼굴을 볼 수 없기 때문에 상대방에 대한 기본적인 배려조차 잊어버리게 되는 경우가
[인터네세서는]　　　　　　　　　　　　[업끼 때무네]　　[상대방에]

많은데요. 저는 인터넷 사용자들에게 꼭 필요한 윤리 중 하나는 타인에 대한 배려심이라고 생각합니다. 비록
[마는데요]　　　　　　　　　　　　　　　　　[피료한]　[율리]　　　　　　　　　　　　　　　　　　[생가캄니다]

실시간 대화나 직접적인 만남이 아닐지라도 인터넷상에서 내가 한 말이나 올린 정보 등이 누군가를 향하고
[실씨간]　　　　[직쩝쩌긴]　　　[아닐찌라도]　[인터넷쌍에서]

있다는 것을 잊어서는 안 됩니다. 예를 들면 인터넷 게시판에 어떤 상품에 대한 사용 후기를 남긴다든지, 다
[읻따는]

른 사람이 쓴 글에 댓글을 단다든지 하는 것들이죠. 그때 익명성이라는 무기를 가지고 근거도 없이 무분별한
　　　　　　　　　[댇끄를]　　　　　　　　　[걷뜨리죠]　　　　　[잉명썽이라는]　　　　　　[근거도] [업씨]

정보나 의견 등을 쏟아 놓으면 그로 인해 큰 피해를 당하는 사람이 생기게 됩니다.
　　　　　　　　　　　[노으면]

그 다음은 지적 재산권과 관련된 윤리 의식입니다. 아무리 좋은 정보를 올렸다고 하더라도 타인의 지적
　　　　　　[지쩍] [재산꿘]　[괄련된] [율리]　　　　　　　　　　　　　　[올렫따고]　　　　　　　　[지적]

재산권을 침해했다면 그것은 범법 행위에 해당합니다. 물론 인터넷상에서 정보를 주고받다 보면 그 권리 여
[재산꿔늘] [침해핻따면]　　　　[범뻡]　　　　　　　　　　[인터넷쌍에서]　　　　　　　　　　　　　[궐리]

부를 일일이 확인하기 어려울 때도 있습니다. 그러나 그럴 때에도 다른 사람이 공들여 만들어 낸 지적 노력의
　　　[일리리]　[화긴하기]　　　　　　　　　　　　　　　　　　　　　　　　　　　　　　　　　[지쩍] [노려게]

결과물이 함부로 사용되는 일이 없도록 최대한 주의를 기울여야 됩니다.
　　　　　　　　　　　　　　[업또록]

저는 타인에 대한 배려심과 지적 재산권에 대한 올바른 인식, 이 두 가지가 인터넷 사용자들이 꼭 준수해야
　　　　　　　　　　　　　[지쩍] [재산꿔네]

하는 윤리라고 생각합니다.
　　　[율리라고] [생가캄니다]

🗣️ 발음 포인트 6

받침의 'ㅎ'은 소리가 없어져요! ㅎ, ㄶ, ㅀ → [Ø]

ㅎ, ㄶ, ㅀ + 모음 　예　낳아서[나아서], 않으면[아느면], 닳아[다라]

★ '은행[으냉], 지하철[지아철]'과 같이 첫소리의 'ㅎ'이 탈락하기도 하는데, 이것은 표준발음으로 인정하지 않습니다.

06 주제: 말의 사용과 변화 (132쪽)

연관 주제

주제 1 신조어, 비속어의 사용 실전 연습

아이들이 신조어나 비속어를 많이 사용함으로써 부모와의 소통이 어려워지거나, 학습 성취도가 떨어지는 문제가 생기기도 한다.

주제 2 언어폭력 문제

언어폭력에 따른 피해는 우울과 불안 증세로 이어지기도 하고 심지어 뇌에도 상처를 남기게 된다는 연구 결과가 있다.

주제 3 매체와 언어 변화

최근 스마트폰 등 휴대하기 편리한 통합 매체의 사용이 보편화되면서 통신 언어와 일상 언어의 경계가 더욱 불투명해졌다.

실전 연습

🔊 질문을 듣고 의견을 제시하십시오. 70초 동안 준비하십시오. '삐' 소리가 끝나면 80초 동안 말하십시오.

신조어는 새로 생긴 말이나 새롭게 널리 쓰이게 된 외래어입니다. 신조어의 사용은 일상적인 의사소통에서 큰 영향을 미칩니다. 신조어가 표준어로 인정받을 수 있는 조건은 무엇이라고 생각합니까? 꼭 필요한 조건 두 가지를 예를 들어 말하십시오.

※ 신조어: 새로 생긴 말 또는 새로 귀화한 외래어

🔒 **모범 답안**

신조어는 새로 태어난 사물이나 개념을 표현하기 위해 지어낸 말인데요. 저는 필요에 따라서 신조어가 원활
[사무리나] [개녀믈]   [피료에]
한 언어생활에 도움을 준다고 생각합니다. 예를 들면 '반려동물'이나 '스마트폰'과 같은 것들이죠. 이전에 사
   [어너생활에] [도우믈]   [생가캄니다]   [발려동물]   [가튼]
용되던 말들이 미처 다 반영하지 못하던 의미까지 담아내면서 표준어로 인정을 받게 된 말들입니다. 그러니
                              [의미]   [다마내면서]   [인정을] [받께]
까 신조어가 표준어로 인정받으려면, 먼저 시대의 흐름에 따른 인식의 변화를 잘 표현하는 것이어야 됩니다.
                              [시대의] [흐르메]   [인시게]

다음으로 '차에서 숙박하다'를 줄인 '차박'이나 '작지만 확실한 행복'이라는 뜻의 '소확행'과 같은 것들인데요.
            [숙빠카다]   [작찌만] [확씰한]   [뜨세] [소화캥] [가튼]
이 말들은 아직 표준어로 인정을 받지는 못했습니다. 하지만 원래의 표현보다 더 그 의미가 잘 전달될 정도로
                      [받찌는] [모탣씀니다]   [월래의]   [쩡도로]
일상적으로 쓰이고 있는 말들입니다. 말의 의미나 어감상 부적절한 면을 가지고 있는 것도 아닙니다. 오히려
[일쌍저그로]   [마레]   [부적쩔한]
같은 의미를 더 경제적으로 표현함으로써 언어 사용의 효율성을 높였다는 점에서 표준어로 인정받을 만한 자
              [표현하므로써]   [사용에] [효율썽을] [노편따는]
격이 있다고 생각합니다.

저는 그 사회의 인식의 변화를 잘 표현하고 있는가 하는 점과 언어 사용의 경제성을 높이고 있는가 하는 점,
         [인시게]   [인는가]   [사용에] [경제썽을]   [인는가]
이 두 가지를 신조어가 표준어로 인정받을 수 있는 조건이라고 생각합니다.
                              [쑤][인는] [조꺼니라고] [생가캄니다]

발음 포인트 7

'의'는 그때그때 달라요!' 의 → [의], [이], [에]

1. 조사 '의' → [의/에] 예 아이의 꿈[아이의 꿈/아이에 꿈], 바람의 나라[바라믜 나라/바라메 나라]
2. 어두의 '의' → [의], [이] 예 의자[의자], 의문[의문], 의지하는[의지하는]
                           띄어[띠어], 틔우고[티우고], 희망[히망]
3. 비(非)어두의 '의' → [이] 예 예의[예이], 주의[주이], 문의[무니]

08 주제: 고령화 사회 (140쪽)

| 연관 주제 |

주제 1 고령화 사회의 문제점 실전 연습
출산율 저하와 함께 노동 연령의 인구가 감소하면서 노년층은 사회 보건 체계에 부담이 되고 있다.

주제 2 노인들의 사회 활동
노인들은 사회 활동 참여를 통해 경제적 도움뿐만 아니라, 건강증진 등 삶의 질을 높이는 데에도 도움을 받고 있다고 한다.

주제 3 노후 준비
행복한 노후를 위해서는 물론 경제적 여건도 중요하지만 가족이나 주변 사람들과의 긍정적인 관계 형성이 더 중요하다는 분석이 나왔다.

실전 연습

🔊 질문을 듣고 의견을 제시하십시오. 70초 동안 준비하십시오. '삐' 소리가 끝나면 80초 동안 말하십시오.

65세 이상의 인구가 차지하는 비율이 7%를 넘으면 고령화 사회라고 합니다. 고령화 사회에 접어들면 다양한 문제에 부딪히게 됩니다. 고령화 사회에서는 어떤 문제가 발생할 수 있다고 생각합니까? 문제점 두 가지와 그 해결 방법에 대해 말하십시오.

※ 고령화 사회: 총인구 중 65세 이상의 인구가 차지하는 비율이 7% 이상인 사회

🔒 **모범 답안**

고령화 사회가 되면 생산 활동에 참여할 수 있는 노동 인구가 감소할 수밖에 없는데요. 이렇게 되면 경제 성
　　　　　　　　　　[활똥에]　　　　　[쑤]　　　　　　　　　　　　[쑤바께][엄는데요]　[이러케]
장이 억제되는 상황이 발생하게 됩니다. 장기적으로 경제의 발전이 침체될 수 있는 것이죠. 이러한 문제를 해
　　[억쩨되는]　　　　　[발쌩하게]　　　　　　　　　　　[발쩌니]
결하기 위해서는 지역 사회를 중심으로 고령자들에게 알맞은 직업 훈련 프로그램을 제공하고, 일정한 조건을
　　　　　　　　　　　　　　　　　　　　　　　[알마즌][지겁][훌련]　　　　　　　　　　[일쩡한][조꺼늘]
갖춘 후에는 근로의 기회도 제공해야 한다고 생각합니다. 또한 고령자들이 새로운 근로 환경에서 업무에 잘
　　　　　　[글로에]　　　　　　　　　　　[생가캄니다]　　　　　　　　　　　　[글로][환경에서]
적응하고 젊은 세대와도 조화를 이룰 수 있도록, 적절한 상담서비스 등도 지원해야 할 것입니다.
[저긍하고][절믄]　　　　　　　　[쑤][읻또록][적쩔한][상담써비쓰]　　　　　　　[꺼심니다]

다음으로 예상할 수 있는 문제는 노인 인구 증가에 따른 사회적 비용의 증가입니다. 정부의 입장에서는 노인
　　　　　　　　[쑤]　　　　　　　[잉구]　　　　　　　[비용에]　　　　　　　　　　[입짱에서는]
대상의 복지 정책 확대를 위한 재정적 부담이 커질 것입니다. 또한 이로 인해 경제 활동 인구에 속하는
　　　　[복찌]　　[확때를]　　　　　　　　　　[꺼심니다]　　　　　[인해]　　　[활똥]　　　[소카는]
젊은층의 부담감이 커지게 되면, 세대 간의 갈등도 발생할 수 있습니다. 이를 해결하기 위해서는 경제 활동
[절믄층에]　　　　　　　　　　　　　[가네][갈뜽도][발쌩할][쑤]　　　　　　　　　　　　　　[활똥]
시기부터 연금 가입이나 저축 등으로 좀 더 안정적인 노후를 준비할 수 있도록 하는 개개인의 노력도 필요하
　　　　　　　　　　　　　　　　　　[안정저긴]　　　　　　[쑤][읻또록]
다고 생각합니다. 또한 국가적으로는 지속적인 정보 제공과 프로그램 운영 등을 통해 노인들이 질병을 예방
　　[생가캄니다]　　　　[국까저그로는]　[지속쩌긴]　　　　　　　　　[우녕]
하고 건강을 유지하는 데에 도움을 받을 수 있도록 해야 됩니다.
　　[건강을]　　　　　　　　　　　[쑤][읻또록]

🗣️ **발음 포인트 8**

'겹받침'의 발음은 익숙한 어휘로 반복 연습!

1. 첫 자음 발음
   예 몫[목], 앉다[안따], 많다[만타], 외곬[외골], 핥다[할따], 싫다[실타], 값[갑]

2. 끝 자음 발음
   예 젊다[점따], 읊다[읍따]

3. 앞 또는 뒤 자음 발음
   예 넓고[널꼬], 밟다[밥따], 밟지[밥찌]
   　 맑고[말꼬], 맑다[막따], 늙지[늑찌]

★ 겹받침 뒤에 모음이 오면, 'ㄶ, ㅀ'을 제외하고 모두 '앉아서[안자서], 값이[갑시], 젊어서[절머서], 넓으면[널브면], 맑으니까[말그니까]'와 같이 뒤 자음을 연음해서 발음합니다.

11 주제: 한류의 현재와 미래 (152쪽)

| 연관 주제 |

주제 1 한류의 확산 배경 실전 연습
전문가들은 한류 확산의 배경으로 인터넷의 영향과 문화적 다양성에 대한 요구가 높아졌다는 점에 주목하고 있다.

주제 2 한류의 경제적 효과
한국 가요나 영화 등이 일궈낸 다양한 성과가 기업들의 세계 진출에도 긍정적인 영향을 미치고 있다.

주제 3 한류의 미래
기존에 추진해 왔던 문화예술 분야에서 더 나아가 과학기술을 중심으로 한 한국 사회의 다양한 분야로 한류를 확대해야 한다는 목소리가 높다.

실전 연습

🔊 질문을 듣고 의견을 제시하십시오. 70초 동안 준비하십시오. '삐' 소리가 끝나면 80초 동안 말하십시오.

한류는 한국의 대중문화 요소가 외국에서 유행하는 현상을 말합니다. 한국의 가요나 영화 등이 인기를 끌면서 여러 분야에서 그 파급 효과가 나타나고 있습니다. 한류가 이렇게 확산된 배경은 무엇이라고 생각합니까? 한류 확산의 배경 두 가지를 말하십시오.

※ 한류: 한국의 대중문화 요소가 외국에서 유행하는 현상

🔒 모범 답안

한류의 확산에는 여러 가지 요인이 작용했다고 보는데요. 저는 한류의 확산 배경으로 먼저 디지털 미디어의
[할류] [확싸네는]   [자굥핸따고]   [할류에] [확싼]

변화를 말하고 싶습니다. SNS와 같이 실시간 소통이 가능한 온라인 서비스와 인터넷의 영향으로 대중문화를
         [십씀니다] [가치]   [온라인]   [인터네세]

접하고 소비하는 방식이 근본적으로 바뀌었습니다. 과거에는 텔레비전과 라디오가 보여주는 대로 보고, 들려
[저파고]   [바뀌얻씀니다]

주는 대로 들었습니다. 하지만 이제는 개개인이 관심과 기호에 따라 원하는 대로 선택할 수 있게 된 것이죠.
     [드럳씀니다]   [개개이네]   [선태칼] [쑤]

무엇보다 바로 이러한 변화가 한류 확산에 중요한 영향을 미쳤다고 생각합니다.
[무얻뽀다]   [할류] [확싸네]   [미쳗따고] [생가캄니다]

다음으로 '다양성'에 대한 요구가 높아진 것도 한류의 세계화에 한몫했다고 생각합니다. 국적이나 민족, 종교
       [다양썽]   [노파진]   [할류의]   [한모캗따고] [생가캄니다] [국쩌기나]

등을 뛰어넘어 보다 다양한 사람들과 교류하며 공유할 수 있는 가치를 만들어 가는 것이 세계적인 흐름이 된
    [뛰어너머]   [쑤]

것이죠. 한국의 대중문화 분야가 바로 그러한 흐름에 잘 어울리는 특징들을 가지고 있습니다. 특히 K-POP의
       [한구게]   [부냐가]   [특찡드를]

가사가 전달하고자 하는 메시지라든가 최근 한국 영화가 담고 있는 주제 의식 등은 전세계 다양한 계층의 공
                                      [담꼬]   [계층에]

감을 얻는 데에 성공하고 있습니다.
   [언는]

저는 디지털 미디어의 변화와 다양성에 대한 요구, 이 두 가지를 한류의 중요한 확산 배경이라고 생각합니다.
                  [다양썽에]   [할류]   [확싼]   [생가캄니다]

🗣 발음 포인트 9

'[이]'가 가지고 있는 변화의 힘! ㄷ, ㅌ → [ㅈ], [ㅊ]

1. ㄷ + [이] 예 굳이[구지], 해돋이[해도지], 여닫이[여다지]
2. ㅌ + [이] 예 같이[가치], 햇볕이[핻뼈치], 붙여서[부쳐서]
3. ㄷ + ㅎ + [이] 예 묻히다[무치다], 닫히면[다치면], 갇혀서[가쳐서]

⓭ 주제: 환경 문제 (160쪽)

| 연관 주제 |

주제 1 기상 이변 실전 연습
전 세계적으로 기후 변화로 인해 인간의 활동이 어려움을 겪고 있는 것으로 나타났다.

주제 2 생활 쓰레기 배출
수도권의 쓰레기 매립지 폐쇄로 인해 쓰레기 처리 용량이 한계치에 다다르면서, 특히 생활 쓰레기 배출을 줄이는 방안에 대한 논의가 활발하다.

주제 3 일회용품의 사용
최근 플라스틱 포장이나 비닐봉지와 같이 재활용할 수 없는 일회용품 및 포장재의 사용을 엄격하게 규제하기 시작했다.

실전 연습

🔊 질문을 듣고 의견을 제시하십시오. 70초 동안 준비하십시오. '삐' 소리가 끝나면 80초 동안 말하십시오.

보통 지난 30년간의 기상 상태와 매우 다른 기상 현상이 나타났을 때 기상 이변이라고 합니다. 기상 이변은 자연 생태계뿐만 아니라 인간의 생활에도 직접적으로 큰 영향을 미칩니다. 최근 기상 이변이 더 자주 발생하는 원인은 무엇이라고 생각합니까? 기상 이변의 원인과 어떤 대책이 필요한지 말하십시오.

※ 기상 이변: 지난 30년간의 기상과 매우 다른 기상 현상

🔒 모범 답안

현재 모든 국가가 기후 변화로 인한 각종 기상 이변을 경험하고 있다고 해도 과언이 아닌데요. 이러한 기후 변화의 직접적인 원인은 지구 온난화입니다. 인간의 온실가스 배출로 인한 지구 온난화 현상이 기후 변화를 가져와 결국 다시 인간에게 피해를 주고 있는 것이죠. 기상 이변으로 인한 피해는 세계 곳곳에서 발생하고 있습니다. 유례가 없는 가뭄 현상으로 많은 사람들이 기아에 빠지기도 하고 또 어떤 곳에서는 산불이 몇 달 동안 이어지기도 합니다.

이러한 피해를 줄이기 위해서는 화석 연료 사용으로 발생되는 탄소 배출을 막는 것이 가장 시급하다고 생각합니다. 물론 현실적으로 화석 연료를 완전히 다른 것으로 대체하기는 힘들겠지만, 화석 연료의 사용을 줄이지 않으면 인류의 미래도 보장받을 수 없습니다. 하지만 기후에는 국경이 없는만큼 이러한 노력도 몇몇 국가에만 국한되어서는 안 되겠죠. 탄소 배출을 막기 위한 국제적인 협력과 함께 기후 변화에 대처하기 위한 국가 간의 정보 교환도 활발하게 이루어져야 합니다.

 **발음 포인트 10**

한국어의 억양과 강세

억양과 강세는 다른 어떤 영역보다 모국어의 영향을 많이 받는 부분입니다. 한국어를 할 때에는 불필요한 음의 높낮이와 강세 등을 없애고, 자연스러운 한국어를 말할 수 있도록 해야 됩니다. 물론 문장의 종결 유형에 따라 억양이 달라지고, 말하는 사람의 의도에 따라서도 달라질 수 있습니다. 그러나 말하기 문항 5, 6번의 경우에는 정보에 대한 분석 결과나, 주제에 대한 자신의 생각을 말하는 것이므로 강세나 억양이 두드러지면 오히려 전달에 방해가 될 수 있습니다. 따라서 <u>전체적으로 차분한 분위기로 말하되, 중요한 부분을 전달할 때에만 좀 더 강하게 말하는 것이 효과적입니다.</u>

부록 관용어와 속담

📋 관용 표현

관용 표현은 단어들의 의미만으로는 전체의 의미를 알 수 없는 특수한 의미를 나타냅니다. 다양한 관용 표현과 함께 그 뜻을 알고 있으면 어떤 문제가 나오더라도 쉽게 문제를 풀 수 있습니다.

관용 표현	의미
가슴(이) 저리다	속이 상해 마음이 쓰리고 아프다.
가슴에 못(을) 박다	마음 속 깊이 분한 생각이 맺히게 하다.
가슴이 내려앉다	깜짝 놀라다.
가슴이 미어지다/터지다	마음이 슬픔이나 고통으로 가득 차 참기 힘들다.
가슴이 아프다	슬프거나 안타깝다.
가슴이 찡하다	감동하다.
가시 방석에 앉다	마음이 힘들고 불편한 상황에 있다.
가시밭길을 가다	아주 어렵고 힘들게 살다.
간(이) 떨어지다	매우 놀라다.
간담(간&쓸개)이 서늘하다	매우 놀라서 섬뜩해지다.
간을 녹이다	그럴 듯한 말이나 행동으로 상대를 사로잡다.
골치 아프다	일을 해결하기 어려워서 머리가 아프다.
골칫덩어리	말썽꾸러기
국수를 먹다	다른 사람이 결혼해서 대접을 받다.
굴뚝 같다	무엇을 하고 싶은 마음이 간절하다.
귀(가) 따갑다 ≒ 귀(가) 아프다	① 소리가 날카롭고 커서 듣기에 괴롭다. ② 너무 여러 번 들어서 듣기가 싫다.
귀(에) 익다	들은 기억이 있거나 자주 들어 버릇이 되다.
귀가 가렵다/간지럽다	남이 제 말을 한다고 느끼다.
귀가 뚫리다	말을 알아듣게 되다.
귀를 의심하다	믿기 어려운 이야기를 들어 잘못 들은 것이 아닌가 생각하다.

귀에 거슬리다	듣기에 언짢은 느낌이 들며 기분이 상하다.
귀에 들어가다	누구에게 알려지다.
기가 막히다	① 어떤 일이 너무 놀랍고 황당하다. ② 매우 대단하다.
기가 죽다	기세가 꺾여 약해지다.
깨소금 맛	남의 불행을 보고 매우 통쾌하다는 뜻으로 이르는 말
날개 돋치다	상품이 시세를 만나 빠른 속도로 팔려 나가다.
날을 잡다	날짜를 정하다.
낯이 뜨겁다	① 매우 부끄럽다. ② 보기에 민망하다.
눈(꼴)이 시다	하는 짓이 거슬려 보기에 아니꼽다.
눈(알)이 빠지도록 기다리다	매우 애타게 오랫동안 기다리다.
눈(에) 띄다	두드러지게 드러나다.
눈(을) 돌리다	관심을 돌리다.
눈(을) 맞추다	서로 눈을 마주 보다.
눈(을) 밝히다	무엇을 찾으려고 신경을 집중하거나 힘을 넣다.
눈(을) 붙이다	잠을 자다.
눈(을) 속이다	잠시 수단을 써서 보는 사람이 속아 넘어가게 하다.
눈(을) 피하다	남이 보는 것을 피하다.
눈(이) 꺼지다	눈이 우묵하게 들어가다.
눈(이) 높다	정도 이상의 좋은 것만 찾는 버릇이 있다.
눈(이) 많다	보는 사람이 많다.
눈(이) 삐다	뻔한 것을 잘못 보고 있을 때 비난조로 이르는 말
눈에 거슬리다	보기에 마음에 들지 않아 불쾌한 느낌이 있다.
눈에 밟히다	자꾸 생각나다.
눈에 불을 켜다	① 어떤 일을 집중해서 열심히 하다. ② 화가 나서 눈을 크게 뜨다.
눈에 익다	본 적이 있는 느낌이 들다.
눈에서 벗어나다	감시나 구속에서 자유롭게 되다.

눈을 끌다	호기심을 일으켜 보게 하다.
눈을 의심하다	잘못 보지 않았나 하여 믿지 않고 이상하게 생각하다.
눈이 뚫어지게	꼼짝 않고 한 곳을 응시하는 모양을 이르는 말
눈이 캄캄하다	정신이 아찔하고 생각이 콱 막히다.
눈이 트이다	사물이나 현상을 판단할 줄 알게 되다.
닳고 닳다	세상일에 시달려 약아빠지다.
담을 쌓다	관계없게 지내거나 관심을 완전히 끊다.
뜸(을) 들이다	말이나 행동을 바로 하지 않고 머뭇거리다.
마음에 들다	자신의 느낌이나 생각과 같아서 좋다.
마음을 놓다	걱정하지 않다.
마음을 비우다	욕심을 버리다.
맛을 들이다	어떤 것에 재미를 느끼다.
머리(가) 굳다	기억력이 무디다.
머리(가) 크다/굵다	성인이 되다.
머리(를) 굴리다	머리를 써서 생각하다.
머리(를) 굽히다/숙이다	굴복하거나 저자세를 보이다.
머리(를) 긁다	수줍고 무안해서 어쩔 줄 모를 때 어색함을 무마시키려고 머리를 긁적이다.
머리(를) 식히다	흥분되거나 긴장된 마음을 가라앉히다.
머리(를) 싸다/싸매다	있는 힘과 마음을 다해 노력하다.
머리(를) 하다	머리를 손질하다.
머리가 (잘) 돌아가다	임기응변으로 생각이 잘 떠오르거나 미치다.
머리가 가볍다	상쾌하여 마음이나 기분이 거뜬하다.
머리가 무겁다	기분이 좋지 않거나 골이 띵하다.
머리를 쥐어짜다	매우 애를 써서 궁리하다.
머리를 짓누르다	정신적으로 강한 자극이 오다.
머리에 새겨 넣다	어떤 대상이나 사실을 단단히 기억해 두다.
머리에 피도 안 마르다	아직 어른이 되려면 멀었다. 또는 나이가 어리다.
물과 기름	서로 어울리지 못하여 겉도는 사이

물불을 가리지 않다	① 어려움이나 위험을 무릅쓰고 행동하다. ② 어떤 일을 해도 되는지 안 되는지 생각도 안 하고 행동하다.
미역국(을) 먹다	시험에서 떨어지다.
바가지 쓰다/씌우다	요금이나 물건 값을 실제 가격보다 비싸게 내다. 또는 내게 하다.
바가지(를) 긁다	주로 아내가 남편에게 잔소리를 심하게 하다.
바람을 맞다	상대방이 연락 없이 약속 장소에 나오지 않다.
바람을 쐬다	기분을 바꾸려고 밖에 나가다.
발 벗고 나서다	어떤 일을 하기 위해 적극적으로 행동하다.
발을 붙이다	의지하다.
발을 빼다	관계를 끊다.
발이 넓다	알고 지내는 사람이 많다.
발이 맞다	잘 어울리다.
벽을 허물다	장애를 없애다.
복장(이) 터지다	마음에 매우 답답함을 느끼다.
비행기를 태우다	다른 사람을 지나치게 칭찬하다.
색안경을 끼다	편견을 가지다.
속(을) 긁다	남의 속이 뒤집히게 비위를 살살 건드리다.
속(을) 끓이다	마음을 태우다.
속(을) 빼놓다	줏대나 감정을 억제하다.
속(을) 썩이다	뜻대로 되지 않거나 좋지 못한 일로 매우 괴로워하다.
속(을) 태우다 ≒ 속(이) 타다	매우 걱정이 되어 마음을 졸이다.
속(이) 뒤집히다	비위가 상해 구역질이 날 듯하다.
속(이) 보이다	엉큼한 마음이 들여다보이다.
속(이) 시원하다	좋은 일이 생기거나 나쁜 일이 없어져서 마음이 상쾌하다.
속(이) 트이다	마음이 넓고 말과 행동이 대범하다.
속(이) 풀리다	① 화를 냈거나 토라졌던 감정이 누그러지다. ② 거북하던 배 속이 가라앉다.
속에 얹히다	마음에 걸리는 일이 있어 언짢다.
속에 없는 말/소리	속마음과 다르게 하는 말

관용어	뜻
속을 달래다	속이 좋지 않은 상태를 좀 편하게 만들다.
속이 끓다	화가 나거나 억울한 일을 당해 격한 마음이 치밀어 오르다.
손에 놀다/놀아나다	모든 일이 자신의 수중에서 맘대로 움직이다.
손을 끊다	어떤 일을 끝내다.
손을 대다	어떤 일을 착수하다.
손을 씻다	관계를 끊고 나쁜 일을 그만하다.
손이 놀다	일거리가 없어 쉬는 상태에 있다.
손이 떨어지다	일이 끝나다.
손이 작다/크다	① 물건이나 재물의 씀씀이가 깐깐하고 작다/크다. ② 수단이 적다/많다.
애가 타다	매우 걱정하고 안타까워하다.
애를 먹다	고생을 많이 하다.
애를 쓰다	마음과 힘을 다하여 힘쓰다.
어깨가 가볍다	무거운 책임에서 벗어나 홀가분하다.
어깨가 무겁다	무거운 책임을 지다.
얼굴을 내밀다	참석하다.
얼굴이 두껍다	창피하거나 부끄러운 것을 모르다.
열(을) 받다	사람이 감정의 자극을 받거나 격분하다.
이(가) 갈리다 ≒ 이(를) 갈다	매우 화가 나거나 분을 참지 못해 독한 마음이 생기다.
입 (안)이 쓰다	어떤 일이나 말이 못마땅하여 기분이 언짢다.
입 밖에 내다	어떤 생각이나 사실을 말로 드러내다.
입 안에서/끝에서 (뱅뱅) 돌다	하고 싶은 말이 있어도 하지 아니하거나 또는 못하게 되다.
입/말문이 떨어지다	입에서 말이 나오다.
입(을) 다물다	말을 하지 아니하거나 하던 말을 그치다.
입(을) 막다	시끄러운 소리나 자기에게 불리한 말을 하지 못하게 하다.
입(을) 맞추다	서로의 말이 일치하도록 하다.
입(을) 모으다	여러 사람이 같은 의견을 말하다.
입(을) 씻다/닦다	이익을 혼자 차지하거나 가로채고서는 시치미 떼다.
입(이) 가볍다/싸다	말이 많거나 아는 일을 함부로 옮기다.

입만 살다	말에 따르는 행동은 없으면서 말만 그럴듯하게 잘하다.
입만 아프다	여러 번 말해도 받아들이지 아니하여 말한 보람이 없다.
입에 (게)거품을 물다	매우 흥분해 떠들어대다.
입에 달고 다니다	말이나 이야기를 습관처럼 되풀이하거나 자주 사용하다.
입에 담다	무엇에 대해 말하다.
입에 대다	음식을 먹거나 마시다.
입에 맞다	음식이나 하는 일이 마음에 들다.
입에 붙다	아주 익숙하여 버릇이 되다.
입에 침이 마르다	입에 침이 마를 정도로 여러 번 말하다.
입이 무겁다	비밀을 잘 지키다.
입이 아프다	여러 번 말해도 받아들이지 아니하여 말한 보람이 없다.
입이 짧다	싫어하거나 먹지 않는 음식이 많다.
죽을 쑤다	어떤 일을 망치거나 실패하다.
쥐 죽은 듯하다	매우 조용하다.
쥐구멍에 들어가다	매우 부끄러워 그 자리를 피하고 싶다.
쥐도 새도 모르게	아무도 모르게
진땀을 흘리다	긴장하거나 매우 힘들어하다.
찬물을 끼얹다	① 잘되어 가는 일을 망치다. ② 매우 조용한 상태로 만들다.
찬바람이 불다	① 분위기가 싸늘하다. ② 사정이 나빠지다.
찬밥 더운밥 가리다	좋고 나쁜 것을 가리다.
코 묻은 돈	어린아이가 가진 적은 돈
코(가) 꿰이다	약점이 잡히다.
코(가) 빠지다	근심에 싸여 기가 죽고 맥이 빠지다.
코가 납작해지다	매우 무안을 당하거나 기가 죽어 위신이 뚝 떨어지다.
코가 높다	잘난 체하고 뽐내는 기세가 있다.
코가 비뚤어지게/비뚤어지도록	술에 매우 취하다.
코앞에 닥치다	어떤 일에 시간이 얼마 남지 않다.

파김치가 되다	매우 지치다.
피땀을 흘리다	열심히 일하고 노력하며 고생하다.
한솥밥을 먹다	한 가족처럼 함께 생활하며 지내다.
한술 더 뜨다	행동이나 말, 상황 등이 더 심해지다.
허리가 부러지다	힘들게 일하다.
허리가 휘다	생활고나 노동으로 힘겨운 상태가 되다.
허리띠를 졸라매다	① 검소한 생활을 하다. ② 어떤 일을 이루려고 굳게 마음을 먹다.
허리를 굽히다	① 겸손한 태도를 취하다. ② 굴복하다.

속담 표현

속담은 예로부터 전해 내려오는 교훈이나 풍자적인 내용을 표현한 짧은 말입니다. 아래는 알아 두어야 할 속담 표현입니다. 속담 표현을 의미와 함께 익혀 봅시다.

속담 표현	의미
가는 말이 고와야 오는 말이 곱다	남에게 말이나 행동을 좋게 해야 그 상대방이 나에게 하는 말과 행동도 좋다.
개구리 올챙이 적 생각 못한다	잘되고 나서 지난날의 일을 생각하지 않고 처음부터 잘났던 것처럼 행동한다.
배보다 배꼽이 더 크다	기본이 되는 것보다 덧붙이는 것이 더 많거나 크다.
세 살 버릇 여든까지 간다	어릴 때 버릇은 나이가 아무리 많아져도 고치기 힘들다.
고래 싸움에 새우 등 터진다	강한 자들끼리 싸우는 중간에서 약한 자가 끼어 피해를 입게 된다.
소 잃고 외양간 고친다	일이 이미 잘못되어 소용이 없어진 뒤에 뒤늦게 대책을 마련한다.
누워서 떡 먹기다 ≒ 땅 짚고 헤엄치기다	하기가 매우 쉬운 것을 말한다.
누워서 침 뱉기다	남을 욕하는 것은 결국 자기를 욕하는 것과 같다.
그림의 떡이다	아무리 마음에 들어도 이용할 수 없거나 차지할 수가 없다.

금강산도 식후경이다	아무리 재미있는 일이라도 배가 불러야 하지 배가 고파서는 아무 일도 할 수 없다.
천 리 길도 한 걸음부터다	무슨 일이나 그 일의 시작이 중요하다.
밑 빠진 독에 물 붓기	밑 빠진 독에 아무리 물을 부어도 독이 채워질 수 없다는 뜻으로 아무리 공을 들여 해도 헛된 일이 되는 상태를 말한다.
백지장도 맞들면 낫다	쉬운 일이라도 여럿이 힘을 합치면 훨씬 쉽다.
옥에(도) 티(가) (있다)	아무리 훌륭한 사람이나 물건이라도 한가지 결점은 있다.
첫 술에 배부르랴	어떤 일이든지 단번에 만족할 수 없다.
꿩 대신 닭	꼭 적당한 것이 없을 때 그와 비슷한 것으로 대신하는 경우를 말한다.
남의 떡이 커 보인다	자기의 것보다 남의 것이 더 많아 보이거나 좋아 보이는 것을 이른다.
말이 씨가 된다	늘 말하던 것이 마침내 사실대로 되었을 때를 이른다.
말 한 마디로 천냥 빚을 갚는다	말을 공손하고 조리 있게 잘하면 어려운 일이나 불가능한 일도 말로써 해결할 수 있다.
우물을 파도 한 우물을 파라	어떤 일이든 한 가지 일을 끝까지 하여야 성공할 수 있다.
쥐구멍에도 볕들 날 있다	몹시 고생을 하는 삶도 좋은 운수가 터질 날이 있다.
짚신도 짝이 있다	겉보기에 대수롭지 않은 물건이라도 그 쓰임에 맞는 대상이 있다.
친구 따라 강남 간다	자기는 하고 싶지 않은데, 남에게 이끌려서 덩달아 행동한다.
돌다리도 두들겨 보고 건너라	잘 아는 일이라도 세심하게 주의해야 한다.
등잔 밑이 어둡다	너무 가까운 일은 먼 데 일보다 오히려 모른다.
아니 땐 굴뚝에 연기 나랴	어떤 결과에는 반드시 원인이 있다.
원숭이도 나무에서 떨어질 때가 있다	아무리 숙달된 사람일지라도 실수할 때가 있다.
싼 게 비지떡이다	값이 싼 물건이 싼 가격만큼 품질도 떨어진다.
우물 안 개구리다	한정된 곳에서만 있는 사람은 넓은 곳의 상황은 잘 모른다.
티끌 모아 태산이다	아무리 작은 것이라도 계속 모으면 큰 것이 될 수 있다.

한국어능력시험 TOPIK II
실전 모의고사 답안지
1교시(쓰기)

| 54 | 띄어쓰기를 포함한 600~700자 내외의 답을 아래 빈칸에 작성하십시오. |

※ 주어진 답란의 방향을 바꿔서 답안을 쓰면 '0'점 처리됩니다.

한국어능력시험 TOPIK II
실전 모의고사 답안지
1 교시 (쓰기)

본 답안지는 연습용 모의답안지입니다.

성 명 (Name)	한국어 (Korean)	
	영어 (English)	

문제지 유형 (Type)	홀수형 ○	짝수형 ○

※ 실제 시험에서는 모든 표기가 반드시 바르게 되었는지 감독위원이 확인 후 서명합니다.

※ 답안 작성은 반드시 제공된 컴퓨터용 사인펜을 사용해야 합니다.

※ 위 사항을 지키지 않아 발생하는 불이익은 응시자에게 있습니다.

※ 주관식 답안은 반드시 정해진 답란에 맞추어 작성해야 합니다. 정해진 답란을 벗어나거나 바꾸어 쓰면 무효처리가 되니 주의하십시오.

51 ㉠
   ㉡

52 ㉠
   ㉡

53 띄어쓰기를 포함한 200~300자 내외의 답을 아래 빈칸에 작성하십시오.

54 띄어쓰기를 포함한 600~700자 내외의 답을 아래 빈칸에 작성하십시오.

※ 주어진 답란의 방향을 바꿔서 답안을 쓰면 '0'점 처리됩니다.

한국어능력시험 TOPIK II
실전 모의고사 답안지
1교시 (쓰기)

54	띄어쓰기를 포함한 600~700자 내외의 답을 아래 빈칸에 작성하십시오.

※ 주어진 답란의 방향을 바꿔서 답안을 쓰면 '0'점 처리됩니다.

한국어능력시험 TOPIK II
실전 모의고사 답안지
1교시 (쓰기)

54 | 띄어쓰기를 포함한 600~700자 내외의 답을 아래 빈칸에 작성하십시오.

※ 주어진 답란의 방향을 바꿔서 답안을 쓰면 '0'점 처리됩니다.

한국어능력시험 TOPIK II
실전 모의고사 답안지
1 교시(쓰기)

본 답안지는 연습용 모의답안지입니다.

| 54 | 띄어쓰기를 포함한 600~700자 내외의 답을 아래 빈칸에 작성하십시오. |

※ 주어진 답란의 방향을 바꿔서 답안을 쓰면 '0'점 처리됩니다.

좋은 책을 만드는 길, 독자님과 함께하겠습니다.

2025 한국어능력시험 TOPIK II 쓰기

개정15판2쇄 발행	2025년 06월 20일 (인쇄 2025년 04월 14일)
초 판 인 쇄	2011년 03월 15일 (인쇄 2011년 02월 07일)
발 행 인	박영일
책 임 편 집	이해욱
편 저	정은화
편 집 진 행	구설희
표지디자인	조혜령
본문디자인	홍영란 · 김휘주
발 행 처	(주)시대고시기획
출 판 등 록	제10-1521호
주 소	서울시 마포구 큰우물로 75 [도화동 538 성지 B/D] 9F
전 화	1600-3600
팩 스	02-701-8823
홈 페 이 지	www.sdedu.co.kr

I S B N	979-11-383-8303-5 (14710)
	979-11-383-8300-4 (세트)
정 가	17,000원

※ 이 책은 저작권법의 보호를 받는 저작물이므로 동영상 제작 및 무단전재와 배포를 금합니다.
※ 잘못된 책은 구입하신 서점에서 바꾸어 드립니다.
※ 한국어능력시험(TOPIK)의 저작권과 상표권은 대한민국 국립국제교육원에 있습니다. TOPIK, Trademark® & Copyright© by NIIED(National Institute for International Education), Republic of Korea.

TOPIK 완벽 대비, 한 번에 제대로 공부하자!

TOPIK 전문 교수와 함께하는

〈토픽 Ⅰ·Ⅱ 한 번에 통과하기〉 무료 동영상 강의

영역별 공략 비법 + **핵심 이론** + **문제 풀이**

강의 도서

〈TOPIK Ⅰ 한 번에 통과하기〉

〈TOPIK Ⅱ 한 번에 통과하기〉

수강 방법

시대에듀 홈페이지(sdedu.co.kr) 접속 → 무료 강의 → 자격증/면허증 → 언어/어학 → TOPIK 클릭 → **'TOPIK Ⅰ·Ⅱ 한 번에 통과하기'** 클릭

자격증/면허증 > 언어/어학 > TOPIK

- TOPIK Ⅱ 한 번에 통과하기!
  교 수 : 임준
  강의수 : 14강 수강기간 : 30일 수강료 : 0원

- TOPIK Ⅰ 한 번에 통과하기!
  교 수 : 임준
  강의수 : 9강 수강기간 : 30일 수강료 : 0원

- [토픽] TOPIK 영역별 공략강의
  교 수 : 임준
  강의수 : 8강 수강기간 : 30일 수강료 : 0원

※ 임준 선생님의 YouTube 채널 'TOPIK STUDY'에서도 동일한 강의가 무료로 제공됩니다.

※ 강의 제목 및 커리큘럼은 바뀔 수 있습니다.

진정한 한국인이 되기 위한 합격의 공식

POINT 1 어휘력 향상을 위한 가장 효율적인 방법

어휘로 기초 다지기 문법으로 실력 다지기

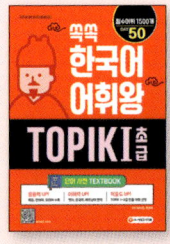  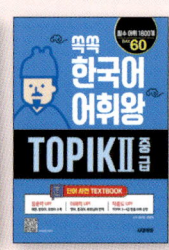     

- 체계적으로 익히는
  쏙쏙 한국어 어휘왕 TOPIK Ⅰ·Ⅱ

- 한국어 선생님과 함께하는
  TOPIK 한국어 문법 Ⅰ·Ⅱ

POINT 2 출제 경향에 맞추어 공부하는 똑똑한 학습법

핵심 이론 실전 모의고사 최신 기출문제 수록

- 영역별 무료 동영상 강의로 공부하는
  TOPIK Ⅰ·Ⅱ 한 번에 통과하기, 실전 모의고사, 쓰기, 말하기 표현 마스터, 읽기 전략·쓰기 유형 마스터, 기출 유형 문제집

- 저자만의 특별한 공식 풀이법으로 공부하는
  TOPIK Ⅰ·Ⅱ 단기완성

검색창에 시대에듀 를 검색해 보세요.

당신이 진정한 한국인이 되기까지 항상 함께하겠습니다.

POINT 3 빠른 국적 취득을 위한 남다른 전략

실전 모의고사 ➕ 최신 기출 유형 반영

- 법무부 공인 교재를 완벽 반영한
  사회통합프로그램 사전평가 · 중간평가 · 종합평가 실전 모의고사

- 1단계부터 3단계까지 빠르게 합격하는
  사회통합프로그램 단계평가 1 · 2 · 3 단계별 실전 모의고사

POINT 4 목적에 따라 공부하는 특별한 학습법

핵심 이론 실전 모의고사 최신 기출 유형 반영

- 법무부 공인 교재를 완벽 반영한
  사회통합프로그램 사전평가 단기완성, 종합평가 한 권으로 끝내기

- 어려운 면접심사 · 구술시험 · 작문시험의 완벽 대비를 위한
  귀화 면접심사&사회통합프로그램 구술시험,
  사회통합프로그램 중간평가 · 종합평가 작문시험 완전 정복

※ 도서의 이미지 및 구성은 변경될 수 있습니다.

사회통합프로그램 시리즈의 새로운 소식!

1·2·3 단계평가와 중간평가·종합평가 작문시험 출간!

사회통합프로그램 단계평가 1·2·3 단계별 실전 모의고사

1단계부터 3단계까지 최신 평가 유형을 반영한 단계평가 실전 모의고사 수록

사회통합프로그램 중간평가·종합평가 작문시험 완전 정복

기본적인 원고지 작성 방법부터 최신 기출 유형을 반영한 중간평가와 종합평가 실전 모의고사까지 수록

※ 도서의 이미지 및 구성은 변경될 수 있습니다.